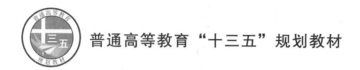普通高等教育"十三五"规划教材

价值管理理论与实践

Theory and Practice of Value Management

沈宏平 著

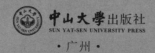中山大学出版社
·广州·

版权所有　翻印必究

图书在版编目（CIP）数据

价值管理理论与实践/沈宏平著． —广州：中山大学出版社，2017.10
ISBN 978 – 7 – 306 – 06172 – 0

Ⅰ.①价… Ⅱ.①沈… Ⅲ.①企业管理—研究 Ⅳ.①F272

中国版本图书馆 CIP 数据核字（2017）第 219624 号

出版人：徐　劲
策划编辑：金继伟
责任编辑：王　璞
封面设计：曾　斌
责任校对：杨文泉
责任技编：何雅涛
出版发行：中山大学出版社
电　　话：编辑部 020 – 84110771，84113349，84111997，84110779
　　　　　　发行部 020 – 84111998，84111981，84111160
地　　址：广州市新港西路 135 号
邮　　编：510275　　**传　　真**：020 – 84036565
网　　址：http://www.zsup.com.cn　E-mail：zdcbs@ mail.sysu.edu.cn
印　刷　者：佛山市浩文彩色印刷有限公司
规　　格：787mm×1092mm　1/16　19 印张　343 千字
版次印次：2017 年 10 月第 1 版　2017 年 10 月第 1 次印刷
定　　价：45.00 元

如发现本书因印装质量影响阅读，请与出版社发行部联系调换

序
一本从全价值链、全要素和全场景视角深度研究价值管理的优秀著作

1947年，迈尔斯发表了《价值分析》；1985年，波特提出了价值链概念；1994年，詹姆斯发表了《价值命令》；2010年中华人民共和国国务院国有资产监督管理委员会开始在中央企业全面推行经济增加值（EVA）即价值管理考核。

孔登和沟斯坦认为价值管理是一种管理思想，迈尔斯认为价值管理是一种管理结构，奈特和西姆斯认为价值管理是一个管理工具，科普兰认为价值管理是一种综合管理模式。如果我们把视角转移到管理实践，可以发现价值管理是一种方法论，也是一个系统。

建立一种方法论，一般有两种途径，一是理性演绎，一是经验归纳。在《价值管理理论与实践》一书中，作者沈宏平从价值管理理论产生与发展的角度演绎出价值管理的一般方法，从央企实践的角度归纳出价值管理的实操工具和模式。

建立一个系统，需要平衡好要素与整体、静态与动态之间的关系，并兼顾结构性和时序性。作者沈宏平将此原则一以贯之地落实到了该书始终。

该书首先用精练而通俗的语言介绍了科学管理、精益管理、价值管理的历史沿革。紧接着，围绕价值管理目标、框架、机制、驱动因素、流程五个方面，提出了具体的设计方法，并以案例的形式提供了实践模板。然后以收入增长、存量资源利用、增量资源配置、客户感知、风险防控五大驱动因素为主线，从第五章到

第十八章，依次阐述各驱动因素下各要素的管理理论、方法、工具和模式。全书结构完整、层次分明、逻辑缜密、行文流畅。

该书在价值管理理论上的贡献是显而易见的：一是设计了价值管理核心层、结构层、操作层、保障层，形成了价值管理的四维框架。二是设计了价值管理驱动因素、影响要素，以及价值评价方法和价值提升举措，归纳了卓越企业的成功案例，形成了价值管理全景式逻辑图。三是设计了以"4K"为核心的价值管理指标体系，包括 KPI、KMI、KAI 和 KRI。KPI 即关键业绩指标，基于战略导向设计并聚焦企业的经营策略而确立；KMI 即关键管理指标，基于动因导向设计并聚焦影响价值创造的关键驱动要素而确立；KAI 即关键行动指标，基于问题导向设计并聚焦导致 KPI 或 KMI 不良的短板问题、活动和事件而确立；KRI 即关键风险指标，基于风险导向设计并聚焦廉洁建设和经营底线与红线而确立。

该书中翔实而宝贵的案例有助于企业管理人员在效益管理上跳出单边思维，立足于价值创造而不是硬抠成本，开源节流并举变模式；立足于体系化推动而不是单点突进，点线面相结合提效益；立足于组织协同而不是单兵作战，平台化运作提效率。

实事求是地讲，自价值管理理论引入国内至今，能将其阐述得如此简明、系统和实用的，该书是第一部。该书定会促进价值管理理论在外延上的扩展和内涵上的升华，也定会促进管理会计在理论上的丰富和实践中的应用。

是为序。

中国管理会计研究与发展中心执行主任
中央财经大学会计学院党委书记、教授、博士生导师
二〇一七年七月十六日于北京

目 录

第一章 价值管理概述 ··· 1
  第一节 企业管理发展历程 ······································ 1
    一、科学管理阶段 ·· 1
    二、精益管理阶段 ·· 4
    三、价值管理阶段 ·· 6
  第二节 价值管理基本框架设计 ·································· 12
    一、企业价值管理的框架设计 ·································· 12
    二、以"4K"为核心的价值管理基本框架 ·························· 16

第二章 基于价值管理的驱动因素设定 ························· 25
  第一节 基于价值管理的战略管理 ································ 25
    一、战略管理内涵 ·· 25
    二、战略管理分析工具 ·· 26
  第二节 基于价值管理的目标设定 ································ 28
    一、基于价值管理的目标设定方法 ······························ 28
    二、ABC 公司价值管理目标设定 ································ 30
  第三节 通信企业价值管理驱动因素研究 ·························· 33
    一、企业价值管理驱动因素分析 ································ 33
    二、ABC 公司价值管理驱动因素选择 ···························· 34

第三章 基于价值管理的机制构建 ····························· 38
  第一节 传统的价值管理组织形式 ································ 38
  第二节 新型价值管理组织设计 ·································· 39
    一、价值管理组织形式变革的必要性 ···························· 39

二、新型价值管理组织设计 …………………………………………… 40
　第三节　财务转型 …………………………………………………………… 41
　　一、财务转型的必要性 …………………………………………………… 41
　　二、财务转型的内容 ……………………………………………………… 42
　　三、ABC公司基于价值管理的财务转型 ………………………………… 45

第四章　基于价值管理的流程重组 ………………………………………… 54
　第一节　基于价值管理的授权体系重组 …………………………………… 54
　　一、授权体系概述 ………………………………………………………… 54
　　二、授权体系重组的实施路径 …………………………………………… 57
　　三、ABC公司基于价值管理的授权体系重组 …………………………… 58
　第二节　基于价值管理的业务流程重组 …………………………………… 62
　　一、业务流程重组理论的产生与发展 …………………………………… 62
　　二、通信企业基于价值管理的业务流程重组 …………………………… 65

第五章　基于价值管理的收入管理 ………………………………………… 70
　第一节　收入管理理论的产生与发展 ……………………………………… 70
　第二节　通信企业收入管理体系构建 ……………………………………… 71
　　一、通信企业收入管理的范围 …………………………………………… 71
　　二、基于价值管理的通信企业收入管理 ………………………………… 71
　　三、ABC公司基于价值管理的收入管理体系构建 ……………………… 80

第六章　基于价值管理的产品创新 ………………………………………… 82
　第一节　产品创新概述 ……………………………………………………… 82
　　一、产品创新理论的产生与发展 ………………………………………… 82
　　二、产品创新创造的价值 ………………………………………………… 83
　　三、产品创新的关键实施步骤 …………………………………………… 84
　第二节　通信企业基于价值管理的产品创新 ……………………………… 85
　　一、通信企业产品创新 …………………………………………………… 85
　　二、ABC公司产品创新实践 ……………………………………………… 88

第七章　基于价值管理的资源配置 ……………………………… 93

第一节　基于价值管理的企业资源配置理论 …………………… 93
一、企业资源的含义和类别 ………………………………… 93
二、基于价值管理的资源配置理论 ………………………… 94

第二节　通信企业基于价值管理的资源配置体系变革 ………… 96
一、传统资源配置体系面临的挑战 ………………………… 96
二、资源配置体系变革的方向 ……………………………… 98
三、资源价值评价与定位方法 ……………………………… 98
四、ABC 公司基于价值管理的资源配置体系搭建 ……… 108

第八章　基于价值管理的投资管理 ……………………………… 117

第一节　通信企业投资管理概述 ………………………………… 117
一、通信企业投资的特征 …………………………………… 117
二、通信企业投资管理的含义和原则 ……………………… 118

第二节　通信企业的投资管理方法 ……………………………… 119
一、基于价值管理的投资管理驱动要素 …………………… 119
二、基于价值管理的投资管理关键举措 …………………… 119

第三节　通信企业投资价值前测后评方法应用 ………………… 125
一、通信企业投资价值评价的意义 ………………………… 125
二、政企客户固网投资价值评价方法 ……………………… 125
三、公众固网投资价值评价方法 …………………………… 128
四、移动网络投资价值评价方法 …………………………… 131
五、ABC 公司基于价值管理的精准投资实践 …………… 134

第九章　基于价值管理的供应链管理 …………………………… 138

第一节　供应链管理概述 ………………………………………… 138
一、供应链管理 ……………………………………………… 138
二、物流管理与供应链管理 ………………………………… 140

第二节　基于价值管理的供应链管理 …………………………… 141
一、供应链管理的价值 ……………………………………… 141
二、基于价值管理的供应链管理目标 ……………………… 141

三、供应链管理驱动要素 …………………………………………… 143
　第三节　通信企业基于价值管理的供应链管理 …………………………… 146
　　一、通信企业供应链管理状况 …………………………………… 146
　　二、通信企业供应链管理价值提升的基本路径 …………………… 147
　　三、ABC 公司基于价值管理的供应链管理实践 ………………… 148

第十章　基于价值管理的固定资产管理 ……………………………………… 153
　第一节　固定资产管理概述 ………………………………………………… 153
　　一、固定资产管理基本理论 …………………………………… 153
　　二、固定资产管理基本原则 …………………………………… 154
　　三、固定资产管理基本方法 …………………………………… 154
　第二节　通信企业基于价值管理的固定资产管理 ………………………… 157
　　一、通信企业固定资产管理概述 ……………………………… 157
　　二、通信企业基于价值管理的固定资产管理 ………………… 158
　第三节　通信企业基于价值管理的沉没资产例外管理 …………………… 162
　　一、沉没资产的含义 …………………………………………… 162
　　二、沉没资产管理方法 ………………………………………… 163
　第四节　ABC 公司基于价值管理的固定资产全生命周期管理 …… 166
　　一、背景 ………………………………………………………… 166
　　二、举措 ………………………………………………………… 167

第十一章　基于价值管理的人力资本管理 …………………………………… 174
　第一节　人力资本管理概述 ………………………………………………… 174
　　一、人力资本 …………………………………………………… 174
　　二、人力资本管理 ……………………………………………… 174
　　三、人力资本管理、人力资源管理及人事管理 ……………… 175
　第二节　基于价值管理的人力资本管理 …………………………………… 175
　　一、人力资本价值 ……………………………………………… 175
　　二、人力资本价值评估 ………………………………………… 176
　第三节　通信企业基于价值管理的人力资本管理研究 …………………… 178
　　一、通信企业人力资本管理状况 ……………………………… 178

二、通信企业人力资本管理的关键举措 …………………………… 179
　　三、ABC 公司基于价值管理的人力资本管理实践 …………… 180

第十二章　基于价值管理的税务筹划 …………………………………… 185
第一节　税务筹划概述 ………………………………………………… 185
　　一、税务筹划的定义 ………………………………………………… 185
　　二、税务筹划的起源 ………………………………………………… 185
　　三、相关概念 ………………………………………………………… 186
第二节　基于价值管理的税务筹划 …………………………………… 187
　　一、税务筹划的价值目标 …………………………………………… 187
　　二、税务筹划的原则 ………………………………………………… 188
　　三、税务筹划的方法 ………………………………………………… 188
第三节　通信企业基于价值管理的税务筹划 ………………………… 190
　　一、重点领域 ………………………………………………………… 190
　　二、关键举措 ………………………………………………………… 192
　　三、ABC 公司基于价值管理的税务筹划 ………………………… 192
　　四、税务筹划工作流程 ……………………………………………… 196

第十三章　基于价值管理的现金流管理 ………………………………… 198
第一节　现金流管理概述 ……………………………………………… 198
　　一、现金流管理的基本理论 ………………………………………… 198
　　二、全过程现金流管理 ……………………………………………… 202
第二节　通信企业基于价值管理的现金流管理体系构建 …………… 209
　　一、通信企业全过程现金流管理驱动要素 ………………………… 209
　　二、ABC 公司基于价值管理的现金流"6 + 1"管理模式构建
　　　　……………………………………………………………… 211

第十四章　基于价值管理的客户感知提升 ……………………………… 220
第一节　客户感知价值概述 …………………………………………… 220
　　一、客户感知价值的含义 …………………………………………… 220
　　二、客户感知价值的驱动要素 ……………………………………… 221

三、客户感知价值模型 …………………………………………… 222
　第二节　通信企业客户感知价值提升 ……………………………………… 223
　　一、通信企业客户感知价值的驱动因素 ………………………… 223
　　二、通信企业客户感知价值提升方法 …………………………… 225
　　三、ABC 公司基于价值管理的 NPS 提升体系构建 …………… 234

第十五章　基于价值管理的风险管理 …………………………………… 238
　第一节　企业风险管理概述 ………………………………………………… 238
　　一、企业风险管理的含义 ………………………………………… 238
　　二、企业风险管理框架 …………………………………………… 238
　第二节　通信企业基于价值管理的风险管理方法 ………………………… 241
　　一、通信企业风险管理基本方法 ………………………………… 241
　　二、ABC 公司基于价值管理的风险防控体系构建 …………… 245

第十六章　价值管理 + 互联网 …………………………………………… 251
　第一节　价值管理平台的演进路径 ………………………………………… 251
　　一、ERP 的刚性 …………………………………………………… 251
　　二、协同平台的柔性与开放性 …………………………………… 252
　第二节　ABC 公司价值管理平台构建与应用 …………………………… 254
　　一、价值管理平台框架 …………………………………………… 254
　　二、价值管理平台应用 …………………………………………… 256

第十七章　基于价值管理的绩效评价 …………………………………… 265
　第一节　绩效评价概述 ……………………………………………………… 265
　　一、绩效评价理论的产生与发展 ………………………………… 265
　　二、绩效评价的意义 ……………………………………………… 266
　　三、绩效评价的基本方法 ………………………………………… 266
　第二节　基于价值管理的绩效评价 ………………………………………… 268
　　一、基本原则 ……………………………………………………… 268
　　二、实施步骤 ……………………………………………………… 269
　　三、驱动要素 ……………………………………………………… 269

第三节 通信企业基于价值管理的绩效评价……271
 一、基本原则……271
 二、ABC 公司基于价值管理的绩效评价体系构建……272

第十八章 基于价值管理的市值管理……277
第一节 市值管理概述……277
 一、市值管理理论的产生与发展……277
 二、市值管理的模式……279
 三、市值管理的风险……279
第二节 基于价值管理的市值管理……280
 一、市值管理的驱动要素……280
 二、市值管理指标体系……281
 三、通信及相关企业的市值分析……283

参考文献……286

第一章 价值管理概述

第一节 企业管理发展历程

企业管理的发展大致可以分为三个阶段：一是 19 世纪末 20 世纪初，古典管理理论产生，并很快发展出古典组织理论、一般管理理论和科学管理理论的科学管理阶段。二是 20 世纪 80 年代从丰田汽车发源，以客户需求为导向、着重减少浪费的精益管理阶段。三是哈佛大学商学院教授迈克尔·波特于 1985 年提出以价值链为核心的管理思想，标志着企业管理进入价值管理阶段。

一、科学管理阶段

（一）科学管理

工业革命时期，机器大生产取代了手工作坊，工厂这种新的组织形式问世，传统的经验管理方法遇到了前所未有的挑战。管理成本成为产品成本的很大一部分，管理问题也成为制约企业规模和发展的最大瓶颈，急需有新的管理理论指导，针对管理理论的系统性研究渐渐多了起来。最先是亚当·斯密在《国富论》中提到关于劳动分工问题的研究，接着是大卫·李嘉图在《政治经济学及赋税原理》中进一步阐述了关于劳动价值等问题的研究，这些研究为管理学的发展奠定了坚实的基础。

古典组织理论盛行于 20 世纪初公共行政学的早期研究时期，特点在于把人看作是机器的附属物，强调的是等级、命令和服从，并且用一种封闭模式的观点来对待组织，忽视了人的因素和环境的作用，代表人物是韦伯。一般管理理论的代表人物是法约尔，其被称为管理过程之父。他主要研究管理活动过程，提出管理活动的五种职能：计划、组织、协调、指挥、控制。与管理活动过程管理相适应的是报酬原则和公平原则。

但是，直到泰勒的科学管理理论出现，管理学才正式成为一门独立的学科。

1903年和1911年泰勒出版了《车间管理》和《科学管理原理》两部著作，标志着科学管理的诞生。科学管理理论认为，工人是"经济人"，该理论重视物质技术因素，忽视人及社会因素，认为人们只看重经济利益，没有责任心和进取心，只是提高劳动生产效率的工具，因此在生产过程中强调严格的服从，忽视了工人的主观能动性、社会因素等在生产中的作用。泰勒对科学管理下了这样的定义，他说："诸种要素——不是个别要素的结合，构成了科学管理，它可以概括如下：科学，不是单凭经验的方法。协调，不是不和别人合作，不是个人主义。最高的产量，取代有限的产量。发挥每个人最高的效率，实现最大的富裕。"这个定义，既阐明了科学管理的真正内涵，又综合反映了泰勒的科学管理思想。效率问题是任何时代的管理都必须要解决的重要问题，低效率没有任何藏身之处。科学管理理论在提高效率方面所做出的贡献是其他任何一种管理理论都无法比拟的。

（二）科学管理思想

泰勒的《车间管理》和《科学管理原理》的核心思想体现为以下八个方面。

1. 标准化原理

泰勒认为，实行工具标准化、操作标准化、劳动动作标准化和劳动环境标准化、工人每天工作量的标准化等是实现科学管理的必要手段。通过动作分解与作业分析可以达到劳动动作标准，也可以通过观察和分析工人完成每项动作所需要的时间，兼顾一些生理需要的时间和因不可避免的情况而耽误的时间，从而为标准作业的方法制定标准的作业时间。

2. 工作定额原理

在制定工作定额时，泰勒是以"第一流的工人在不损害其健康的情况下，维持较长年限的速度"为标准，确定工人的劳动定额，即一天合理的工作量。这种速度不是以突击活动或持续紧张为基础，而是以工人能长期维持的正常速度为基础。

3. 挑选头等工人

对于第一流的工人，泰勒是这样说的："我认为那些能够工作而不想工作的人不能成为我所说的'第一流的工人'。我曾试图阐明每一种类型的工人都能找到某些工作，使他成为第一流的工人，除了那些完全能做这些工作而不愿做的人。"第一流的工人其实就是在人尽其才的基础上工作的工人。

4. 计件工资制

计件工资制是按照工人生产的合格品的数量（或作业量）和预先规定的计件单价来计算报酬的一种工资计算发放制度。它不是直接用劳动时间来计量，而是用一定时间内的劳动成果——产品数量或作业量来计算报酬的一种方式。计件工资制在泰勒之前就已经有人提出，但是有一些缺陷。而泰勒的贡献在于提出了"差别计件工资制"，即按照工人完成定额的不同程度而采用不同的工资率。如果工人能够保质保量地完成定额，就按高的工资率付酬，以资鼓励；如果工人的生产没有达到定额就将全部工作量按低的工资率付酬，并给予警告，如不改进，就要被解雇，从而有效地提高了工人的效率。

5. 劳资合作

在科学管理中，泰勒强调劳资双方要达成思想上的共识，把注意力集中在盈余增加上而不是如何分配盈余上。他认为，只有企业主和雇佣者通力合作、友好共处、注重生产效率的提高，盈余增加了，企业主和雇佣者所得才会增加，才能双赢。泰勒进一步宣称，"科学管理在实质上包含着要求在任何一个具体机构或工厂中工作的工人进行一场全面心理革命"。

6. 建立专门计划层

泰勒认为：一个工人"同时在机器和写字台上工作，实际是不可能的"。因此，管理职能与执行职能应该分开，应该设立专门的计划管理层。

7. 职能工长制

泰勒主张废除当时企业中"军队式"的组织而代之以"职能式"的组织，实行"职能式的管理"。职能工长制是指一个工厂可以有多名厂长，每一名厂长根据自己的能力胜任一种职能，称之为职能厂长，工人每天从不同的职能厂长那里获得不同指令并实施。由于这种制度容易产生多头领导，因而在管理中并未得到有效实施。

8. 例外原则

所谓例外原则，就是指企业的高级管理人员把一般日常事务授权给下属管理人员，而自己保留对例外事项一般也是重要事项的决策权和控制权，这种例外原则至今仍然是管理中极为重要的原则之一。泰勒在《车间管理》一书中曾指出："经理只接受有关超常规或标准的所有例外情况的、特别好和特别坏的例外情况的、概括性的、压缩的报告，以便使他有时间考虑大政方针并研究他手下重要人员的性格和合适性等问题。"泰勒提出的这种以例外原则为依据的管理控制方式，后来发展为管理上授权原则、分权化原则和事业部制等管理体制。

二、精益管理阶段

（一）精益生产

"二战"之后，生产力过剩，同时市场竞争越来越激烈，仅仅通过规模经济的做法来降低成本已经行不通了，企业需要一种新的管理模式来提高企业的价值。在此背景下，1985年，"国际汽车研究计划 IMVP"组织了一支国际性研究队伍，耗资 500 万美元，历时 5 年，对全世界 17 个国家和地区（北美、西欧、日本以及韩国、墨西哥和中国台湾等）90 多个汽车制造厂进行了调查和对比分析。参与此项研究的美国麻省理工学院教授沃麦克等专家发现日本丰田公司新的生产方式最为有效，于是在 1990 年出版了经典著作《改变世界的机器》，首次提出了精益生产（lean production）的概念。精益生产是以"准时化 JIT（just in time）"和"自动化（automatization）"为支柱，以"标准化（standardization）""平顺化（streamline）"和"改善（kaizen）"为依托，借助"5S（Seiri, Seiton, Seiso, Seiketsu, Shitsuke）""看板（board）"等工具形成的一套生产管理模式。

它改变了以往以大量投入驱动生产力的方式，一切投入都变得更为精简，更少量。工厂中的劳动力、生产占用场地和生产线投资都比之前减半，只用一半时间就能开发出新产品，其所用的工程设计工时也只是传统的一半。同时，现场所需库存还可以减少一半，只产生极少量的废品，且能生产出更多的、可变化的产品。精益生产在全球加工制造业中被广泛应用和传播，并获得了较大的成功。

（二）精益管理

随着精益生产模式的演进和完善，精益管理体系逐步得以形成。"精"就是少投入资本、少消耗资源、少花费时间，尤其是要减少不可再生资源的投入和耗费。"益"就是多产出经济效益。精益管理就是要求企业用最小资源投入（包括人力设备、资金材料、时间和空间），创造出尽可能大的价值，为顾客提供高质量的产品和及时的服务，提升顾客满意度。精益管理有助于企业节约化生产，降低资源消耗，提高资源综合利用率，它能够通过提高顾客满意度、降低成本、提高质量和加快流程速度、改善资本投入，使企业价值实现最大化。

精益管理的目标可以概括为：企业在为顾客提供满意的产品与服务的同时，把浪费降到最低程度。企业生产活动中的浪费现象很多，常见的有七种：不良品浪费，即提供有缺陷的产品或不满意的服务；库存浪费，即因无需求造成的积压和多余的库存；过度加工浪费，即从用户的观点看，对产品或服务没有增加价值的加工；搬运浪费，即不必要的物品移动；等候浪费，即因生产活动的上游不能按时交货或提供服务而等候；多余运动浪费，即人员在工作中不必要的动作；过量生产浪费，即提供顾客并不需要的服务和产品。努力消除这些浪费现象是精益管理最重要的内容。

实践证明，精益管理在以下方面是较有成效的：库存大幅降低、生产周期减短、质量稳定提高、各种资源的使用效率提高、各种浪费减少、生产成本下降、企业利润增加。同时，员工士气、企业文化、领导力和生产技术都在实施中得到提升，最终增强了企业的竞争力。

（三）精益思想

1996年，詹姆斯与丹尼尔出版了《精益思想》一书，进一步把精益管理的思想系统化、理论化。《精益思想》中指出，所谓精益思想就是根据用户需求定义企业生产价值，按照价值流组织全部生产活动，使要保留下来的、创造价值的各个活动流动起来，让用户的需求拉动产品生产，而不是把产品硬推给用户，暴露出价值流中所隐藏的浪费（即 muda），不断完善，达到尽善尽美。

精益思想包括五项基本原则：一是定义价值。企业提供的每一个产品都应明确产品带给顾客的利益种类、数量、价格以及性价比。企业由于经济性的约束，大部分情况是提供一个价值组成清单，在清单的范围内，由顾客确定产品价值结构。精益思想的出发点是产品价值结构，价值结构只能由最终顾客来确定。二是识别价值流。价值是价值流上的产物，识别价值流的目的在于辨别价值流中的增值活动和非增值活动，识别价值流就是发现浪费和消灭浪费。只有当企业明确某项活动是否增值后，才能决定是该保留还是消除这项活动。价值流往往不局限于企业内部，在供应链中也存在价值流。三是流动。停滞是浪费，必须使价值流上被保留下来的活动流动起来。精益思想提出用持续改进、JIT（准时化）和单件流等方法在任何批量生产条件下创造价值的连续流动。四是拉动。精益思想要求作业顺畅地流动并由客户需求拉动而产生，拉动式生产就是从市场需求出发，由市场需求信息决定产品组装，再由产品组装拉动零部件加工。拉动原则促进企业培养当客户需要时便能够立即设计并制造出客户需要的产品的能力。五是尽善尽美。精益思想要求企业生产及管理是一个持续性地改进、不断进步的过程。

经过不断地丰富和发展，精益思想已经不再局限于生产制造业，而是在各行各业都有应用，不仅是在生产系统中应用，还涵盖了企业生产经营的各个环节，包括生产、营销、采购、物流、运营和财务、办公、人力资源、质量管理等。并且，精益思想由最初的具体业务管理方法上升为战略管理理念。

三、价值管理阶段

（一）企业价值

1958 年，美国学者莫迪利安尼（F. Modigliani）和米勒（M. H. Miller）在《资本成本、公司财务和投资管理》中提出 MM 理论；威廉·配第在《赋税论》中提出劳动是价值的来源；李嘉图进一步深化了一元劳动价值论，他认为劳动是价值的唯一来源。

在股票市场，越来越多的投资者、分析师和投资银行家正在采用基本面金融分析和复杂的折现现金流模型作为公司估值的计算标准。关注股东价值的管理者不仅创造出更为健康的企业，更能产生其他的效益，如促进经济增长、提高生活水平和创造更多的就业机会。这个价值可由企业未来现金流的现值来衡量，当企业的投资收益超过了资本成本，价值才会被创造。

金融经济学家给企业价值下的定义是：从金融学角度讲，企业的价值是该企业预期自由现金流量以其加权平均资本成本为贴现率折现的现值。它与企业的财务决策密切相关，体现了企业资金的时间价值、风险以及持续发展能力。扩大到管理学角度，企业价值可定义为企业遵循价值规律，通过以价值为核心的管理，使所有与企业利益相关者（包括股东、债权人、管理者、普通员工、政府等）均能获得满意回报的能力。显然，企业的价值越高，企业给予其利益相关者回报的能力就越高。

由企业价值的定义可知，企业价值与企业自由现金流量正相关，也就是说，同等条件下，企业的自由现金流量越大，它的价值也就越大。自由现金流量可分为企业整体自由现金流量和企业股权自由现金流量。企业整体自由现金流量是指企业扣除了所有经营支出、投资需要和税收之后的，在清偿债务之前的剩余现金流量；企业股权自由现金流量是指扣除所有开支、税收支付、投资需要以及还本付息支出之后的剩余现金流量。企业整体自由现金流量用于计算企业整体价值，包括股权价值和债务价值；企业股权自由现金流量用于计算企业的股权价值。企业股权自由现金流量可简单地表述为"利润＋折旧－投资"。企业价值和自由现金流量因其本身具有的客观属性，正在越来越广泛的领域替代传统的利润、收入等考评指标，成为现代企业必须研究的对象。

总之，企业价值在于为股东创造真实经济价值的同时提高自身的可持续发展能力。企业价值不等同于利润，是企业未来自由现金流时间价值的体现，是对利益相关者回报能力和企业可持续发展能力的综合体现。企业价值计算依据是整体自由现金流量。自由现金流（FCF）一般由税后营业净利润（NOPLAT）、投入资本回报率（ROIC）、加权平均资本成本（WACC）决定。因此，可以把企业价值的驱动因素归纳成四个方面：投入资本回报率（ROIC）、加权平均资本成本（WACC）、增长率和存续期。

（二）价值链

哈佛大学商学院教授迈克尔·波特于1985年提出价值链的概念。波特认为，"每一个企业都是在设计、生产、销售、发送和辅助其产品的过程中进行种种活动的集合体。所有这些活动可以用一个价值链来表明"。同时，波特认为，"企业的价值创造是由一系列活动构成的"。这些活动可分为基本活动和支持性活动两类。基本活动是涉及产品的物质创造及其销售、转移买方和售后服务的各种活动。支持性活动是辅助基本活动即通过提供采购投入、技术、人力资源以及各种公司范围的职能支持活动。这些互不相同但又相互关联的生产经营活动，构成了一个创造价值的动态过程，即价值链。

　　基本活动有五种类型。一是进料后勤，与接收、存储和分配相关联的各种活动，如原材料搬运、仓储、库存控制、进货车辆调度和向供应商退货。二是生产作业，与将投入转化为最终产品相关的各种活动，如机械加工、包装、组装、设备维护、检测等。三是发货后勤，与集中、存储和将产品发送给买方有关的各种活动，如产成品库存管理、送货车辆调度等。四是销售，与提供买方购买产品的方式和引导他们购买相关的各种活动，如广告、促销、销售队伍管理、渠道建设等。五是服务，与提供服务以增加或保持产品价值有关的各种活动，如安装、维修、培训、零部件供应等。

　　支持性活动有四种类型。一是采购与物料管理，指购买用于企业价值链各种投入的活动，采购既包括企业生产原料的采购，也包括支持性活动相关的购买行为，如研发设备的购买；另外亦包含物料的管理作业。二是研究与开发，每项价值活动都包含着技术成分，无论是技术诀窍、程序，还是在工艺设备中所体现出来的技术。三是人力资源管理，包括涉及所有类型人员的招聘、雇佣、培训、开发和报酬等各种活动。人力资源管理不仅对基本和支持性活动起到辅助作用，而且支撑着整个价值链。四是企业基础制度，企业基础制度支撑了企业的价值链条，如会计制度、行政流程等。

　　以此为基础进一步观察，可以发现价值链还具有以下四个特性。

　　（1）企业参与的各个价值活动中，并不是每个环节都创造价值。企业所创造的价值，实际上来自企业价值链上的某些特定的、增值的经营活动；这些真正创造价值的经营活动，就是价值链上的"战略环节"。而受各种非经济因素的影响，各行各业不增值的活动普遍存在，特别是在我国通信企业更是如此，如包含重复投资、无效营销在内的多余运动、造成跌价或技术淘汰损失的多余库存等。

　　（2）运用价值链的分析方法来确定核心竞争力，就是要企业密切关注组织资源状态，要求企业特别关注和培养价值链中的战略环节，从精准投入、降低消耗、提高效率等方面增加经济效益，并获得重要的核心竞争力，以形成和巩固企业在行业内的竞争优势。

　　（3）决定企业经营成败和效益的战略环节可以是产品开发、工艺设计，也可以是市场营销、信息技术等，视不同的行业而异。不同行业有不同的价值链，同一环节在各行业的作用也不相同。

（4）价值链并不是一维、单线条的，而是多维、立体的。它至少有三个构面。第一构面是企业内部的基本活动和支持性活动。第二构面应是企业与企业之间的关联活动，企业可以将价值链战略环节形成的核心能力在上下游利益相关企业中进行扩展和移植，提高行业整体效益水平，形成可持续发展生态圈。第三构面应是模式、速度、结构与能力等健康指数，以通信企业为例，模式主要指商业模式、盈利模式和营销模式，科学的模式可以起到"四两拨千斤"、引领未来的作用；速度主要指网络速度、业务拓展速度和产品迭代创新速度，速度决定企业规模；结构主要指产品结构、渠道结构、人力结构、投资结构，结构影响经营效益；能力主要指战略决策能力和精细化运营管理能力，能力实现企业价值。

（三）价值管理

价值管理来源于价值工程。价值工程应用最早的案例是美国通用电器（GE）公司的石棉事件。"二战"期间，时任 GE 工程师的迈尔斯为解决公司采购中石棉短缺、价格昂贵的问题，开始研究材料代用。通过分析公司使用的石棉板的功能，迈尔斯在市场上寻找到一种成本低、货源足的防火纸代替石棉铺设在喷漆车间的地板上，以实现避免涂料沾污地板引起火灾的功能。迈尔斯提出了"购买的不是产品本身而是产品功能"的概念，实现了同功能的不同材料之间的代用，进而发展成在保证产品功能前提下降低成本的系列方法。1947 年，他发表了《价值分析》一书，标志着价值工程学科的正式诞生，价值工程在世界范围内得到广泛应用。1959 年美国成立价值工程学会（SAVE），而英国也在 1966 年建立了价值工程协会（现在称为价值管理协会）。香港建筑服务部门在 1994 年第一次推进了价值管理的应用。在价值工程中的价值管理更多地强调企业的经济价值，而忽略企业核心价值观的形成和培育。关于价值工程中的价值管理着眼点有着多种表述，但是从诸多观点中，我们可以看出价值管理更多的是着眼于功能的分析、成本的分析和价值创造。

20 世纪初期费歇（Fisher）的资本价值理论是价值管理的雏形；后来的莫迪利安尼（F. Modigliani）和米勒（M. H. Miller）的资本结构定理（MM 定理）对价值管理产生重大影响，唤起人们对企业价值的高度关注。价值管理（VBM）正式提出源于 20 世纪 80 年代末期的美国。哈佛大学商学院教授约翰·科特在对大量知名企业的实践进行仔细研究的基础上，得出如下结论："经营业绩优异的企业领导者总是给予属下的经营管理人员切实可行的经营思想或价值观念——这种价值观念注重企业各个构成要素的需求，注重领导才能和领导艺术的发挥，注重核心价值观念的继承和发扬光大。"同时，密歇根大学商学院教授扎柯尔（Anjan V. Thakor）说："很多企业的领导者常常认为，如果自己的企业整体说来在创造价值，那么就意味着其中的一切活动都在创造价值。"他们没有意识到，其中有的活动在创造价值，而有的活动却在毁灭价值。

1994年，当大多数企业管理人员正在按照传统的绩效标准为创造股东价值的企业战略浴血奋战时，詹姆斯（James. Mc Taggart）发表了《价值命令》这一重要研究成果，提出了价值管理（managing for value）的观念，构建了股东价值管理的全新架构。孔登和沟斯坦（Condon&Goldstein）认为，价值管理是一种管理思想，通过利用各种分析工具和运行程序为股东创造价值。迈尔斯认为，价值管理是一种管理结构，价值管理通过评价和管理企业活动为股东创造长期的价值，并通过股票价格的增加、股利的增长来给予奖励。奈特（Knight）、西姆斯（Simms）认为，价值管理是一个重要的管理工具，公司管理人员可以以此制定公司战略，达到股东价值最大化。汤姆·科普兰（Copeland）认为，价值管理是一种综合管理模式，这种模式以价值评估为基础，以价值增长为目的。马克（Mark）指出，价值管理的本质是一种管理模式，一整套指导原则，是一种促进组织形成注重内外部业绩和价值创造激励的战略性业绩计量行动。汤姆·科普兰等明确提出价值管理的概念和应用模型，认为价值管理是指以价值评估为基础、以价值增长为目的的一种综合管理模式，它是以股东价值最大化为目标，通过建立全面的价值评估机制，进行价值管理战略规划和管理决策，通过梳理价值驱动因素和资源整合，进行管理和业务重新规划的新型管理框架。

价值管理实践的基本步骤有四个。

一是评估内外部环境。在价值管理开展前要对内部环境进行充分的评估。可以采用SWOT分析和波特的价值链管理工具等确定哪些是创造或毁灭价值的活动，并针对不同活动制定出相应的应对措施。对外部环境的充分评估建立在对竞争对手详细研判的基础上，可借助PEST模型对企业的外部大环境进行分析，借助波特五力模型和麦肯锡7S模型等清晰定义当下竞争对手的业务模式和竞争的基础，最后结合自身内外部环境分析和优劣势，制

定应对措施。（上述模型将在后面的章节进行阐述）

二是制定战略。战略的制定是自上而下的，包含整体战略和执行战略。在已经明确了企业愿景和总体目标的基础上，需要明确具体的战略行为。一是要确定战略执行的具体行为，即那些通过提高运营绩效和降低运营风险来创造价值的特定行为，这些行为是具体战略的执行终端，是价值提升的出发点。二是要梳理这些行为背后隐藏的战略风险，溯本求源锁定战略风险的具体来源，从而结合企业的资源情况制定风险缓解战略。

三是识别价值提升点。战略目标确定后，识别具有操作性的价值提升点很重要。只有识别出企业管理各流程中的价值提升点，才能设定企业管理流程中的具体绩效目标，才能提出各项价值提升的具体措施，最终实现企业价值最大化。识别价值提升点，首先要在企业管理的关键流程中建立价值管理的原则；其次要在这些流程中界定出核心流程和辅助流程，并同时确立为达到运营绩效目标所需的运营模型；最后要对每一个流程设定不同层次的绩效目标。

四是最终确定价值提升路径。综合前述，在价值提升路径的最终确定过程中，首先是决策者以价值创造为出发点，设立企业愿景和目标、评估内外部环境、制定企业发展战略、确定发展目标、制定决策方案；其次是管理者要根据战略决策确定价值提升的总体绩效目标，然后在识别价值提升点的基础上提出价值提升的各项具体绩效目标与措施，包括事前分析预测评估、事中管理与风险防控，还包括事后总结、激励、分析、评价，以及建设包含价值管理思想的企业文化等措施。最后要组织全体员工在企业管理的各流程层面认真实施，使价值提升措施得到落实，从而最大限度地为企业创造价值。价值创造是执行中的关键点，也是绩效评价的依据。决策者决策中需要考虑价值创造，同时也要将风险防控作为价值管理的重中之重。在价值管理加强层面，注意通过激励在组织中巩固价值创造行为。

第二节　价值管理基本框架设计

一、企业价值管理的框架设计

（一）价值管理框架设计理论

1. 价值管理框架设计基本理论

（1）股东权益最大化理论。股东权益最大化理论是古典经济学关于资本雇佣劳动的企业所奉行的基本观点，其主要内容为：资本所有者投入资本购买设备、雇佣工人，所以资本的投入是实现企业价值的最关键因素，资本的投入者即企业的所有者；企业是所有者的企业，对于一个企业而言，所有者是企业中唯一的剩余风险承担者和剩余价值享有者；剩余的资本要承担最大的风险，而在企业内部存在的除股东之外的利益主体，包括雇员和债权人，可以通过选择在企业中只承担有限的责任或任务，获取相对固定的报酬或利益，并受到有关合同的保护。因此，企业的经营应以股东权益最大化为最终目标。本顿·E. 盖普教授指出，股东财富最大化是用公司的市场价格来计量的；阿兰·C. 教授说，在运行良好的资本市场里，投资者可以自由地以最低的交易成本销售金融证券。在 20 世纪 90 年代初，美国 StrenStewart 咨询公司提出的 EVA（economic value added，经济增加值）评价系统，就是基于股东权益最大化理论。

（2）公司价值最大化理论。公司价值最大化即公司市场价值最大化。企业的市场价值，是企业所能创造的预计未来现金流量的现值，反映了企业潜在的或者预期的获利能力和成长能力。公司价值最大化理论认为：股东财富仅等于股票市场价值，由此可见，股东财富仅是企业价值的一部分。未来现金流量的现值包含了资金的时间价值和风险价值两个方面的因素，反映了公司可持续发展的能力。公司价值只有在其报酬与风险达到最佳均衡时才能达到最大；企业价值主要受到代理冲突、融资决策、投资决策的影响，一般情况下比较稳定。

随着市场竞争的日益激烈，企业并购活动的日益频繁，并购双方越来越关注公司的市场价值，因为只有公司价值最大化，才能在并购活动中获取更多的谈判筹码，或者以较低的价格购买公司股权，或者以较高的价格出售公司股权，同时体现出公司管理者自身的价值。可见，公司价值最大化与股东财富最大化不是对立的，公司价值最大化理论成为公司所有者和管理者共同追求的目标，这就要求企业管理层在确保公司持续性价值创造、承担企业社会责任的基础上，为全体股东创造最大化的财富。

（3）利益相关者理论。"利益相关者"这一概念最早是斯坦福大学研究小组在1963年提出，认为利益相关者的定义是：对企业来说存在这样一些利益群体，如果没有他们的支持，企业就无法生存。该理论使人们意识到在关注企业经营时，除了关注股东利益，还需关注其他。20世纪80年代，美国经济学家弗里曼扩充了利益相关者的范围，他认为凡是能够影响一个组织目标的实现或者能够被组织实现目标的过程影响的人都是利益相关者，把目标实施过程中涉及的人和事务纳入进来。社区、政府和环境保护者都是利益相关者。90年代中期，美国经济学家布莱尔认为利益相关者是那些向企业贡献了专用性资产，以及作为既成结果已经处于风险投资状况的人或集团。

根据现代契约精神，利益相关者就是一群契约者，是那些在公司真正有某种形式的投资并且处于风险之中的人。他们包括：股东、雇员、顾客、债权人、供应商及社会责任人。可见，利益相关者理论的核心观点是公司在经营管理中不仅要考虑到股东利益，还要考虑到其他相关者的利益。王竹泉、杜媛提出了利益相关者集体选择的企业理论，他们认为企业是内部利益相关者集体选择形成，外部利益相关者与企业进行市场交易是通过与企业签订交易契约的形式实现的，内部利益相关者通过签订企业契约从而确定企业所有者的地位，企业通过与外部利益相关者进行交易实现企业的价值变化。企业内部利益相关者拥有企业的所有权，因此价值管理的主体应该为内部利益相关者，即内部利益相关者价值导向。

根据利益相关者理论，治理公司时应做到：在追求最大利润的同时，要考虑其他利益相关者的利益；决策时在诸多的利益相关者中，一些利益相关者比另外一些更重要，决策时应该有所侧重；承担风险的利益相关者应当控制企业所有具有实际意义的资产，从而取得公司的所有权和控制权。基于利益相关者理论的企业管理要求在价值管理绩效考核时，通过综合的绩效评价指标保障各方利益相关者的利益。

2. 价值管理框架设计基本模式

价值管理框架的设计理念紧随上述理论发展，主要有三种模式。

（1）基于现金流的企业价值管理模式。20世纪80年代，自由现金流量成为价值评价的标准分析工具，被投资者认为是正确的价值创造的衡量指标。迈克尔·詹森把现金流量定义为是在满足全部净现值为正的项目之后的剩余现金流量，或等于来自经营活动的税后现金流量减去经营资产上的增量投入。阿尔弗雷德·拉巴波特在自由现金流的基础上，沿袭了MM理论对企业价值的理解，把未来的现金流的折现值视作企业价值，挖掘隐藏在企业价值背后的驱动因素，包括销售增长率、营业利润率、所得税税率、营运资本投资、固定资产投资、资本成本和公司价值增长期这七大价值驱动因素。

（2）基于利润的企业价值管理模式。传统意义上的利润概念并不意味着价值创造。1950年，通用电气首先提出剩余收益的概念。剩余收益是指投资中心获得的利润，扣减其投资额（或净资产占用额）按规定（或预期）的最低收益率计算的投资收益后的余额。剩余收益指标能够反映投入产出的关系，能避免本位主义，使个别投资中心的利益与整个企业的利益统一起来，后来在剩余利润理论基础上发展出了经济增加值的概念，即EVA。EVA的基本理念是：资本获得的收益至少要能补偿投资者承担的风险，也就是说股东收益率必须至少等于资本市场上类似风险投资回报的收益率。

（3）基于财务和非财务相整合的企业价值管理模式。随着企业环境以及企业组织自身的变化，技术和人力资本被视为推动价值增长的关键因素，企业价值管理工具经历了深刻的变革，即从以财务指标为核心的财务业绩评价时期进入到了全新的综合业绩评价时期。也就是说，除财务指标外，企业的发展还需关注反映企业未来赢利的潜在战略性指标，围绕顾客、内部经营过程、学习和成长等多个方面来分头进行。以平衡利益相关者利益为出发点的价值管理模式最突出的是将财务和非财务相整合，寻求度量利益相关者价值的指标体系，罗伯特·S.卡普兰和戴维·P.诺顿提出把平衡记分卡应用于企业价值评估中，能够有效地反映顾客、企业内部流程、员工以及公司财务层面的利益诉求，将企业价值管理目标与企业价值多种驱动因素紧密结合。

（二）价值管理框架设计的成功案例

在实际操作中，比较成功的价值管理框架设计案例主要有以下四个：

1. 麦肯锡管理模式

麦肯锡管理模式认为，一个公司的价值来源于它产生的现金流量和基于现金流量的投资回报能力。其主要观点是公司要认可价值创造的思想，创建价值管理的企业文化，然后从确定战略指标、确定工作计划和预算、制定绩效管理方案等方面推进价值管理。具体的做法是将管理者的决策重点放在价值驱动因素上，在大型战略和日常经营决策中都要贯彻价值管理思想，将总体远景目标、分析技巧及管理程序协调起来。该模式认为，判断价值管理的总体指标为股东价值指标，主要体现在账面价值和市场股票价值上，主要通过折现现金流量值来评价和衡量长期性项目的优劣，分解为年经济利润指标用于衡量短期性项目的总体效益，最后找出各流程的关键价值驱动因素用来指导公司各级目标的制定和绩效评价。

2. 德勤管理模式

该模式最大的特点是在价值驱动力和价值创造之间建立起一种直观的联系，形成价值管理逻辑图，通过价值管理逻辑图可以方便地考察某个特定的公司其价值创造的具体过程。其基本观点是：围绕如何提升价值，将企业创造价值的来源从增加收入、降低成本、资产管理和预期管理等方面，逐步细化为具体的对公司价值的提升起着至关重要作用的细节问题，并称之为"价值驱动因素"。公司在选取了价值驱动因素后，根据因素所包含的成分进行层层分解，确定所谓的"价值驱动要素"，整个分解价值的过程就构成金字塔式结构的"企业价值管理逻辑图"。运用企业价值管理逻辑图可以对企业现状进行分析，确定目前影响企业创造价值最大的驱动力是哪些；然后对这些"价值驱动力"的表现进行分析，来明确改善的方向和空间的大小；最后可以针对每一种特定的价值驱动力，制定具体的改善措施。在现状分析阶段，可以以自上而下的方式查阅地图，找出问题并进行分析；而在改善阶段，则可以以自下而上的方式查阅地图，随时对工作进展进行监控，明确关键之所在。这一模式也是本书介绍的 ABC 公司在价值管理实践当中主要采用的模式。

3. 阿尔弗雷德·拉巴波特管理模式

阿尔弗雷德·拉巴波特提出了从股东价值角度评价企业价值的方法，即股东价值等于公司价值减去债务。拉巴波特价值管理理论建立在自由现金流的基础上，把未来的现金流的折现视作企业价值，挖掘隐藏在企业价值背后的驱动因素，探讨这些因素之间的关系，实现股东价值增长的最大化。斯特恩·斯图尔特公司提出了经济增加值（EVA）指标。杰弗里等人提出修正的经济增加值（refined economic value added，REVA）指标，进一步发展了经济增加值指标。由阿尔弗雷德·拉巴波特提出，基于价值的管理核心是将价值创造的原则转化为具体的价值管理实践，并总结出了十条基本原则来帮助企业创造最大价值。总之，按拉巴波特的观点管理的公司不会对短期股价太在意，他们关注的始终是长期的股东价值潜力。

4. 加利·阿什瓦斯模式

该模式由加利·阿什瓦斯和保罗·詹姆斯提出，认为必须借助于明确的计量尺度来衡量股东价值的创造，并鼓励经理们长期致力于为投资者创造价值。他们认为，VBM 的实施必须具有以下三个方面的因素，即处理投资界的关系、战略评估以创造最大价值、借助于全面业绩管理创造价值。加利·阿什瓦斯提出了整合绩效管理（又被称为 IPM）的系统作为提高企业价值的管理方法。IPM 基于五个关键过程，并且联合一系列其他重要组成部分来影响绩效水平的变化。这五个关键过程是阐述战略、形成收益和资本规划、考评绩效、精炼行动和证实战略。

二、以"4K"为核心的价值管理基本框架

由于得天独厚的优势，中国通信企业在价值管理方面的研究和实践程度领先于其他行业，因此，本书中的案例主要以通信企业的成功经验为蓝本。

（一）通信企业投入产出特点

1. 成本沉淀性

成本沉淀性主要是指通信企业前期会有较大的资本性支出，一旦投入即形成庞大的固定资产，无论是否使用，这些资产都会带来巨大且不可逆的折旧和运行维护费用。

通信企业的许多设备投入都是定制的，所以设备的安装、调试、维护成本很高，甚至会超过设备的购入成本，并且由于设备的科技含量较高，所以对维护人员的要求也很高。此外，因为设备的技术含量与技术进步的不同步，通信企业还面临着巨大的设备贬值风险。

通信企业只有在网络建成和设备引进后就迅速进入市场、发展客户、扩大收入规模，才能规避成本的沉淀性带来的价值贬值风险。

2. 规模经济性

规模经济性是指通信网络设施前期所投入的巨额成本会随着业务量的增加而摊薄，平均成本逐渐降低。通信产业的规模经济性源于通信网络的互补性和互联性。

通信网络的全程全网性体现了网络的互补性。通信网络需具备完整性和统一性，以保证用户实现全域通信。通信网络的互联互通性体现了网络的互联性，即技术兼容、设备互通。

罗尔福斯提出的网络外部性是需求方规模经济的源泉。著名的"梅特卡夫法则"指出，网络的效益和网络上结点的平方成正比，即随着用户的增加，网络效益将呈几何级数增加。网络外部性广泛存在于通信行业，简单来说就是用户数量越大，通信网络的价值就越大，提供相应服务和设备的企业的盈利就越大。

3. 边际成本不相关性

当在网络内运行的业务量尚未达到网络的最大负荷时，每增加一单位的业务量带来的边际成本基本可以忽略不计。在未达到最大负荷前，网络的固定成本基本可看作一个固定量，发展业务增加的是变动成本，而固定成本在前期已经投入完成，不需再增加投资，业务量在此范围内的增加不会引起固定成本的增加、维护成本的增加。

但目前由于 OTT 业务的发展，通信网络资源被占用，导致通信企业自有网络业务的网络容量大幅减少。这就要求通信企业同第三方 OTT 处理好网络资源分配问题，协调好彼此的利益，避免网络资源的过度使用。

4. 范围经济性

范围经济性是一个企业生产多种产品或提供多种服务时，由于存在可共用的资源，从而每个产品或服务的单位成本比单一的产品或服务的成本要低，从而导致总的生产成本下降的现象。范围经济是因为经营范围而不是规模带来的经济。

规模经济研究通信企业只提供一种产品或服务的情况，范围经济性研究的是通信企业同时提供多种产品或服务的情况。由于网络的共有特征，当通信企业同时提供语音和数据服务时，网络投资成本和维护成本分摊到每一项业务上的就会减少。在网络可以承受的范围内业务开展得越多，成本被分摊掉越多，这就是范围经济。所以，目前全球许多通信企业都是同时经营移动业务和固网业务的全业务通信企业。

综上所述，通信行业成本沉淀性、规模经济性、边际成本不相关性和范围经济性，使得通信行业在投入产出决策中往往具有规模扩张的内在特性，而企业规模的扩张需要与价值提升相匹配。

（二）通信企业价值管理必要性

1. 通信企业适应利润分配变化的客观要求

通信企业利润分配正向互联网链条倾斜，产业链的利润分配正朝着不利于通信企业的方向发展（如图1.1所示），客观上要求通信企业实行价值管理。

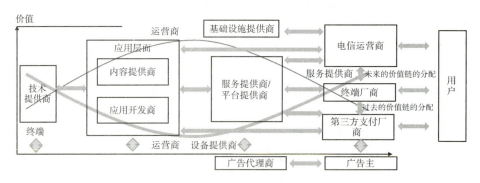

图1.1　移动互联网产业链

2. 内外部利益相关者越来越关注企业盈利能力的客观要求

内外部利益相关者对于企业核心价值动因的关注正发生着改变，企业为满足内外部利益相关者的需求，要实现以价值管理为依托的精细化管理转型。围绕着利益相关者的价值关注，构建价值管理体系。

通信企业外部利益相关者一般为市场竞争参与方、客户、国资委、股东等，他们主要关注企业的盈利能力。外部利益相关者要求企业进行精细化运作，应对激烈的市场竞争。随着互联网科技的发展，新型通信方式逐渐改变着人们的通信习惯，如微信、网络电话等，移动互联网的发展冲击着传统通信业务。同时，大数据、云计算等新技术又给通信行业带来新的机遇。市场产品的多样性、创造性、开放性，使消费者拥有了更加强大的选择能力，通信市场更加碎片化，客户更加个性化。客户的自我主导能力和对隐私保护的意识都更强了。这些都构成了对通信企业更高的要求。

通信行业内部利益相关者包括决策者、中层管理者、各部门员工、合作伙伴等，他们关注企业价值创造的效率和能力支撑，更需要关注如何去推动企业价值创造，如公司战略发展、公司战略落地、与战略相匹配的能力建设、自我的价值实现等。

3. 国家的政策引导和要求

国资委通过前期多次调研和理论准备，从 2010 年的第三任期考核开始，全面启用央企负责人经济增加值（EVA）考核，倡导更加关注企业的价值创造能力。根据《中央企业负责人经营业绩考核暂行办法》，经济增加值（EVA）作为中央企业负责人年度考核最重要的指标，权重达到 40%。国资委通过采用 EVA 价值管理体系，清晰而明确地把追求企业长期价值增长的主要方针传递给了各中央企业，为实现中央企业又好又快发展提供了更为有力、有效的指导。国资委的 EVA 价值管理体系，突出了企业的资本属性，其基本目标在于引导企业增强其价值创造能力、提升资本回报水平；最主要的目的在于提高企业发展质量，做强主业、控制营运风险、优化企业结构，最终达到可持续发展。

4. 重塑管理文化的客观要求

在充满变革的微利时代，通信企业粗放式增长已不适应市场发展要求，发展的转型需要重塑管理文化，以新的管理理念指引企业的管理和运营，它不仅要体现精细管理的精髓，更需要考虑以效益为导向。精细体现过程，注重细节与执行；效益体现结果，注重指引和监控。价值管理理论体现了精细（过程）与效益（结果）之间的辩证关系。

（三）ABC 公司价值管理框架设计

1. 背景

很多通信企业的管理层深陷文山会海不能自拔。上午开会研究如何加大品牌宣传与营销渠道建设方面的投入，决定由市场部门牵头开展品牌提升和渠道攻坚专项行动；下午开会研究如何加大网络投资，决定由投资部门牵头开展精品网络建设专项行动；晚上开会研究如何降低成本提高利润水平，决定由财务部门牵头开展降本增效专项行动。这些专项行动，到底哪些属于有效运动？哪个创造的价值更大？哪个最紧急重要？有没有考虑成本的沉淀性、规模性和范围性？与移动互联网环境之间的关系是怎样的？项目间的逻辑关系如何衔接？项目间的互斥性如何解决？如何平衡供给这些项目对资源的需求？……没有一个部门能够超越全局系统性思考、体系化解决这些问题，反倒是盲人摸象、众说纷纭比较普遍。经过多年的研究，笔者认为，在夯实作业管理、对标管理、定额管理的基础上，全面实施价值管理，是解决上述问题的最佳途径，通过 ABC 公司的实践，也进一步印证了这一点。

ABC 公司从国家对 EVA 的考核目标和企业内部利益相关者的要求出发，导入精益管理思想，围绕少投入、少消耗、少花时间的战术目的，将企业创造价值的来源锁定为增加收入、改善资产投入、降低成本和提高客户满意度、加快流程速度、调整标准化管理模型以及定额管理模型等；将企业经营管理的各类行为区分基本活动与支持性活动、创造价值活动与损耗价值活动，在此基础上，通过财务部门的努力，辅以事件会计理论的实践，将各类活动细分到最小颗粒，形成对企业价值提升起着至关重要作用的、具体的价值驱动因素。公司在选取了价值驱动因素后，根据因素包含的成分进行层层分解，确定"价值驱动要素"，并按照科学管理方法论对关键要素相关的工作标准和资源定额进行修订，从"体"和"面"上基本解决了上述问题。

2. 举措

实施价值管理，首要解决的是企业经营方向聚焦的问题。ABC 公司引入价值管理生态链理论，按四个层级将企业的战略导向、动因导向和问题导向、风险导向分别进行梳理。战略导向聚焦最终要达成的财务指标；动因导向一脉相承于战略导向，聚焦基于财务指标分解出来的各类业务指标，涵盖市场、投资和人力等领域；问题导向聚焦为实现前述具体指标需要解决的突出问题，对这些问题按优先级进行归类后设计改善性指标；风险导向聚焦基于关键风险点和控制措施设计防控性指标。四大导向确立后进一步选取最大公约数，收敛为收入增长、资源配置和资产效率、风险防控、客户感知五大价值驱动因素。在此基础上，引入平衡计分卡，构建价值管理指标体系。依托组织与人员转型、流程优化和 IT 系统支撑来保障执行的深度和力度。ABC 公司价值管理框架基本上是按上述逻辑搭建的。

最终形成的价值管理框架有四个层次：第一层次是价值管理目标，是核心层；第二层次是价值管理驱动因素，是结构层；第三层次是管理指标、关键活动和运营流程，是操作层；第四层次是配套的组织与分工、IT 系统，是保障层。如图 1.2 所示：

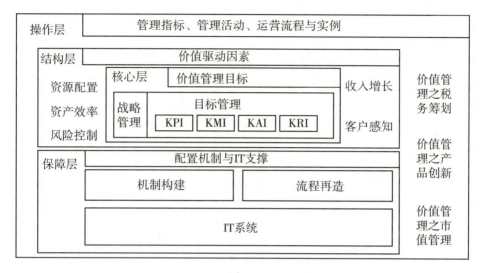

图 1.2　价值管理框架

在核心层，基于企业的战略规划确立价值管理战略目标和年度目标。

在结构层，明确五大驱动因素之间的逻辑关系。以保障收入增长的价值创造活动为主，以资源配置、资产效率、风险防控、客户感知为辅，这二者构成价值管理体系的第一维度和第二维度，这也明示了价值管理的核心层诉求，即企业是通过资本投入和风险防控，以取得高出资本成本的回报来创造价值的，保障了企业资本成本时间价值和未来自由现金流量两大核心价值；在此基础上，综合管理内部客户（内部员工、代理商、供应商、SP 服务商）和外部客户感知，打造利益相关者共赢的良性循环体系；以外部客户感知制衡内部运营，并通过内部协调支撑外部体验，最终实现可持续发展能力的提升。

在操作层，首先要确立具体的着力点来推动价值管理实施，这就需要确立一套指标体系来量化价值管理的具体目标、过程与结果。只有量化才能衡量，不能量化就无法理解，不能理解就无法管理，不能管理就无法改进。而且，指标要细化到最小颗粒、最小组织，只有量化到经营末梢，才能明白问题究竟之所在，才能精准制定和实施解决方案。

ABC 公司在价值管理操作层最重要的实践贡献是：以"4K"为核心的四大指标体系确定和应用，"4K"包含 KPI、KMI、KAI 和 KRI。在四大指标体系中，KPI保障整体可控，其他"3K"指标用来强化精细管理。通过强化结果引领（KPI）、完善过程管理（KMI）、着力短板整治（KAI）、紧扣风险防控（KRI），持续细化关键举措和关键实施步骤，实现全面增效，并能兼顾长、短期利益。以"4K"为核心的价值管理指标体系由此得以形成（如图1.3所示）。

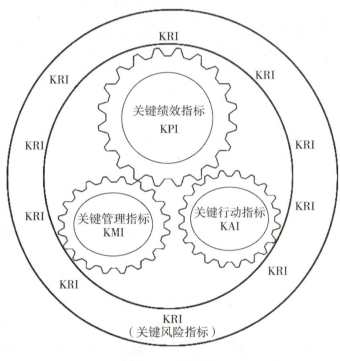

图1.3　4K结构

KPI全称为key performance indicator，即关键绩效指标，是结果指标。本书中的KPI是指通过对组织内部流程的输入端、输出端的关键参数进行设置、取样、计算、分析，衡量流程绩效的一种目标式量化管理指标，是把企业的战略目标分解为可操作的工作目标的工具，是企业绩效管理的基础。建立明确的切实可行的KPI体系，是做好绩效管理的关键。KMI全称为key management indicator，即关键管理指标。KMI是基于新的模型设计的、覆盖全价值链的指标，是过程指标，也是全景指标。本书是从收入增长、资源配置、资产效率、风险防控、客户感知这五大模块进行KMI管理研究。ABC

公司还开发了资源配置平台，借助于此平台实现持续监控518个指标、聚焦482个举措、落实777个实施步骤，并且每年动态调整优化。KAI全称为Key Action Indicator，即关键行动指标，也称为关键项目指标，通常指企业从价值管理出发提炼出能够对价值管理产生重大影响的活动作为重点监控的举措。ABC公司KAI管理围绕"以改革提效率助发展，以创新变模式增效益"进行规划和部署，基于问题导向每年聚焦十个左右的重点项目，基于战略目标锁定每个项目的价值提升目标，基于管理现状理清每个项目的关键举措，基于关键成功要素的作业方法明确每个项目的关键实施步骤，逐年提升以归纳、总结、固化、优化为主线的闭环管理能力，提升以发现和复制推广经验、定位和纠正解决错误为主线的过程管理能力，提升各专业线的协同能力，最终提升价值管理体系的深度应用水平和管理实效。KRI全称为Key Risk Indicator，即关键风险指标，KRI是指那些价值管理活动中容易偏离价值创造轨道的或者容易因为忽视而造成未来利润增长隐患的项目指标，在实际操作中特别关注那些容易导致资源浪费或法律法规风险的指标。ABC公司通过梳理形成了以"七个不必"和"三十二个风险点"为主脉络的风险防控体系。"七个不必"是指：不必涉足、不必开发、不必投资、不必维护、不必宣传、不必库存、不必移动，"三十二个风险点"将在后面的章节进行专门介绍。"七个不必"和"三十二个风险点"构成企业全价值链上的行为底线和红线。

在保障层，价值管理既需要发现静态的问题，对结果进行管理，挖掘价值提升的潜力，同样需要对价值创造过程进行动态管理，增加企业直接效益。价值管理静态挖潜的基本原则是：该收的颗粒归仓，不该花的一毛不拔；价值创造动态增效的基本原则是：正确的战略目标选择，正确的资源配置流向，创新的管理模式变革。无论是静态挖潜还是动态增效，都需要相应的条件来支撑。以下两大条件显得尤为重要：一是组织与人员转型。现有传统组织架构是条块式管理，各部门各负其责、各司其事；而价值链的管理需要打破部门隔阂，通过虚拟组织在价值创造流程中的实践行动将各部门"合"起来，从而建立起以价值为导向的新型组织形式。价值创造流程的各个环节需要明确责任主体及责任人，所以员工的素质与能力建设以及相应的绩效体系也需要随着组织的转型而转型。二是IT系统支撑。在当今数据日益庞大的时代，指标量化计算已非人力可为，必须借助IT来支撑；通过IT技术，将数据同步化、流程自动化、管理可视化，提高价值管理工作的效率。

3. 成效

历经多年沉淀，ABC 公司价值管理框架最终得以固化，如图 1.4 所示。

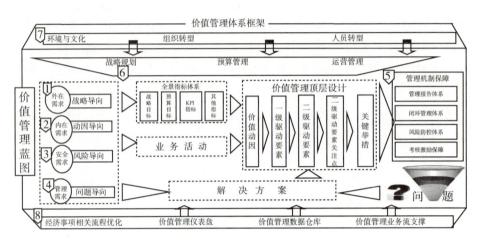

图 1.4　价值管理体系框架

ABC 公司在设计价值管理框架过程中，既继承了科学管理体系、融合了精益管理思想，也应用了德勤等数家国际企业常用的价值管理工具，更重要的是以这些先进方法论为框架，整合吸收了通信企业在传统降本增效和精益管理中积累的各种经验。与传统的管理相比，将问题导向转变为战略导向、动因导向、问题导向、风险导向相结合；将查错纠弊转变为精益管理、能力构建和机制变革相结合；将松散的价值管理组织转变为职责固化、人员固化和机制固化，以及执行主动化和自觉化的常态组织；将大量的手工工作转变为数据挖掘系统化、流程控制自动化和管理信息透明化处理。形成了较为完整的方法论体系。

第二章 基于价值管理的驱动因素设定

第一节 基于价值管理的战略管理

一、战略管理内涵

安索夫在 1965 年出版了第一本有关战略的著作《企业战略》,成为现代企业战略理论研究的起点。他认为,企业的战略管理是指将企业的日常业务决策同长期计划决策相结合而形成的一系列经营管理业务。斯坦纳在《企业政策与战略》一书中提到:企业战略管理是确定企业使命,根据企业外部环境和内部经营要素确定企业目标,保证目标的正确落实并使企业使命最终得以实现的一个动态过程。加拿大麦吉尔大学教授明茨伯格(H. Mintzberg)提出,企业战略是由五种规范的定义阐述的,即计划(plan)、计策(ploy)、模式(pattern)、定位(position)和观念(perspective),这构成了企业战略的"5P"。

前文提出了,实施价值管理,首要解决的是企业经营方向聚焦的问题,实质上就是要在各种科学分析研究的基础上,明确企业战略方向。价值管理必须以战略管理为出发点。

战略管理一般包括三个层次,分别是总体层战略、业务层战略和职能层战略。这种基于组织分工的分层方法也同样适用于前文关于价值管理框架的设计,至少逻辑是一样的。同理,这种方法在本书的其他章节将多次出现。

总体层战略又称为公司战略,是企业最高层次的战略,公司的总体层战略是公司所有行动的总框架,根据企业的外部环境和内部条件确定企业应该做什么业务和如何做这些业务,也就是明确企业的目标和资源配置。业务层战略也称为经营单元战略,是企业的一种局部战略,也是公司战略的子战略，它处于战略结构体系中的第二层次，业务层战略是企业战略业务单元在公司战略的指导下，经营管理某一特定的战略业务单元的战略计划，具体指导和管理经营单元的重大决策和行动方案。职能层战略是第三层次的战略，比业务层战略更为具体。职能层战略解决某职能的相关部门如何卓有成效地开展工作的问题，重点是提高企业资源的利用效率，使企业资源的利用效率最大化，通常包括营销战略、人事战略、财务战略、生产战略、研发战略等。

二、战略管理分析工具

迈克尔·波特曾经说过："世界上有三类企业：不知道发生了什么的企业，看着事情发生的企业，使事情发生的企业。"要想做使事情发生的企业，就要学会战略管理。

（一）企业外部环境分析工具：PEST 分析

所谓 PEST 即 political（政治）、economic（经济）、social（社会）和 technological（技术）。这些是企业的外部环境，一般不受企业掌握。

1. 政治环境

政治环境会对企业监管、消费能力以及其他与企业有关的活动产生十分重大的影响力。政治环境主要包括政治制度与体制、政局、政府的态度等，法律环境主要包括政府制定的法律、法规。这些因素常常制约、影响着企业的经营行为，尤其影响企业较长期的投资行为。

2. 经济环境

经济环境是指国民经济发展的总概况，国际和国内经济形势及经济发展趋势，企业所面临的产业环境和竞争环境，等等。

企业的经济环境主要的组成因素为社会经济结构、经济发展水平、经济体制、宏观经济政策、当前经济状况、其他一般经济条件。构成经济环境的关键战略分析要素包括：GDP、利率水平、财政货币政策、通货膨胀、失业率水平、居民可支配收入水平、汇率、能源供给成本、市场机制、市场需求等。

3. 社会环境

社会环境是指一定时期整个社会发展的一般状况，主要包括社会道德风尚、文化传统、人口变动趋势、文化教育、价值观念、社会结构等。其中，影响最大的是人口环境和文化背景。人口环境主要包括人口规模、年龄结构、人口分布、种族结构以及收入分布等因素。

4. 技术环境

技术环境是指社会技术总水平及变化趋势，技术变迁、技术突破对企业的影响，以及技术与政治、经济社会环境之间的相互作用等。技术环境不仅包括发明，还包括与市场有关的新技术、新工艺、新材料的出现和发展趋势以及应用背景。

（二）企业竞争力分析工具——"五力"模型

"五力"模型由迈克尔·波特于20世纪80年代初提出，它认为行业中存在着决定竞争规模和程度的五种力量，这五种力量综合起来影响着产业的吸引力。五种力量分别为进入壁垒、替代品威胁、买方议价能力、卖方议价能力以及现存竞争者之间的竞争。一种可行战略的提出首先应该包括确认并评价这五种力量，不同力量的特性和重要性因行业和公司的不同而变化。

供应方主要通过其提高投入要素价格与质量，来影响行业中现有企业的盈利能力与产品竞争力。购买者主要通过其压价与要求提供较高的产品或服务质量的能力，来影响行业中现有企业的盈利能力。新进入者有可能会与现有企业发生原材料与市场份额的竞争，最终导致行业中现有企业盈利水平降低，严重的话还有可能危及这些企业的生存。竞争性进入威胁的严重程度取决于两方面的因素，这就是进入新领域的障碍大小与预期现有企业对于进入者的反应情况。替代品的竞争会以各种形式影响行业中现有企业的竞争战略。现有企业之间的竞争常常表现在价格、广告、产品介绍、售后服务等方面，其竞争强度与许多因素有关。

（三）企业内部环境分析工具——价值链分析

波特的"价值链"理论揭示，企业与企业的竞争，不只是某个环节的竞争，而是整个价值链的竞争，而整个价值链的综合竞争力决定企业的竞争力。用波特的话来说："消费者心目中的价值由一连串企业内部物质与技术上的具体活动与利润所构成，当你和其他企业竞争时，其实是内部多项活动在进行竞争，而不是某一项活动的竞争。"

除此之外，在战略制定时我们经常用到SWOT分析，在战略实施时我们经常用到平衡计分卡。这些都是我们比较熟悉的工具。

第二节 基于价值管理的目标设定

一、基于价值管理的目标设定方法

彼得·德鲁克（Peter F. Drucker）在《管理的实践》中最先提出了"目标管理"的概念。目标管理的一个重要观点是企业战略目标与规划不能仅由几个高管来执行，所有管理人员都应该参与进来，这将更有利于战略的执行。另一个重要观点是，企业要设计一个完整的绩效系统，它将帮助企业实现高效运作。由此，可以将目标管理视为价值管理的前身。

企业目标可分为战略性目标、策略性目标以及方案、任务等。一般来说，经营战略目标和高级策略目标由高级管理者制订；中级目标由中层管理者制订；初级目标由基层管理者制订；方案和任务由员工制订，并同每一个成员的应有成果相联系。自上而下的目标分解和自下而上的目标期望相结合，使经营计划的贯彻执行建立在员工的主动性、积极性的基础上，把企业员工吸引到企业经营活动中来。

（一）目标设定的原则

设定目标看似一件简单的事情，每个人都有过设定目标的经历，但是如果上升到技术的层面，必须熟练掌握 SMART 原则。

（1）S（specific）即明确性，所谓明确就是要用具体的语言清楚地说明要达成的行为标准，目标要清晰、明确。目标设置要有项目、衡量标准、达成措施、完成期限以及资源要求。例如，减少客户投诉，过去客户投诉率是3%，现在把它减低到1%。例如，对文员工作态度的考核可以分为工作纪律、服从安排、服务态度、电话礼仪、员工投诉等。

（2）M（measurable）即可衡量性，要把目标转化为指标，而指标可以按照一定标准进行评价。制定目标的衡量标准遵循"能量化的量化，不能量化的质化"原则。

（3）A（achievable）即可实现性，要根据企业的资源、人员技能和管理流程配备程度来设计目标，保证目标是可以达成的。也就是目标要通过努力可以实现，不能过低和偏高。目标设置要坚持员工参与、上下左右沟通，使拟定的工作目标在组织及个人之间达成一致。

（4）R（relevant）即相关性，各项目标之间有关联，相互支持，符合实际。实现此目标与其他目标、目标和工作都要有相关性。如果实现了这个目标，但对其他的目标完全不相关，或者相关度很低，那这个目标即使被达到了，意义也不是很大。

（5）T（time-based）即时限性，各项目标要订出明确的完成时间或日期。根据工作任务的权重、事情的轻重缓急，拟定出完成目标项目的时间要求，定期检查项目的完成进度，及时掌握项目进展的变化情况，以方便对下属进行及时的工作指导，以及根据工作计划的异常情况及时地调整工作计划。

（二）目标设定的步骤

目标设定一般分为四个步骤：

（1）高层管理预定目标。这个目标可以是自上而下形成，也可以是自下而上形成。无论哪种方式，必须共同商量决定。领导必须高瞻远瞩，根据企业的使命和长远战略，估计内外部环境的机会、挑战，明确企业的优劣势，对组织应该和能够完成的目标心中有数。

（2）重新审议组织结构和职责分工。目标管理要求每一个分目标都有确定的责任主体。因此，预定目标之后，需要重新审查现有组织结构，根据新的目标分解要求进行调整，明确目标责任者和协调关系。

（3）确立下级的目标。下级明确组织规划和目标后，上级尊重下级，平等待人，耐心倾听下级意见，帮助下级发展一致性和支持性目标。分目标要具体量化，便于考核；分清轻重缓急，以免顾此失彼；既要有挑战性，又要有实现可能。每个员工和部门的分目标要和其他的分目标协调一致，支持本单元和组织目标的实现。

（4）上级和下级就实现各项目标所需的条件以及实现目标后的奖惩事宜达成协议。分目标制定后，要授予下级相应的资源配置的权力，实现权责利的统一。由下级写成书面协议，编制目标记录卡片，整个组织汇总所有资料后，绘制出目标图。

二、ABC 公司价值管理目标设定

（一）背景

"摁下葫芦起了瓢""四处扑火""指令打架"等现象，在通信企业经常见到。根本原因在于企业经营过程中忽视了工作项目之间、管理指标之间的逻辑关系，不重视管理指标之间的平衡关系。

基于价值管理的目标设定方法告诉我们，由决策层、运营层、执行层分别牵头设定战略性目标、策略性目标和行动计划（方案），是继价值管理框架设定之后至关重要的一个环节，当然，在明确价值管理框架后设定价值管理目标，也容易了许多。

（二）举措

设定价值管理目标要遵循四个基本导向。首先，基于战略导向设定企业的整体目标即收入和利润、能力构建等结果性目标；其次，基于动因导向按照杜邦分析模型设定企业的用户规模和用户质量等过程性目标；再次，通过现实情况与整体目标的对照，找出差距，总结出问题并聚焦，基于问题导向设定主要短板改善目标；最后，基于风险导向设定风险防控目标。

收入、利润和能力构建目标均是为提升企业竞争优势、提升企业价值、提升企业核心竞争力服务的。在提升企业优势方面，实现在大众市场激烈的竞争中确立细分市场的差异化经营优势，在信息服务发展趋势中构建社会化、平台化的领先优势；在提升企业价值的目标方面，实现加快走出客户服务能力低端化、业务拓展方式分散化、资源配置模式粗放化的发展陷阱；在提升核心竞争力方面，实现以提升客户价值为导向的市场经营能力、以价值创造为导向的精细运营能力、勇于创新的体制改革能力。整体目标的实现要借助成熟的价值提升工作机制，遵循"复杂工作简单化、简单工作标准化、标准动作制度化、制度执行自觉化"的总体思路，细分各项过程指标，配套建立相应制度，强势导入执行文化。

（三）成效

ABC 公司通过几年的探索与实践，清晰地构建了价值管理目标体系。

例1，ABC公司基于战略导向和动因导向设定的整体目标，如图2.1所示。

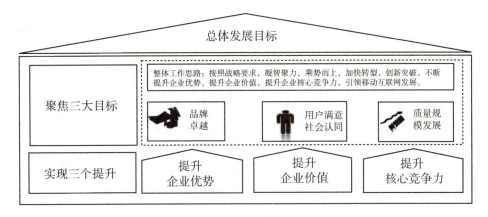

图2.1 ABC公司整体目标结构

如图2.2所示，从收入增长出发，根据二级驱动要素的分析内容，构建相应的战略/战术措施，以此为基础，建立关键指标对应的目标，并进一步梳理三大辅助动因指标对应的目标。

例2，ABC公司基于问题导向设定的过程目标：

（1）渠道成本使用效能提升：第一季度社会渠道成本占收比低于*%、4G业务长效佣金占比达到*%、3G业务长效佣金占比达到*%。

（2）终端补贴使用效能提升：百元终端补贴成本拉动收入达到*元、入网1年以内的存费送机用户流失率不高于*%、入网1年以上的存费送机用户流失率不高于*%。

（3）强化坏账管理：年度坏账率分别控制在*%和*%以内。

（4）强化网间结算管理：年度累计网间结算支出占收比（不含香港、国际）不高于*%。

（5）强化省际结算管理：各月4G纯省际漫游发展用户占比截至年底不高于*%。

（6）强化物业管理：年度新租单站成本增长率不高于*%、续租租金年复合增长率不高于*%。

（7）强化能耗管理：年累计单载频能耗成本同比降幅达到*%、年累计单载频能耗成本不高于*元/载频载扇。

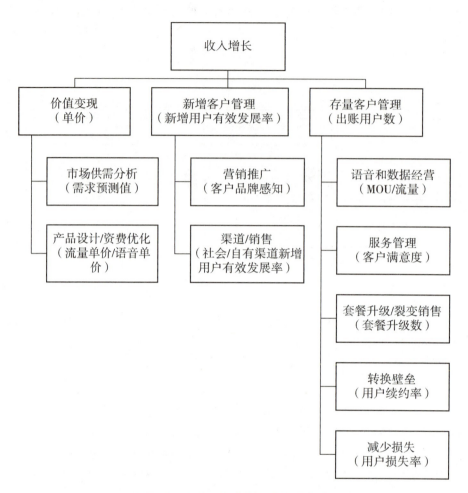

图 2.2　ABC 公司指标拓扑层级结构

（8）强化行政综合资源管理：年度行政办公费占收比不高于 * %、业务招待费占收比不高于 * %。

上述指标最终归类到"4K"，无论是 KPI，还是 KMI、KAI、KRI，出发点和落脚点均是"目标"。目标的特点是可以层层解构，并且有主次轻重之区别。我们常说，不能解构到最小颗粒、落到最小业务单元的目标是空中楼阁。而这些特点决定了整体目标必须逐层级进行细致的解剖和定义。参照杜邦分析工具，ABC 公司以整体目标为基点，从四个维度按三个层级分解出 518 个价值管理指标的对应目标，这些目标横向归属到"4K"，纵向归属到经营最末梢，确保对全价值链的全覆盖，进而构成了以"四全"（全业务、全流程、全天候、全平衡）为基础的"4K"价值管理操作体系，实现了四个导向和战略目标在企业经营过程中的穿透落地。

第三节 通信企业价值管理驱动因素研究

一、企业价值管理驱动因素分析

（一）价值驱动因素定义

价值驱动因素是实现企业战略的创造性活动，只有通过这样一些活动，价值理念才能具体化。扎柯尔认为："价值驱动因素是影响或推动价值创造的一个决策变量。价值驱动因素不是结果，而是决定后果的因素。"奈特认为："价值驱动因素是对经营活动和财务运行效果有重大影响的运行因子。"这一定义不仅限于运行效果，还包括所有决策得以实施的动力机制。价值驱动因素存在于企业的各个领域，包括产品开发、生产、营销以及人力资源的开发和利用等。

（二）通信企业价值驱动因素解析

通信企业的战略目标包括企业持续发展能力、对利益相关者的回报能力、未来自由现金流量、企业资金的时间价值。一个高级经理人必须具有扎实的分析理解能力，把握企业战略目标和关键驱动因素之间的关系。那么，什么是实现通信企业战略目标的驱动因素？通过总结大量的文献，以及持续多年的实地调研和分析研究，我们认为企业持续发展能力提升、对利益相关者的回报增加可以靠客户感知的提升来实现，未来自由现金流量的状况通过观察和控制现金流入、现金流出来管理，企业资金的时间价值通过加权平均资本成本指标来优化提高。

将这些战略目标进一步匹配到价值管理体系中，我们又发现其与德勤模式下的五大驱动因素是紧密相关的。客户感知提升可以分为内部客户感知提升和外部客户感知提升。现金流入的控制依赖于收入增长的控制，现金流出的关键控制点在于资源配置、资产利用。加权平均资本成本的管控属于风险防控的范畴。

通过进一步解构，发现收入增长的战略环节主要是开拓新的市场需求，巩固用户基础；资源配置就是优化资源配置方法体系，提升服务和产品的盈利能力和持续现金流；存量资源利用就是在不增加固定资产投入的基础上创造更多的收益；风险防控就是监控企业的运营风险和财务风险，确保企业的长期发展能力；客户感知提升就是经营好企业的无形资产，实现企业和利益相关者的共赢。

五大价值驱动因素环环相扣，涵盖了通过商业模式向消费者提供服务从而创造价值的整个过程，构成公司全价值链。内部客户是我们的重要合作伙伴，通过盘活存量资源和增量资源，调整成本架构，降低成本，使价值得到提升。外部客户是我们利润的源泉，通过客户的细分，更好地通过销售渠道满足客户的需求，获得价值提升。通过内外部客户的管理，优化公司的资本结构和债务结构，实现公司整体的价值提升。

基于价值管理切入点，进一步明确五大驱动因素之间的主辅关系，以保障收入增长的价值创造活动为主，以资源配置、资产利用、风险防控为辅，一切围绕"内外部客户"感知提升，形成企业价值管理的有机整体。

二、ABC 公司价值管理驱动因素选择

（一）背景

大多数通信企业的价值管理工作围绕问题导向展开，未与战略导向相统一，未如剥洋葱一样地将影响战略目标实现的因素层层解构出来。以致在点状的工作上做得多，在体系化的安排上做得比较少；在事后的评价上做得多，在事前与事中的管理上做得比较少；在"灭火"方面做得多，在防范方面做得比较少。进一步研究，发现其根本原因是价值管理体系局限于点或线，而没有将企业上下左右的战略环节进行系统研究和整合，最终没有形成网状的价值管理结构，这属于顶层设计上的缺失。因此，对价值管理驱动因素和驱动要素的全面梳理是建立网状价值管理结构的关键步骤。

价值管理驱动因素是纲，围绕价值驱动因素梳理出来的驱动要素是目，"六有"（即有目标、有举措、有步骤、有责任主体、有检查、有考核）是

方法。在梳理过程中，基于动因导向，先由体分拆为面，由面解构为点，再由点及面、由面成体，与分公司互动、几上几下，才能逐步形成全面覆盖企业价值链战略环节、明确先后实施步骤的价值管理逻辑图，只有这样，才能确保价值管理工作的秩序，提高价值管理工作效率。在价值管理驱动因素的选择上，既要顾及全面，又要聚焦重点，还要兼顾先后。

（二）举措

ABC 公司首先固化五大价值驱动因素（对应 KPI），再确定一级驱动要素和二级驱动要素，这些都是根据重要程度来确定的战略环节（对应 KMI），汇总形成价值管理逻辑图，行动计划和方案的梳理（对应 KAI 和 KRI）都从这个框架中寻找切入点。

价值管理基本活动为收入增长和客户感知提升，在设计基本活动下的驱动要素时，要充分考虑移动互联网对内外部环境的影响，合理运用"五力"等分析模型，确保各要素是理性的、可操作的，并注意避免掉入"教条主义"的陷阱，应定期动态调整或优化。也就是说，驱动因素是相对固化的，而驱动要素是因地制宜且与时俱进的。

支持性活动分为资源配置、资产效率管理、风险管控三大支撑点。支持性活动以前端价值管理活动为起点，梳理对应的资源配置，寻找价值链流程所对应的资源支撑分布，辨识资源优化配置的机会。在设计支持性活动下的驱动要素时，首要的是遵循"少投入、少消耗、少花时间"的原则，严控"七个不必"、严守"三十二个风险点"；其次，要持续夯实目标管理、作业管理、对标管理和定额管理基础。

（三）成效

ABC 公司最终确立的价值管理逻辑如图 2.3 所示。

收入增长的驱动要素通过提高产品定价效率、增加客户关系的广度、增加客户关系的持久度来实现。例如，价格变现通过市场供需分析和产品设计/资费优化实现，增加客户关系的广度措施就是发展新客户，开发新客户通过营销推广、渠道销售实现，增加客户关系的持久度就是实现存量客户管理，存量客户管理主要包括语音数据使用量经营、服务管理、套餐升级/裂变销售、转换壁垒和减少流失。

资源配置的驱动要素包括提高营销和销售的效率、提高网络效率、提高

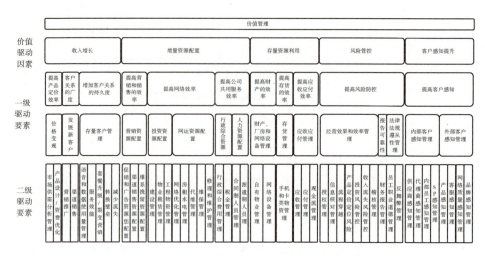

图 2.3　价值管理逻辑

公司共用服务效率。例如，提高营销和销售的效率通过营销资源合理配置实现，提高网络效率通过投资资源合理配置和网运资源合理配置来实现，提高公司共用服务效率通过行政综合资源合理配置和人力资源合理配置来实现。营销资源配置管理举措包括促销和广告资源配置、渠道销售资源配置、维系挽留资源配置，促销和广告资源配置对应的资源是促销物资、广告资源，渠道销售资源配置对应的资源是佣金、卡类资源、终端补贴，维系挽留资源配置对应的资源是赠款、礼品、流量。投资资源配置管理包括建设管理、物业租赁管理、工程物资管理。网运资源配置管理包括网络优化管理、网元租赁管理、房租水电管理、代维管理、维保管理、日常维护和材料管理，网络优化管理对应资源为网络，网元租赁管理对应资源为租赁网元，房租水电管理对应资源为物业，代维管理对应资源为站点、线路和用户，维保管理对应资源为主设备，日常维护和材料管理对应资源为日常外线耗材。行政综合资源配置包括行政综合费用管理和税金管理。行政综合费用管理对应资源为对外行政综合物资和对内行政综合物资，税金管理对应资源为税金。人力资源配置包括合同制、派遣制人员管理。

　　资产效率的驱动要素为提高财产的效率、提高存货的效率和提高应收应付效率。例如，提高财产的效率通过财产厂房和网络设备管理实现。提高存货的效率通过存货管理来实现。提高应收应付效率通过应收应付管理来实现。财产、厂房和网络设备管理也就是固定资产管理，包括自有物业管理、网络设备管理，对应的资源分别为自有物业、网络设备。存货管理包括手机和卡类物资管理，对应的资源分别为手机和卡类物资。应收应付管理包括应收管理、应付管理、现金流管理，对应的资源为财务资源。

风险管控的驱动要素为经营效果和效率管理、财报可靠性和法律法规遵从性管理。例如，经营效果和效率管理举措包括授权管理、信息核对、管理流程穿越、产品定价定位风险、投资风险管控、收入流失风险管控、稽核管理。财报可靠性通过财务报告管理实现。法律法规遵从性管理举措包括员工职业道德管理、反舞弊管理。

客户感知提升的驱动要素为提高客户感知包括内部客户感知管理和外部客户感知管理。例如：内部客户感知管理举措包括供应商感知管理、代理商感知管理、内部员工感知管理、SP 感知管理。外部客户感知管理举措包括产品感知管理、客服感知管理、网络质量感知管理、品牌感知管理。

通过价值管理逻辑图的确立，ABC 全面搭建了价值管理体系，最终组合成了一张价值管理网。这使得管理者在每个年度初期即能系统、准确、务实地规划出价值管理工作的重点和基本路径，保证了价值管理工作的可持续性。

第三章 基于价值管理的机制构建

第一节 传统的价值管理组织形式

传统的价值管理组织形式往往是基于重视某一个方面或解决某一个方向的问题而设立。

例如成本中心，通常它是一个独立的部门，涉及成本与利润的控制。设立成本中心，可以有效监控各地的成本波动和合理性。其特点是只对生产或经营过程中投入的成本和费用负责，也就是只对消耗负责，而不承担收入增长责任，其任务是在企业指定的产品或服务质量和数量目标下，努力地降低成本，因此一般只考核其成本的发生和控制情况。除此之外，还有收入中心、利润中心、投资中心等形态。

收入中心（revenue center），指对收入负责的责任中心。它不需要考虑产品或服务的成本，而只考虑如何在企业许可的销售价格浮动范围内更多地推销企业产品，更多地占领市场。因此，为了评价其经营业绩，必须首先为其确定目标收入，作为其考核依据。企业的收入中心一般是企业的市场销售部门。

利润中心（profit center），指既要发生成本，又能取得收入，还能根据收入与成本计算利润的一种责任中心，这里所说的成本和收入，对利润中心来说都必须是可控的。

投资中心（investment center），指对投资负责的中心，其特点是既要对利润负责，又要对利润与投资之间的比例关系负责。投资中心本质上也是利润中心，但它的控制区域和职权范围比一般的利润中心要大得多。它与利润中心的主要区别是：利润中心没有投资决策权，它是在企业确定投资方向后进行的具体经营；而投资中心则拥有投资决策权，即当企业总部将一定数额的资本交给投资中心后，应投资什么行业、生产什么产品等都是投资中心的职责，企业总部一般不予干涉，投资中心必须对其投资的收益负责。

显然，在中心的设立上，往往考虑的都是相对独立的一方面，强调的是某一方面的目标达成，而忽略了系统最优。另外，在目标设置上没有考虑企业的长期战略发展，有短视的嫌疑。而且责任中心的划分往往有固定模式，使得有一些经营活动的性质被固定化。例如，信息中心的投入被认为是成本，呼叫中心客服服务被认为是成本，在管理中往往会忽视这些部门的内在价值，这样一来，这些部门会一直处于弱势地位，员工工作也没有积极性。还有一些项目因为跟企业业务系统的关联性弱，促使人们武断地认为是"成本中心"。为了解决这些问题，需提出价值中心的概念。

第二节　新型价值管理组织设计

一、价值管理组织形式变革的必要性

通信企业发展推进由数量规模型向质量规模效益型发展转型，就必须全面启动价值管理，通过打造以价值创造为导向的精细运营能力促进企业核心竞争力提升。基于战略导向、动因导向、问题导向和风险导向，聚焦收入增长、资源配置和资产利用、风险防控、客户感知五大价值驱动因素，科学构建、系统梳理价值目标驱动要素，依托组织、人员转型和流程优化、IT系统支撑，做透精细管理、做实能力构建、做深机制变革，构建企业价值管理生态体系，促进公司战略目标的达成。

新的价值管理组织应该具有以下几个特征：开放的、动态的、全局性的、跨部门的、专业的。因为，封闭运行就很难做到全价值链贯通，组织和人员长期固定就适应不了移动互联网环境下的快速迭代变化，对局部的关注和管理必然会导致失衡，单兵作战等同于放弃了协同效应且效率最低，专业化程度往往决定了某个领域是否可以做深做透做实，是成败的最终落脚点。这些特征决定了将价值管理体系交由某一个部门来独立承载已不合适。虚拟的组织形态成为必然。

二、新型价值管理组织设计

通信企业新型价值管理组织设计也应与五大驱动要素相匹配，比较成熟的模式是"一组四会模式"，"一组"是指价值管理领导小组，"四会"是指产品管理委员会、投资决策委员会、全面预算委员会、风险防控委员会。各组织的负责人应由企业管理层担任。

价值管理领导小组由总经理挂帅，管理层参加。主要负责建立企业价值管理体系并持续完善，制定、贯彻公司价值管理行动计划和方案，负责价值管理的组织协调。下设办公室，负责建立和维护年度"4K"指标与目标体系，聚焦重点管控项目建立常态化工作机制和激励约束机制，监控整体项目进度，对重点项目的实施进度进行检查、评估、考核、督办等。

产品管理委员会由分管市场的副总经理挂帅，各业务部门负责人参加。主要负责"收入增长"和"客户感知提升"项下驱动要素的梳理、确定，以及相应指标和目标的确定。下设办公室，牵头组织产品研发、市场营销、客户服务政策的前测后评，重点围绕与政策相关的竞争环境，以及政策的效益性、可行性、可持续性、风险点进行分析评估，并对政策执行的实际效果与预期进行对比分析，发表明确的评估意见，形成评估报告，针对问题组织整改和考评。

投资决策委员会由分管网络建设的副总经理挂帅，各技术和支撑部门负责人参加。主要负责"资产利用"项下驱动要素的梳理、确定，以及相应指标和目标的确定。下设办公室，牵头组织投资需求评审，尤其是审核投资方案中各项评价指标的真实性、合理性。委员会中的建设小组负责审核户均投资、服务能力、管理能力等指标，业务小组负责审核竞争环境、投资回收期、三个月和六个月的预计达产率、营销组织保障率等指标。

全面预算委员会由总经理挂帅，各部门负责人参加。主要负责"资源配置"项下驱动要素的梳理、确定，以及相应指标和目标的确定。下设办公室，根据战略目标和规划，审议资源配置重点方向和预算，协调解决资源配置过程中出现的问题，并对资源配置结果进行评价。

风险防控委员会由分管财务的副总经理挂帅，各部门负责人参加。主要负责"风险防控"项下驱动要素的梳理、确定，以及相应指标和目标的确定。下设办公室，主要负责风险防控相关工作的组织与协调，负责风险与问题的梳理、关键控制举措的制定、穿行测试、考核与督办等，如负责"七个不必"的严控和"三十二个风险点"的紧盯。

第三节 财务转型

一、财务转型的必要性

在企业管理的不同阶段，财务功能定位往往不同。在科学管理阶段，财务部门为建立标准工时、单位工资、资源消耗定额做出了巨大贡献。在精益管理阶段，财务部门在控制投资、减少消耗、提高效率等方面发挥了牵头引领作用。在价值管理阶段，财务部门的角色定位应是怎样的呢？

首先，财务部门是公司的信息、数据、流程、IT 枢纽，它必须随着企业管理模式的变化而变化；其次，财务部门是支撑单元，必须随着市场和技术的变化而变化；最后，财务部门是企业价值创造的记录、衡量、分析和引导者，必须随着价值管理的纵深演进而变化。

而且，传统财务存在的以下不足也催生财务必须转型。

一是财务信息化水平的提高要求财务组织转型。随着财务信息化水平的不断提高，财务人员传统的核算职能在逐步弱化，会计核算自动化程度大大提高，手工凭证量在锐减。信息化深度应用，一方面为财务资源释放创造了前提条件，如解放了大量的会计人手；另一方面使财务组织变革成为必然，因为必须让解放出来的会计人员有新的活干。

二是企业转型升级要求财务必须转型升级。企业规模效益快速扩张，发展阶段从初始、可控、规范级，进入价值管理、价值创造、持续优化级，由此催生了企业对新型财务管理的需求，催生财务管理向价值管理、价值创造转型升级，以提供专业的战略规划、专业的支撑协同、精准的数据挖掘、精准的策略定位。

三是管理矛盾的凸显要求财务组织结构调整。在传统的财务组织形式下，财务人员以信息记录为主要工作内容，组织分工不适应新的 IT 平台、岗位职责交叉串联、专家型人才沉淀不足、人才封闭以至流动性不足、工作封闭以至与市场脱节，这些矛盾也促使财务必须转型。

二、财务转型的内容

在设计财务转型内容时,需要回答以下两个问题:一是向哪转,二是如何转。

首先回答向哪转的问题。财务转型的重点方向应该是以"五项能力"建设为核心对财务人员重新赋能。

1. 构建基础管理能力

实现财务处理规范化、会计核算流程化、财务信息透明化、凭证生成自动化。

2. 构建风险防控能力

首先,财务人员必须做到"四个熟知",即熟知自身的岗位职责、熟知财务及相关工作流程、熟知财务工作中涉及的风险点、对财务的各项控制措施要熟知于心。其次,财务人员必须学会开展流程穿越活动,如存货管理全流程、佣金支付全流程、宣传费用全流程、坏账管理全流程、ICT等新型业务管理全流程、工程物资管理全流程、工程重点项目全流程、修理费全流程、资金支付全流程、营业欠款全流程、收入未明款全流程等。

3. 构建会业协同能力

建立深入业务、深入系统、深入数据、深入流程的内外协同机制。建立市场信息搜集体系,建立政企客户支撑虚拟组工作模式,并持续优化工作流程。

4. 构建价值管理能力,做到"三个坚持"

一是坚持"四化"方针,即复杂工作简单化、简单工作标准化、标准工作制度化、制度执行自觉化,量化各项过程指标,配套约束机制,形成"由点及面、由面成体;追求实效、持续改善"的工作体系。二是坚持"基于关键成功要素"思维模式的《作业表》工作方式(如表3.1所示)。三是坚持简报与督导、例会、关键短板专题分析、重点项目例外管理等工作机制。

表3.1　财务部××岗×月第×周（××日—××日）关键项目作业

类型	重要程度	项目	目标	负责人	完成时限	是否上报	完成进度反馈			需部门领导提供哪些支持
							完成情况	存在问题	下周计划	
常规工作	★★★	往来款清理	1. 29日前导出各项应收应付科目余额，与期初余额进行比对，计算变动幅度； 2. 30日前将存在变动的科目发给各责任会计核查，属于异常变动的，列明原因和解决措施； 3. 次月1日前，督促各责任会计完成各项解决措施，保证各科目余额的正常	×××	每月3日	否				
重点工作	★★★★									

5. 构建价值创造能力，变革价值管理机制

要推动建立产品价值提升机制、渠道价值提升机制、区域价值提升机制、人力资本价值提升机制、投资资源价值评价机制、沉没资源激活机制、基于全成本的全面预算管理机制、运营成本梯度配置机制、政企客户一体化支撑机制、现金流提升机制、激发基层活力机制、投资资源与运营资源的跨界整合、商业模式创新机制、价值管理考核机制等价值提升机制，对投资、产品、渠道、人力等关键生产要素的盈利能力进行适时、全方位的评价与监督，对影响经营质量和效益的各个环节均予以监控，保障企业由数量规模发展向效益规模发展转型。

然后，回答如何转的问题，着力点为"四个转移"。

首先是人力转移：从8∶2到两个1∶9。一是核算、管理岗位设置比例从8∶2转为1∶9。二是核算岗位的核算、管理职责划分从8∶2转为1∶9。具体操作上要遵循以下原则：①专家型人才另辟发展通道，突破行政职级晋

升体系限制，满足其自我发展、自我实现需要。②增设阶梯，将后台管理拉长，解决通路问题，稳定技术队伍。③调整人员结构，合理配置核算与管理人才，适应新业务、新流程、新系统、新速度。④重新定位财务职能，突出管理，改变薪酬模式，引入高素质人才。如图3.1所示。

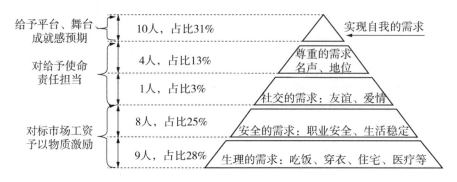

图3.1 马斯洛需求层次与员工的对应关系

其次是时间转移：从2∶8到3∶3∶3。工作时间分配，从传统核算会计阶段20%用于动脑、80%用于动手，转变为三分之一用于动脑（参与决策规划）、三分之一用于动口（走出去，多沟通）、三分之一用于动手（传统会计）。部门能力和个体的能力结构均需做出调整，如图3.2所示。

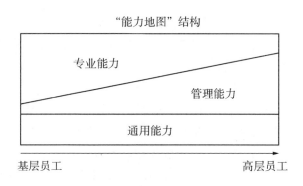

图3.2 "能力地图"结构

再次是精力转移：从"等号后（结果）"到"等号前（过程）"、从"事后评论"到"事前预警/干预"。关注点，从单一聚焦结果指标，转为过程指标为主、结果指标为辅；着力点，从事后评价，转向事前事中干预

（如图3.3所示）。

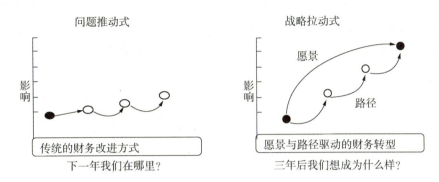

图3.3　战略拉动式财务转型

最后是角色转移：由会计师到精算师、风险管理师、价值管理师，最终到管理顾问。实现财务人员职能从保障业务到降本增效、风险防范、价值创造，最终到战略支持的转变（如图3.4所示）。

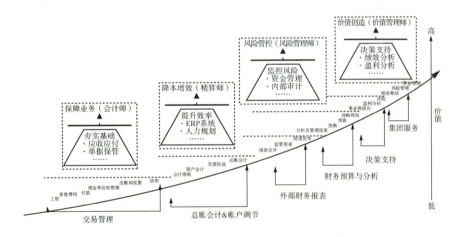

图3.4　财务转型路径

三、ABC公司基于价值管理的财务转型

（一）目的和意义

随着财务信息化水平的不断提高，财务人员传统的核算职能在逐步弱

化，财务人员必须由会计师逐步转型到风险管理师和价值管理师，财务团队的定位必须由核算财务转向业务财务、管理财务。公司的跨越式发展更需要对内能理财、对外能为业务发展做好服务支撑的综合财务管理人才，更需要财务人员参与到经营政策的制定、决策过程中，发挥好事前测评、事中控制、事后评估的职能。

随着公司规模迅速扩大，不断有新入职人员补充到财务队伍，同时现有岗位人员业务能力及综合素质参差不齐，与公司的快速发展要求存在一定差距。因此，必须进一步促进财务团队快速转变工作作风，快速提升工作素质，快速适应各种新业务的挑战，从而实现"队伍有新活力、管理上新水平、服务上新台阶"，进而促进公司价值持续提升。

（二）具体方案

以"四个熟知、四个精通、四个能力建设"为基本着力点提升团队综合素质，以"八个一活动"为主要抓手构建团队文化建设的长效机制。

1. 四个熟知

（1）熟知自身的岗位职责。

熟知各岗位职责：财务部对各岗位职责重新进行划分和定位，对队伍结构进行重大调整。

首先，基于价值管理的需要，对部门定位和职能重新进行明确，以及对岗位与职位重新进行系统规划，如图3.5所示。

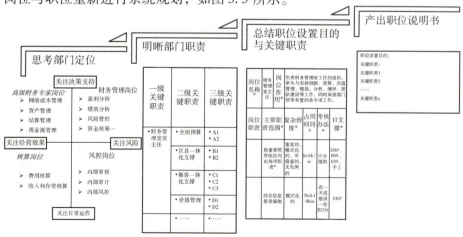

图3.5 基于新架构进行部门职责、岗位职责的明确

然后，对现有人力状况和结构进行系统分析，如表 3.2 和图 3.6 所示。

表 3.2 人力状况、结构分析

计分要素	最高学历		职称/资格		ABC公司工龄		专业工龄		社会工龄		岗位工作量		岗位分类		合计
计分权重	20		20		15		10		5		20		10		100
计分标准	全日制研究生	20	注册会计师	20	8年及以上	15	8年及以上	10	8年及以上	5	15h/d及以上	20	战略型	10	—
	非全日制研究生	15	会计师	15	5～8年	12	5～8年	8	5～8年	4	10～15 h/d	15	管理型	8	—
	全日制本科	10	助理会计师	10	3～5年	9	3～5年	6	3～5年	3	7～10 h/d	10	专家型	6	—
	非全日制本科	5	其他专业初级职称	5	1～3年	6	1～3年	4	1～3年	2	0～7 h/d	5	技术型	4	—
	专科	0	无	0	0～1年	3	0～1年	2	0～1年	1	—		—		—

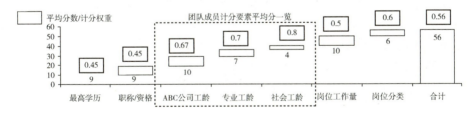

图 3.6 人力状况、结构分析

同时，对未来人力资源分布进行科学规划，如图 3.7 所示。

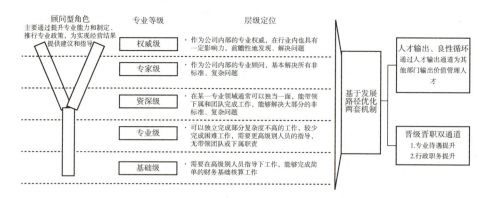

图3.7 人员转型定位

最后，输出新的架构与岗位职责说明书，如图3.8所示。

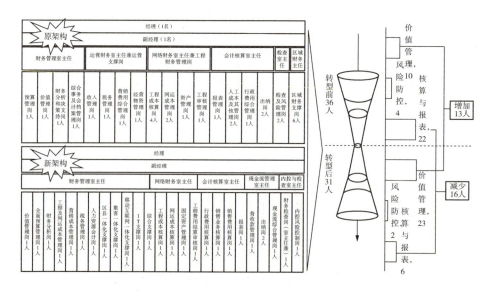

图3.8 架构与岗位职责

熟知日常工作中的标准动作：以作业表（见表3.1）方式，对日常例行工作进行清单式管理，对临时性、突发性、阶段性工作限时处理。

（2）熟知财务及相关工作流程。

熟知与岗位相关的财务流程：包括事前审批（工作请示等）、事中监督、事后评估、支付流程等基本程序。

熟知与岗位相关的业务流程：熟知与岗位相关的业务起止流程。不仅要知道与己相关的流程，还要熟悉相关联的上游、下游流程。不仅要熟知各审批节点的职责、审批要点，还要熟知各审批节点对应的人员情况。

（3）熟知财务工作中涉及的风险点。

熟知政策风险：业务是否符合内外部政策、财经纪律要求。

熟知资金风险：付款手续是否齐全、票据是否合法、是否有大金额的现金支付、收款方与合同方是否一致、委托手续是否齐全有效、往来款项支付是否准确支付、是否违反收支两条线、大金额对外支付有无合同、员工借款等是否安全、其他应收款是否长账龄挂账等。

熟知税务风险：有无多或少申报税金、发票是否合规合法、避税是否合理合法、付款方是否与开票方一致、是否准确代扣个税。

熟知资产安全风险：资产的新增、调拨、盘点、报废等涉及的风险，有价卡安全管理的风险。

熟知系统操作风险：是否知道系统操作哪些是查询类操作，哪些是执行类操作？每进行一步操作会有什么后果？有何补救措施？

（4）对财务的各项控制措施要熟知于心。

熟知内部控制要点：财务部对各岗位相关的风险防控要点进行了全面梳理和确定。

2. 四个精通

（1）精通核算规则。

熟练掌握分专业、部门、往来、项目、产品的核算规则。熟练掌握企业会计准则及公司会计制度等。熟练掌握每个会计科目所应核算的业务内容。熟练掌握会计科目与业务的应用关系、与对应所需原始凭证的关系。透彻理解核算与预算间的关系。

（2）精通业务动因。

精通业务变动对公司收支和盈利能力的影响、对财务管理体系的影响。精通财务制度的变动对业务发展的影响。不仅要知道怎么做，还要知道为什么要这样做；能举一反三，有打破砂锅问到底的精神。各岗位均能以思维导图方式解构本岗位相关的业务动因，如图3.9所示。

（3）精通沟通技巧。

良好的沟通方式，能事半功倍。加强口头表达能力的培养和锻炼，精通与各个层级、各类合作伙伴在横向、纵向方面的协调沟通能力，与部门内、

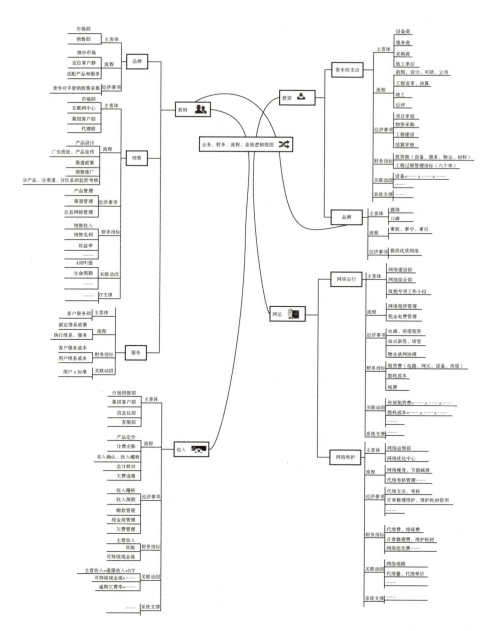

图3.9 "业务、财务、流程、系统"四位一体逻辑关系思维导图

部门间同事的横向沟通能力,与上下级、与省公司、与基层业务单元的纵向沟通能力。

(4) 精通系统操作。

应熟练掌握各系统及其各模块的操作,应具备向最终用户二次培训的能力。精通权限变更流程、信息增加流程,精通系统出现问题后的解决措施与维护流程,精通上下游系统模块的关联关系,精通业务受理、发展与系统支撑的关系,精通各系统报表的使用方法。

3. 四个能力建设

(1) 学习能力。

鼓励员工利用日常工作中闲余时间多看多学与业务相关的专业书籍和知识。各岗位按季度向部门提出购书申请,从预算中拨出专项学习经费购买,保证每人桌上至少一本书、每个月至少看一本书,最终转化为对新业务、新系统的接受能力。

(2) 执行能力。

塑造良好的执行文化:执行前,决心第一、成败第二;执行中,速度第一、完美第二;执行后,结果第一、理由第二。做到对公司规章制度不打折扣地执行,对公司财经纪律不打折扣地执行,对内控管理流程不打折扣地执行,对日常工作标准动作不打折扣地执行,对上级交代的工作不打折扣地执行,对财务原则不打折扣地执行。保持良好的工作态度,不抱怨,上级交代的工作做到当日内回复。

(3) 分析能力。

各岗位应积极培养独立处理问题的分析能力,透过数据分析问题、透过报表分析问题、透过表面问题分析深层次的问题。掌握同比、环比、定比、与目标比、与标杆比等分析方法,能应用趋势分析、因素分析等分析工具。每季各岗位针对日常工作中出现的问题点和风险点至少完成一个专题分析。

(4) 创新能力。

结合日常工作中碰到的问题,打破条条框框,打破坛坛罐罐,创造性地提出解决措施和办法。如在项目管理、往来账管理、预算管理、授权体系、资源分配、价值提升、机制休制等与财务相关的热点领域能创造性地提出自己的思路和想法。

4. 规定动作

(1) 每周进行一次内部培训。

导师:内部导师以室主任、关键岗位为主,各岗位轮流培训为辅;外部导师依据培训内容而定。

培训内容：包括但不限于上级公司最新发布的财务规范、核算流程、管理制度系统操作规范以及专业领域内热点难点知识、公司新业务和新产品、团队文化建设等。

（2）财务经理、室主任每天检查一本会计凭证。

检查范围：所有凭证。

检查内容：核算科目是否正确，原始凭证是否合理、合法，资金支付是否安全，附件是否齐全，审批流程是否完整等。

问题反馈：财务经理、室主任将检查的凭证问题一一登记并反馈给相关制单人，责任人在一周内需对检查中发现的问题进行整改与反馈。

（3）每周由财务经理组织一次周例会。

参加人员：室主任及以上人员、关键岗位。

内容：各岗位汇报上周重点工作完成情况、存在的问题、需协调解决的问题，及下周重点工作。部门领导对上周工作情况进行点评，对本周重点工作进行安排。

（4）每位会计每月对工作进行一次总结。

形式：质量分析会。

内容：各岗位汇报上月工作完成情况、下月工作计划、需协调解决的问题等。由室主任对上月财务考核进行总结分析、对每月结账中出现的扣分点进行分析，查找原因，提出解决措施。将财务考核的每项指标分解到具体的责任人。

（5）每月进行一次凭证交叉检查。

为促进各岗位的互相学习、共同提高，每月进行一次凭证交叉检查，将检查中发现的问题记录登记并反馈给相关责任人。

（6）财务部每月进行一次基层业务单元调研。

形式：每月由部门经理或室主任带领相关人员进行一次基层业务单元调研。

调研内容：收集各基层业务单元在工作中碰到的问题（财务或业务发展等）。

闭环管理：对调研中发现的问题，汇总后依据职责分工指定财务人员作为第一责任人限期跟进解决（原则上当月内需解决反馈），按周对解决进度、结果等进行通报。

（7）"每月一星"的评选。

评选办法：结合每月的 KPI 考核，由每位员工民主投票选出一位每月表现最突出的员工。普通员工每人 1 票、室主任 2 票、部门经理 3 票，票数最高者即为当月的"每月一星"。

奖励办法：给予一定物质奖励并颁发"每月一星"荣誉证书，评选结果将作为年终评优选先的重要参考依据。

（8）每月进行一次集体活动。

活动内容：集体文体活动（各种球类活动、爬山等户外活动等），形式不限。

要求：原则上部门所有人员必须参加，特殊情况不能参加的需事前向部门领导请假。

5. 转型后的架构体系，如图 3.10 所示。

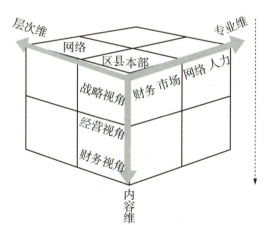

个性化：将马斯洛需求理论与财务人员的现状相结合，逐类规划人员转型方案。
结构化：解剖现有结构，确立工作重心与方向，调整岗位与对应的人员。
系统化：立足现实、着眼战略性与前瞻性，兼顾战略目标及未来管理演进方向。

图 3.10　基于财务转型的三维立体式架构体系

第四章 基于价值管理的流程重组

第一节 基于价值管理的授权体系重组

一、授权体系概述

(一) 授权的含义

授权是以人为对象,将完成某项工作所必需的权力授给部属,即主管将用人、用钱、做事、交涉、协调等决策权移转给部属。组织中的不同层级有不同的职权,权限则会在不同的层级间流动,因而产生授权的问题。授权是管理人的重要任务之一。有效的授权是一项重要的管理技巧。若授权得当,所有参与者均可以受惠。

授权体系就是企业经营管理过程中各种权利行使的规范。

授权审批是企业重大决策和经营管理中防范风险、提升管理的重要措施。《企业内部控制基本规范》(以下简称《基本规范》)明确了企业必须建立授权审批体系。《基本规范》规定授权分为常规授权和特别授权:常规授权是指企业在日常经营管理活动中按照既定的职责和程序进行的授权,特别授权是指企业在特殊情况、特定条件下进行的授权。

(二) 授权的内容

授权体系由以下三个主要方面构成。

1. 组织架构与岗位设置

组织架构和岗位设置是授权审批体系的前提。只有实现了这个前提,才能进行自上而下的、不同层级不同岗位的权限分配。企业在组织架构和人员职责都还不太完善的情况下，最终建立的授权审批权限没有对应到岗位，而是对应到具体的个人。这样的授权审批体系既无防范风险的作用，又僵化了审批过程，降低了管理效率，反而为未来发展埋下隐患。而健全的组织架构有利于指导各个岗位根据自身职责对事项进行审批，有效优化决策效果。

2. 决策事项的类别和范围

决策事项是授权审批体系的核心，所有的授权审批都围绕决策事项展开。决策事项可根据事项的类型、重要性水平、风险等级、常规性与突发性等进行分类处理，如投资预算、营销预算、发行债券进行融资等，这些事项的申请、审核、批准的过程和批准权限完全不同。对于上市公司而言，由于需要有针对性地保护公众投资者利益，还特别需要梳理董事会和股东大会的授权审批事项。

3. 申请、审核与批准的程序

"申请、审核与批准"是授权审批体系的实现过程。申请是指具有相关业务需求的岗位，为实现企业业务目标，提出拟实施的事项；审核是指由申请人之外的人员，从自身岗位职责出发，对该决策事项进行分析，排除该事项可能带来的风险（是否一定需要审核、审核的复杂性可根据该事项的重要水平和风险水平而定）；批准是指具有权限的岗位最终决定该事项的实施与否。从内部控制的角度来看，申请与审核、申请与批准彼此是不相容的职责，不得由同一人实施，否则无法防范舞弊风险或决策失误。

授权体系在财务部门显得尤为重要，包括投资、筹资、支出等重要事项，企业制定的账务授权规定，从一般的管理人员到总经理，都应有详细、明确的规定。企业内部财务管理人员在其权限范围内，对正常的财务业务，根据既定的预算、计划、制度等标准进行的审批，例如因公出差费用的报销问题，只需要出差人部门负责人和财务部门主管按照工作计划和有关制度进行一般授权即可，不需要报给企业最高管理者批准。一般授权在企业中大量存在，可以授权给较低层次的财务管理人员，这样既可以提高效率，保证财务业务的主动性和灵活性，又能使企业高层管理人员从大量繁杂的财务审批业务中解脱出来。而特别授权由于大部分是涉及全局性的，因此应授权给高层次的管理人员，如更新一项本年预算外重要生产设备的审批等。审批是一种事前控制，可以将一切不合理、不合法的财务业务制止在发生前，所以企业要充分利用授权审批来管理财会上的繁杂业务，作为企业负责人，一定要抓好财务的授权审批环节，将整个企业的财务活动纳入控制范围以内。

（三）授权的原则

1. 信任与牵制原则

"用人不疑，疑人不用"，授权之内，有效监督下充分信任；授权之外，则必须经更高层级的批准。职务权力不是个人权力，没有有效监督就没有有效的授权，不能因为对个人的信任而放弃系统的控制。

2. 逐级批准，隔级管理，越级检查原则

任何审批必须从预算的持有者开始，逐级审批，不可越级审批，无论是否在预算拥有者的权限范围之内，每笔业务的签批都必须经预算拥有者首先签批。对于制度、人事、授权等重要审批，批准者必须是更高一级的管理者。为保证有效的监督，上级可以越级检查执行情况。

3. 独立监督原则

财务系统的独立性在企业内部体现为立法、执法、操作的三权分立，实现"做事不监督、监督不做事"。例如：对道德风险较大的采购、合同，指定不相容的部门进行会签（财务承担主要的会签工作）。

4. 有限权力原则

任何权力的行使都必须在授权规定的额度内，都必须在指定的价值中心、业务范围之内，都必须针对具体的事项。

5. 事前管理、过程管理原则

事前管理、预算在先。事前管理、事中监督、事后反馈流程标准化，兼顾效率。

（四）授权体系重组的意义

企业越大，问题越复杂，一把手看不到、盯不到的问题越多，很多事情需要请示汇报，造成了企业管理的瓶颈，因此，企业管理需要授权体系。欧洲 SAS 航空公司的总裁卡尔松说过这样一句话："如果我休假 4 周，没接到公司来的电话，就证明我成功了。"说明员工接受了责任并开始决策。授权体系有利于平衡企业管理的分权和集权，防止"一放就乱，一管就死"；能提高企业应变和把握机会的能力；有利于内部激励、科学决策、提高效率。授权体系有利于发挥下级积极性、主动性，调动发挥集体智慧，提高应变能力。授权体系能使企业战略和上级意志得到更好的贯彻。授权体系强调事前管理，能有效规避风险。

二、授权体系重组的实施路径

授权体系重组的实施可概括为"三步法"。

第一步，管控模式分析，明确业务单元或业务领域的定位是什么，是进行财务管控还是战略管控或是运营管控，即是作为利润中心，还是准利润中心或者成本中心、价值中心。采用不同的管控模式，决定了授权的幅度大小。

依据集团公司对下属公司的控制程度，管控模式的最佳实践通常分为财务管控、战略管控、运营管控三类。财务管控是分权程度最大的一种模式，集团公司只负责集团的财务和资产运营，下属企业只要达成财务目标就可以，如和记黄埔是典型的财务管理型集团公司。在这种管控模式下，业务单元是作为利润中心，在人力资源、投资、产品研发等方面，均享有完全的自主权，只要达成总部的利润指标即可。战略管控模式下，公司负责集团的财务、资产运营和整体的战略规划，下属企业（或事业部）同时也要制定自己的战略规划，提出达成规划所需投入的资源预算。运用这种管控模式的典型公司有壳牌石油、飞利浦。采取该管控模式，业务单位的定位是准利润中心，部分关键权限要由集团公司决定。运营管控型是集权程度最高的一种模式，下属企业主要是执行集团公司的各项政策，在人财物等关键领域上，没有决策权，该种模式下，业务单元的定位是成本中心。

第二步，集分权原则制定。在管控模式的基础上，明确集团公司对下属公司的管控深度和范围，划分具体每个业务领域，集团公司需要管控什么，哪些授权给下属公司。

集分权原则即承接管控模式。确定集分权原则需要回答三个方面的问题：集团公司需要管什么，深度如何？集团公司适合采取何种程度的管控？集团公司有无能力实施该程度的管控？通过"需不需要、适不适合、能不能够"三个方面的评估，设计每项业务的管控深度和范围，拟定集分权原则表。

第三步，制定具体的授权内容。有了集分权原则后，下属公司可以基于集团公司规定的授权范围，在内部划分明确的权限。在制定授权的过程中，需要掌握授权原则，如责权利匹配、二八原则等，把合适的权责授给合适的人。

下属公司只需要在集团公司制定的集分权原则基础上，进一步制定内部的授权表。如集团公司授权给下属公司 1000 万元的投资决策权，那么下属公司需要对这 1000 万元的投资权限进一步划分，规定副总经理、总监、科长的权限分别是多少，哪些必须经下属企业一把手审核，哪些可以进一步授权给下一级管理者等。

通过授权的制定、发布，并不能保证实施的行之有效。按照管理的 PDCA 原则，还要对制定的授权进行监控，确保各项业务是按照授权来实施的，并且在监控的同时，评估授权的有效性，找出不合理的地方，不断完善企业授权体系。

三、ABC 公司基于价值管理的授权体系重组

（一）背景

"互联网+"时代，原有的授权审批机制已无法适应 ABC 公司的新战略需要，尤其是资源下沉、激发一线活力迫切要求改革现有的审批机制。据统计，ABC 公司属下某市分公司平均每月单据 1.56 万份，每单平均流转 8 个节点，每单平均用时需要 9 天以上，特别是部分审批事项例如资本性支出项目事前、事中、事后审批均需签至分管副总和总经理处，授权审批过度的集权导致效率低下，总体单据处理及时率仅 63%。为此，该分公司在业务流程再造的基础上，对授权体系进行了全面变革。

（二）举措

遵循以下原则，改革现有授权审批机制激发一线活力，强化一线和主要管理部门对各项支出的直接管控责任，在集权的基础上，也强调分权，分流审批工作量，把权限下放给各个职能部门，为各级管理者松绑，形成权责统一、明晰高效的工作机制。

一是集权，主要体现两个层面：一是无论资本性开支还是运营支出，都纳入预算管理范畴，包括话费公免等无现金流经济事项；二是符合一定条件的项目，必须由管理层在事前审批后方可实施。这些规范流程的实施，实现了全面集中管理。

二是在集权的前提下，还设定了一定程度的分权管理。各区域分公司对

预算范围内项目有自由支配权；另外，作为成本费用管控第一责任部门的财务部，承担70%左右的付款终审权（按笔数计），统计显示，新的管控办法实施后，该公司管理层审批量较过去下降了一半以上，这也从一个侧面反映了放权的力度和效果。

三是在预算控制方面，严禁延后报销行为与拆分项目规避审批的行为，加强内部审计与支出效益评估，同时建立奖励机制，鼓励节约，避免为用完预算而刻意安排项目的现象发生。

按照以下步骤，实施授权审批机制变革：

1. 明确了业务流程

需要审批的经济事项如表4.1所示。

表4.1 需要审批的经济事项

经济事项	项目审批	比议价和招标	合同审批	付款
支出项目	资本性支出	资本性支出	资本性支出	资本性支出—零星
	生产性支出	经营性支出	经营性支出	资本性支出—非零星
	其他管理费用			运营支出

该公司日常经济事项主要包括经营性支出、资本性支出和一般管理费用，这些支出都需要进行预算和审批。这些日常经济事项烦琐而杂乱，需要一定的流程管理进行规范。优化后的经济事项审批授权流程如图4.1所示。

新流程明确了哪些经济事项需要事前申请，明确了项目申请、比议价、招标事前申请、事后结果确定和付款时需授权审批到哪些环节，以及合同审批流程和不同情况下的合同签署人，明确了特殊经济事项如预算追加、调整的流程，行政公免业务审批流程以及代理商退卡退押金等特殊业务的审批流程等。这些流程的明确，保证了预算管控的顺利实施。

2. 提高了预算管理效率

（1）着力事前，简化事后。

项目实施前，预算刚性控制与多层次审批流程控制双管齐下。预算刚性控制是指项目必须有预算，没有预算或预算不足的项目原则上不能实施。确为生产经营必须开展的项目，无预算的，按调整或追加预算流程进行审批，至少签至分管副总经理；多层次审批流程控制是指比议价、招标、合同等事

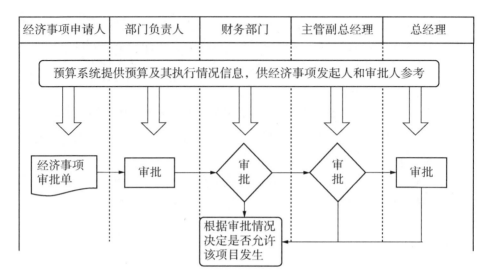

图 4.1 经济事项审批流程

项审批不仅要经过相关管理部门，而且至少要签至分管副总经理，以保证项目的必要性、可行性与经济性在事前得到有效把控。

项目实施后，付款时实施严格的财务控制。项目计划付款时，把控要点更多地限于财务规则方面，如项目是否具备付款条件、结算金额是否准确、单据是否合规合法等，规定"金额较小、笔数较多"的项目付款时签至财务部即可。一方面保证了大额项目的严格把控，另一方面了保证了审批效率。

（2）着力大额非经常性支出审批，简化小额经常性支出审批。

如表 4.2 所示，这些详细数据可以看出：在优化改革前各项目的审批至少签至分管副总经理处，大大加重了分管副总经理和总经理的责任和负担。新授权流程实施后，项目审批时，由于资本性支出项目一般金额较大，要求至少审批至分管副总经理处。而运营性项目做了很多相应的调整，总体原则是在风险可控的条件下提高运营效率；比议价、招标以及合同审批时，由于进入比议价和招标、合同审批流程的项目，一般金额较大，故规定必须签至总经理处；付款时，资本性支出项目和运营项目根据金额的不同分别签至财务部、分管副总经理和总经理处。简化了小额经常性支出的审批流程，可由财务部自行审批，从而较大程度地减轻了分管副总经理和总经理的负担，也提高了审批效率。

表 4.2 经济事项审批

审批项目	支出项目	传统经济事项审批权		新管控模式下经济事项审批权	
		金额控制	审批权	金额控制	审批权
项目审批	资本性支出	金额较大,规定审批权	至少审批至分管副总经理	金额较大,规定审批权	至少审批至分管副总经理
	生产性项目	≤0.5万元	至少审批至分管副总经理	≤1万元	签至财务部(53%)
		>0.5万元	审批至总经理	1万~5万元	签至分管副总经理(26%)
				>5万元	签至总经理(21%)
	其他管理性成本费用	≤0.5万元	至少审批至分管副总经理	≤0.5万元	签至财务部(80%)
		>0.5万元	审批至总经理	0.5万~2万元	签至分管副总经理(13%)
				>2万元	签至总经理(7%)
比议价和招标	资本性支出	金额较大,规定审批权	至少审批至分管副总经理	>10万元	签至总经理
	运营性支出	金额较大,规定审批权	至少审批至分管副总经理	>5万元	签至总经理
合同审批	资本性支出	金额较大,规定审批权	至少审批至分管副总经理	>50万元	签至总经理
	运营性支出	金额较大,规定审批权	至少审批至分管副总经理	>10万元	签至总经理
付款	资本性支出—零星项目	≤5万元	签至分管副总经理	≤5万元	签至财务部
		5万~10万元	签至分管副总经理	5万~20万元	签至分管副总经理
		>10万元	签至总经理	>20万元	签至总经理
	资本性支出—非零星项目	金额较大,规定审批权	至少审批至分管副总经理	≤10万元	财务部(41%)
				10万~20万元	分管副总经理(34%)
				>20万元	签至总经理(25%)
	运营项目	>1万元	签至分管副总经理	≤1万元	财务部(73%)
				1万~5万元	分管副总经理(20%)
				>5万元	签至总经理(7%)

(3) 对区域分公司全面放权,如表4.3所示。

表4.3 区域分公司的权限

支出项目	优化前		优化后	
	金额	审批权	金额	审批权
营业费用	0.3万~0.5万元	分管副总经理	预算内或调整、追加	区域分公司自行安排
	>0.5万元	总经理		
付款		至少分管副总经理	<1万元	财务部

项目审批时,对区域分公司进行了全面的放权。营业费用方面,旧流程规定,0.3万~0.5万元的项目需审批到分管副总经理;大于0.5万元的,需审批至总经理。新流程实施后,预算内的营业费用和其他管理性成本费用,都由区域分公司自行安排。特殊情况下,需要调整或追加预算的,由对口部门从机动预算中予解决,从而在较大程度上,提高了区域公司的自主权。付款时,过去需要分管副总经理签字的付款,根据新流程,若单笔付款在1万元以下,签至财务部即可。

(三) 成效

该分公司授权体系变革立足于公司实际,引入了超越预算概念,取得了显著效果:每份审批单从过去平均经历8个环节、平均用时9天,压缩为4个环节、平均用时5天,效率提高了近50%;总体单据处理及时率从63%提高至93%;部分审批单由一线直接"当家"处理,极大地激发了公司基层业务单元活力,也解放了管理层。

第二节 基于价值管理的业务流程重组

一、业务流程重组理论的产生与发展

业务流程重组(BPR)这一新概念来源于企业实践,20世纪后期,不少大型企业的管理者发现企业中存在着一种"大企业病":冗员多、效率

第四章
基于价值管理的流程重组

低、机构臃肿、程序僵化，从而引起企业运营成本高，浪费大。从接受订货到交货的周期过长，对市场变化的反应迟缓等弊病，与技术快速发展和市场迅速变化的新形势，越来越不适应，需要进行流程管理改革以提高效率。

对于流程管理，国外的研究和应用已经非常广泛，其理论缘起可以追溯到美国管理学家迈克尔·哈默（Michael Hammer）所倡导的"流程再造"理论。1990年，哈默在《哈佛商业评论》上发表了一篇里程碑式的文章，名为《改造工作：不要自动化，而要推翻重来》。这篇文章的发表引起了理论界和实业界的极大震撼。在其文章中，哈默指出当时人们已经习以为常的企业流程，多是根据早年的观念发展而成的，有些甚至是20世纪初就已经存在的东西，许多流程其实早已经没有存在的价值，但由于人们习以为常，所以仍然遵循。他指出，在信息浪潮席卷全球的大背景下，要想真正利用信息技术，就必须重新设计作业流程，除去不必要的步骤。自哈默博士提出之后，业务流程重组很快受到全球推崇，其理论和方法体系快速发展。

业务流程理论的发展历史，大致可以分为如下三个阶段：

第一阶段是在20世纪90年代初期。业务流程重组的概念刚刚提出，国内外学者的研究还很少。此时对业务流程重组理论的研究仅仅处于初始探索阶段，研究重点集中在业务流程重组的概念、必要性、作用等方面。一些学者开始尝试应用各种理论对业务流程进行建模和分析。这一时期，在定性研究方面，由于企业流程重组的实践较少，许多潜在的问题没有暴露出来，不利于研究的深入；在定量研究方面，仅限于对业务流程的结构、运行方式等的研究，定量建模研究很少。

第二个阶段是在20世纪90年代的后期。很多企业开始认识到业务流程重组的重要性并开始尝试。这一时期对业务流程重组的研究，也开始从单纯的理论研究，向实证研究发展，出现了很多对某些企业、某些行业的业务流程重组项目进行研究的文献。在这些文献中，不仅详细分析了不同企业或行业之间业务流程的差异，也开始应用各种已有的管理理论和方法到企业的实际重组工作中。尽管有福特、柯达、贝尔等非常成功的案例，企业在实施业务流程重组项目时，失败概率仍然很大，70%的BPR项目最后还是没有能实现预期的目的，甚至是以彻底的失败而告终的。究其原因，一方面是由于理论的研究还未成熟，另一方面是因为缺乏有效的实施方法，使得企业在实施业务流程重组时，常常最终走向失败。这一时期的研究特点，是实证研究大量增多，学者们试图找到避免失败的技术方法。同时许多学者，包括哈默本人，也开始在思考一个问题：为什么很少有企业成功实施业务流程重组？这种反思也是业务流程重组理论真正成熟的开始，以至于后来哈默在《华尔街日报》的一次访谈中承认，当初所坚持的业务流程重组必须以彻底的、激进式的变革来实现是不对的。这些观点的产生揭示了企业实施业务流程重组失败的根本原因，标志着业务流程重组理论真正走向成熟。

第三个阶段是在21世纪初的前五年。此时理论的研究开始进入了高速增长阶段，业务流程重组理论的发展呈现出了两大趋势。

一方面，对业务流程重组的研究，向着流程管理（业务流程管理，BPM——business process management）理论方向发展。业务流程管理是一个比业务流程重组外延更广的概念，它不仅包含业务流程重组的全部内容，而且还进行了丰富和发展，这种理论认为企业的业务流程具有生命周期，并分为4个阶段，分别是识别需求、设计流程、执行并优化流程、流程重组。企业业务流程生命周期的第一阶段是识别需求，必须清晰地定义客户的需求，由此开始企业基本流程的策划；业务流程生命周期的第二阶段是企业依据自身的资源，设计实际运行的企业业务流程；业务流程生命周期的第三阶段是严格执行流程，进行流程优化，实施流程管理；业务流程生命周期的第四阶段是流程重组，当顾客需求发生变化，或者企业自身的资源配置发生根本变化时，原有流程已经不适用，企业必须进行流程重组。

另一方面，对业务流程重组理论的研究，有与组织变革理论相融合的趋势。组织既是一种结构，更是一种实现管理目标的工具和方法。为适应复杂激烈竞争，企业实施业务流程重组必然涉及企业的组织重组和变革，处理好组织变革与流程重组之间的关系，正确认识组织变革对业务流程重组的帮助，对于保证业务流程重组的最终成功具有根本性的作用，业务流程重组理论和组织变革理论的交叉融合，使业务流程重组理论更加趋于完善。

流程重组理论思想的提出是革命性的，它在企业实践中不断地试验、检验，得到持续的完善。今天，当我们重新审视业务流程重组管理思想时，发现强化"流程"观念，弱化原有的"彻底性""戏剧性"的做法，是提升企业业绩的更实际、更有效、更易于实施的方法。在这个背景下，以"流程"为核心的流程管理理念就应运而生了。由于新经济社会挑战的出现，企业原有的竞争优势基础发生了重大变化，新的竞争对手不断涌现，这就要求企业去挖掘树立新的竞争优势。在这种环境下，流程，特别是卓越的业务流程必然受到企业的关注，卓越的业务流程成为企业获取持续的竞争优势的关键。这一企业管理思想与方法转变的过程，说明了流程管理这种管理思想产生的必然。

二、通信企业基于价值管理的业务流程重组

（一）通信企业业务流程存在的问题

随着近些年互联网业务的快速发展以及组织架构的不断调整，各通信企业都在进行流程的梳理和整合以保障生产经营的顺利开展。目前，通信企业基本的流程体系已逐步得到完善，但是流程管理仍然存在很多问题，主要体现在以下五个方面：

1. 流程的顶层架构体系不清晰

清晰的顶层架构体系能够避免流程重叠，有效地补充盲点，同时理清流程的上下层级关系，是流程管理的基础。通信企业的流程是根据实际工作整理出来的，初期运作正常，是一种有效的工作方式，但是随着企业的不断发展，流程缺失、流程重叠、层级关系不清晰等问题就会出现。目前，通信企业基本上仅有不完整的流程清单，没有形成清晰的流程架构体系。

2. 跨部门的流程衔接不明确

流程存在的目的是为客户创造价值，所以流程管理的最终目的就是满足客户的需求，也就是以最快的速度、最低的成本、最好的质量，把最合适的产品和服务提交给客户。由于流程是由很多环节构成的，即使流程的每一个环节都能高效运转，如果环节与环节的衔接存在问题，流程最终的速度、成本和质量就会受到影响。通信企业在很大程度上按照职能式组织结构进行组织和管理，跨部门的流程衔接不明确，使跨部门沟通存在问题，所有问题向高层堆积，造成效率低下。

3. 流程管理不规范

标准化的流程语言是流程管理的基础，只有在公司上下统一流程语言，流程描述、流程优化和流程 IT 化等才会有统一的沟通工具，从而减少沟通的成本，提高流程管理的效率。目前，通信企业没有统一的流程管理工具，缺乏先进的流程管理方法论，导致公司的流程描述语言和流程格式不统一，有用 Visio 绘制的流程图，有用 Word 绘制的流程图，甚至有一些手工绘制的纸质流程图，对流程的理解、执行和管理造成了困难。

4. 流程管理的重要性在企业没有得到重视

流程不是孤立的，流程管理是一切管理活动的载体，流程活动是员工工作的描述，而这些工作的完成与公司的绩效管理、成本管理、风险管理、合规管理都有紧密的关联，这就需要流程管理和其他管理集成起来，从而更好地支撑流程的执行。目前，通信企业对流程管理的重视度不够，造成绩效管理、成本管理、合规管理、风险管理等难以落到实处。对绩效管理来说，绩效的衡量主要依据 KPI，内部运营的指标非常薄弱或者基本缺失，造成无法在流程管理和 KPI 之间建立关联关系。对成本管理来说，绝大部分流程活动需要的成本没有定义，造成无法对成本进行有效的控制和管理。对合规管理来说，集团公司有很多的业务运营标准和规范，而这些目前大部分散落在文件和电子文档中，仅仅通过一般的宣贯得到实施。因为没有把这些标准和规范的具体条款与流程和流程活动以及相关责任人进行衔接，实施效果很难保证。此外，人力资源的岗位管理，企业的风险管理、内部控制都与流程管理密切相关，但目前都未与流程进行有效的关联。

5. 企业内部缺乏流程持续优化的机制

通信企业一般没有专门的流程管理部门，各部门没有相对应的流程管理岗，流程管理的组织和规章制度缺乏，没有搭建相应的流程管理技术平台，企业大部分员工基本上从本部门和本岗位来考虑问题，而很少从满足客户需求的角度来考虑，特别是缺乏主动的对流程生命周期的管理，导致企业内部缺乏流程持续优化的机制。

（二）ABC 公司基于价值管理的业务流程重组

1. 背景

根据前文，通信企业在业务流程中存在五个常见问题，ABC 公司也不同程度地存在。特别是，ABC 公司重组后，组织形态、业务环境、业务模式、业务手段发生了巨变，流程更新严重滞后，导致内部运营效率相对友商越来越低，已不能满足竞争要求。促使 ABC 公司下定决心在全公司范围内开展业务流程重组，恢复流程竞争力。

2. 举措

ABC 公司业务流程重组分两条主线依次展开，一是对现有流程按照"减、平、快、透"的原则重构，消除不创造价值的流程或环节；二是实施"去报告化"即以工单替代"报告"，解决"文山"的问题。

(1) 流程重构。

ABC 公司在流程重组过程中，按照"EESIAP"原则，从 6 个角度对流程进行层层简化。"EESIAP"是指：E（eliminate）——清除：清除不必要和临时的工单和流程；E（establish）——填补：流程逻辑清洗后填补缺少的环节，如营销活动的后评估；S（simplify）——简化：填写内容标准化、简化；I（integrate）——整合：一个部门一个处理人，领导可以作为抄送对象；A（automate）——自动化：流程可自动化、可以卡时限（按个人、按部门）；P（performance）——绩效：面向工单审批效率的考核（超时自动审批通过），如图 4.2 所示。

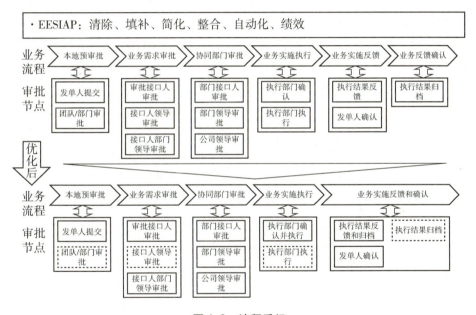

图 4.2　流程重组

从流程重组图可以看到，一个 13 节点的流程，通过优化，压缩为 9 个节点。除了压缩流程节点，还删减了无用的流程和流程中无用的信息。

例如，①流程整合：一是按照"能并不串、能串不散"的原则，搭建订单集中受理平台，将线上、线下等全渠道订单流程整合到该平台，即由该平台统一录入订单，实现前端轻销售、后端集中生产；二是梳理各专业线渠道资料修改及佣金申诉流程，进行统一合并，并固化到一类工单上。②流程归口：将佣金规则配置流程统一归口到由业务部门发起，同步强化财务与 IT 部门的审核。③流程消除：一是将话费减免审批改为预算制，预算范围内的小额减免，无须走审批流程；二是基于物联网，利用 GIS 及 GPS 技术、无线终端，对巡检维护过程及现场维护信息进行自动化处理。④自动审批：一是对于 IT 系统能够安全控制的，系统自动审批流转到下一环节；二是对于超时未审批的初审环节，系统自动代为审批。

（2）去报告化，用系统工单替代"工作报告"。

"工作报告"存在内容未结构化、流程未固定化、附件可修改等缺陷，导致出现多次转办、督办、催办、反复修改等效率低下的问题，也存在审批结束后内容被修改等风险，以工单替代是最佳方式。

ABC 公司共有 50 种业务，平均每年需要形成流程性文件的约有 40500 份。50 种业务中，只有 20 种业务有固定的工单，工单量占全部流程性文件的 10%，剩余 90% 需要开发工单进行替代。通过研究，最终开发了 20 个工单，实现了工单对"工作报告"的全替代。开发后的工单明细如下。

表 4.4　工单明细

对应工单	往年签报数
申请政策	7921
申请其他费用	4778
申请营业费用	945
公免宽带申请	3577
免银行托收	3577
优惠资费申请	3373
奖励兑现类	1329
测试资源申请	1303
置换申请	1303
合同事前审批	1278
佣金调整	1226
终端处理申请	715
押金清退	537
扣罚减免	2734

续上表

对应工单	往年签报数
预存款减免	1865
物资采购申请	1329
免移机申请	1022
退费/退款	1124
报废申请	307
调整收入	257
合　计	40500

3. 成效

ABC 公司通过流程的重构，将单个工单由过去经历 13 环节、平均用时 19 天，归并整合为 9 个环节、平均用时 6 天，压缩率达 44%；通过"去报告化"活动，减少了 90% 的"工作报告"，使得一线从"文山"中解放了出来。并且，由于格式的固化、内容的结构化、流程的标准化，使得内部运营效率极大程度地得以提升，流程横向得到收窄、纵向得到缩短。这种效果最终体现到市场上就形成了友商无可比拟的速度优势，而在通信行业，速度是决定规模的。

第五章 基于价值管理的收入管理

第一节 收入管理理论的产生与发展

收入管理(Revenue Management，RM)是指企业以市场为导向，通过对市场进行细分，对各子市场的消费者行为进行分析、预测，确定最优价格和最佳存量分配策略以实现收入最大化的过程。其核心是在适当的时候将适当的产品以适当的价格销售给适当的顾客，取得最大的经济效益。

收入管理作为管理科学的一个分支，迄今已有40年左右的历史。40多年来，收入管理在服务业各个领域里迅速发展。以民航为例，世界各大航空公司从不断完善的收入管理系统中使年收入增长了2～7个百分点，美洲航空公司(American Airlines)依靠先进的收入管理手段每年可增收5亿美元。由于固定成本在航空公司的支出中占极大的比例，因此，通过收入管理增收的绝大部分收入将转化为净利润。

收入管理在中国仍是一门新的学科。国内学术界关于收入管理的研究甚少，且多集中于定性研究，缺乏定量分析。国内最早关于收入管理的研究集中在民航业，这也与收入管理思想起源于民航业密不可分。如何使收入管理更好地适用于特定行业以发挥其应有的作用，将先进的理论转化成应用技术；如何将国外较为成熟的成果运用于中国服务业，建立起一套适用于中国服务业的收入管理方法，是国内研究工作者和商业人士迫切关注的一个课题。

第二节 通信企业收入管理体系构建

一、通信企业收入管理的范围

通信企业收入是指在提供通信和信息服务、销售通信商品、提供劳务及让渡资产使用权等日常经营活动中所形成的经济利益的总流入,即营业收入。不包括公司取得的利得,对外投资产生的投资收益以及使用金融工具产生的公允价值变动损益,也不包括公司为第三方或客户代收的款项。

根据业务属性,通信企业收入分为通信服务收入、ICT 收入和其他业务收入。通信服务收入包括移网和固网业务出账收入、广告传媒收入、信息业务收入、业务流程外包(BPO)收入、装移机工料费收入、集团内网内结算收入(收入减支出)、集团内网间结算收入(收入减支出)、与非关联电信运营商网间结算收入、SP/SI 结算支出、共建共享收入、公允价值收入调整、沉淀收入、积分回馈收入冲减、各类账务调整(账后减免、退费、测试资源、赠卡)收入冲减等。ICT 收入包括系统集成服务、外包服务、软件服务、专业服务、知识服务等信息服务类收入和 IT 系统集成设备销售收入。其他业务收入包括通信终端、手机识别卡等商品销售收入以及代办业务、出租通信商品、出租房屋及其他非通信资产收入等。

二、基于价值管理的通信企业收入管理

通信企业基于价值管理的收入管理重点是通信服务收入,主要目标是收入质量提高和数量增长,关键行动(KAI)是收入预测和收入保障。通过收入预测,及时评估市场趋势和针对异常问题进行干预,提高收入增长能力;通过收入保障,预防和减少收入实现全过程中可能发生的价值损失。

(一)通信企业服务收入预测

用户使用通信企业所提供的语音通话、短信、彩信、互联网专线、个人宽带、数据流量、手机增值等各项业务,必将会在计费系统生成通话时长、

流量大小、漫游归属等各项业务数据，随后系统根据既定的计费规则将业务数据转换为计费收入。计费收入经过账前减免等调整因素后形成出账收入。而通信企业服务收入就是由出账收入、网间结算等结算类收入、沉淀收入等其他类收入所组成，其形成体系如图5.1所示。

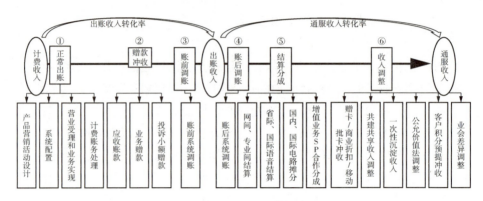

图5.1 收入形成体系

通信服务收入预测，就是对其形成体系各组成单元对收入可能产生影响的结果评估。而要准确预测，就需要建立科学而全面的模型。

1. 出账收入预测模型

出账收入由计费收入、赠款冲收、账前调账三部分组成，而计费收入又在三者中占比最高，因此出账收入预测主要是对计费收入的预测。计费收入是计费系统根据用户通话时长、流量消耗等业务使用量，结合单位单价计算出的收入结算金额，在系统中反映为实时收入。出账收入预测模型根据预测角度的不同划分为实时收入预测模型和量收模型。

（1）实时收入预测模型。

计费系统分日展示了各专业各产品的实时收入变动情况。由于各专业各产品计收规则的不同，因而也导致不同产品分日实时收入变动趋势的多样性。比如，移动类产品基本上是在每月第一天计收月租收入，其后每一天仅按实时业务消耗量计收，这就使月初第一天实时收入大大高于其余日实时收入。而每月的收入预测基本在20日，这就可以根据系统中导出的最近几日实时收入来预测月度剩余日期实时收入，从而推算出全月实时收入。收入预测公式如下：

某产品月度实时收入预测值 = 预测日系统累计实时收入 + AVERAGE

（预测日前三天实时收入）×剩余天数×调整系数

某产品月度出账收入预测值 = 实时收入预测值 − 赠款 − 账前调账

注："调整系数"指以近三年各月份各产品预测日前三天实时收入与剩余天数实时收入的配比关系为基础测算出来的调节比率。

（2）量收模型。

出账收入的变动与月度出账用户数及用户 ARPU 值是紧密相关联的，即出账收入 = 出账用户数×用户 ARPU 值，因此出账收入的预测可以转变为对出账用户数及用户 ARPU 值的预测。

出账用户数分为存量出账用户与新增出账用户。存量出账用户是指预测期前一年度最后一个月系统出账拍照用户在预测月份实际出账的用户，新增出账用户则是本年度新入网并在预测月份出账的用户。

存量出账用户收入预测公式如下：

存量出账用户收入预测 = 本年存量用户拍照数×去年同期存量用户保有率×本月存量用户 ARPU 值

去年同期存量用户保有率 = （去年同期存量用户出账数/去年存量用户拍照数）×100%

注：本月存量用户 ARPU 值按近三个月平均值进行预测。

增量出账用户收入预测公式如下：

增量出账用户 = $\sum_{1}^{n}$（本年度某月新增用户在预测月出账用户数×各月新增用户在（T + M）月出账用户平均 ARPU 值）

注：n 为预测月份

本年度某月新增用户在预测月出账用户数 = 某月新增用户数×（T + M）月出账率

注：M 为某月与预测月间隔月数

（T + M）月出账率 = AVERAGE［各月新增用户在（T + M）月出账用户数/各月新增用户数］

各月新增用户在（T + M）月出账用户平均 ARPU 值 = AVERAGE（各月新增用户在（T + M）月出账收入/各月新增用户在（T + M）月出账用户数）

出账收入预测 = 存量出账用户收入预测值 + 增量出账用户收入预测值

根据实时收入模型及量收模型所预测出的出账收入，取其平均值作为出账收入的最终预测结果。

2. 结算分成预测模型

结算分成主要包括 SP 结算分成、网间结算收入、企业内网内网间结算分成、企业内部专业间结算分成，其中企业内网内网间结算分成中的省际结算收入与省际结算支出变动幅度较大，且金额占比较高，因此作为结算分成类预测重点。

预测日在系统中导出各专业省际语音漫游话务、长途落地漫游话务、上网漫游流量等实时数据，取平均值乘以剩余天数推算出剩余的业务量，加总求出全月业务量，乘以结算单价即可得出省际结算收入、支出预测值。

3. 收入其他项预测模型

根据历史数据，除出账收入及结算收入外，收入其他组成项月度变动幅度较小，因此一般取近三个月平均值并给予适当的经验校正。从对实际预测结果检验发现，偏差基本在 ±5% 范围内。

（二）通信企业收入保障

电信管理论坛（telemanagement forum，TMF）对收入保障给出的定义为：在不影响需求的前提下，通过提高数据质量和优化业务流程来增加收入、改善现金流和利润的过程。对于通信企业来说，收入保障的难点是日常收入保障。所谓日常收入指的是合作伙伴管理获得的收入、支付营销成本所获得的收入、订单受理所获得的随后收入、业务变更所获得的收入和计费账目所获得的收入等内容。这些收入中比如合作伙伴管理由于代理商所适用的产品性质是不可量化的，还有一些大客户折扣审批性质也是不可量化的，这些不可量化的项目无形中造成收入保障的复杂性。

收入保障也要围绕企业价值最大化来实施。在基于价值管理的收入保障逻辑设计过程中，首先要确定影响收入增长的一级驱动要素和二级驱动要素，然后制定相适应的远期、近期价值管理举措，最终形成收入保障逻辑图。而价值管理举措主要从价值变现、新增客户管理和存量客户管理等三个方面展开。收入保障逻辑图如图 5.2 所示。

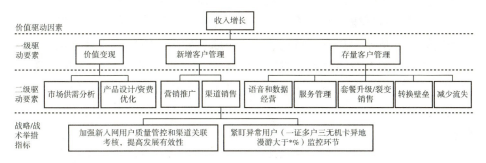

图 5.2　收入保障逻辑

1. 静态保障

收入静态保障主要指企业产品管理委员会组织各专业小组,针对"收入增长"项下的驱动要素,通过采取有效举措,防控跑、冒、滴、漏来减少收入损失。

一是规范业务处理流程。①加强市场前端的管理,规范从营业受理、客户信息录入及维护、合同及其他重要客户资料的保管、客户费用收取到业务开通审批等环节的操作标准,同时建立关键环节复核制度。②建立客户订单同步处理机制,实现营业侧、网运侧、计费侧对业务开通、变更和终止的操作相一致。③加强计费系统管理,严格执行系统出账规则和有关计收政策,通过系统支撑实现各项优惠政策的规范化操作,为财务部门提供完整、准确、直接的收入记账依据。④建立健全收入实时归集体系,多源收入一点归集,统一各类业务在营业受理、计费账务、收入归集和财务核算环节的数据口径,实现各类收入数据从业务发起到财务核算的无缝衔接。⑤建立健全用户欠费催缴责任制,切实落实欠费追缴部门及责任岗位。关注坏账核销,对于企业发生的坏账,应查明原因明确责任,并在履行规定的审批程序后作为损失处理。⑥建立和完善会业核对(指会计数据与业务数据定期核对)机制,落实会业核对责任,定期开展会业核对工作,及时发现并处理会业差异,确保财务账面应收账款、预收账款、用户押金等数据与计费系统数据的一致性。

二是建立和有效运作收入稽核体系(如表 5.1 所示)。①合作伙伴管理稽核,重点关注准入条件、佣金结算、违规管理办法。②产品与业务资源稽核,重点关注产品设计、产品配置、营销活动管理、终端管理。③营业受理稽核，重点关注工号管理、业务受理、工单流转、完工与起租、客户资料核对。④计费账务稽核，重点关注网络侧话单生成、网络侧信息传递控制、计费参数维护、数据采集及计费处理、账务账单处理。⑤应收账款稽核，重点关注退费、返销及余额转存。⑥客户服务稽核，重点关注客户投诉、积分、协议、信用。⑦建立各类结算业务的日监控与月比对机制，及时发现异常话务及异常结算风险，对各省落地长途、来访语音业务量突变的情况进行及时监控与分析。

表5.1 收入稽核矩阵（举例）

一级目录	二级目录	三级目录	稽核点名称	稽核点描述	本地是否适用	本地化说明	日常收入保障适用产品	适用具体产品	管控级别
合作伙伴管理	代理商/SP准入	资格审定	代理商/SP资格审定稽核	对新增代理商/SP资质和信用进行评估和认定，检查是否满足公司要求，每发现一个代理商/SP资格不合规的，计差错一次					
		代理商/SP管理	代理商/SP保证金准确性稽核	检查新增代理商/SP是否按规定如期足额缴纳履约保证金。每发现一个不及时或不准确的，计差错一次					
	代理商业务受理	代理商业务受理	代理商订单填写稽核	核查当日代理商提供的订单是否按照规定内容在指定的位置进行填写，订单附件是否齐全，表单是否填写规范、内容是否填写完整等，每发现一张不按要求填写的订单，计差错一次				✓	
	代理商佣金/SP分成执行	SP分成管理	SP分成比例合规性稽核	检查各SP新增的合作业务，其合同签订的分成比例是否符合公司规定，每一个不符合规定的SP业务分成比例，计差错一次					

续上表

一级目录	二级目录	三级目录	稽核点名称	稽核点描述	本地是否适用	本地化说明	日常收入保障适用产品	适用具体产品	管控级别
合作伙伴管理	代理商佣金/SP分成执行	代理商佣金/资费折扣管理	代理商佣金/资费折扣审批稽核	检查新签代理商的佣金/资费折扣是否符合公司相关规定（包括佣金支付政策是否与回款额挂钩等），每发现不符合公司相关规定且审批手续不完备的，计差错一次					
		代理商佣金/SP分成政策执行稽核	佣金/SP分成比例计算准确性稽核	检查新增代理商/SP佣金计算规则和新增SP的分成比例设置是否准确，并根据代理商协议、代理业务量、SP合同等验证代理商结算报表/SP分成情况是否正确，每发现一次结算或分成错误，计差错一次					
			佣金支付审批稽核	检查所有佣金支付的审批流程是否符合规定，每发现一笔审批不规范的，计差错一次					
			佣金支付稽核	检查所有佣金支付的实际金额是否与审批一致，每发现一笔错误支付的，计差错一次					
	代理商/SP考核	代理商/SP考核	代理商/SP业务考核稽核	检查新增代理商/SP业务考核制度实际执行情况是否符合公司规定。检查所有代理商/SP是否按照公司相应规则计算奖金、罚金。每发现一个不准确，计差错一次					

三是建立和严格执行收入管理责任追究机制。定期对收入确认条件合规性、收入列账规范性、财务报表编制规范性、营收资金上缴及时性、基层银行账户安全性等进行评价，必要情况下，由审计部门不定期开展专题审计。评价结果与审计结果须应用于考核和行政管理中，对因管理不善造成的收入跑、冒、滴、漏问题，要追究有关组织和个人的责任，形成管理闭环。

2. 动态保障

收入动态管理主要指企业产品管理委员会组织各专业小组，针对"收入增长"项下的驱动要素，灵活构建供给侧、渠道、服务三者互促体系，以供给侧改革增强市场拉力，以渠道改革增强市场推力，以服务改革增强市场粘力，体系化地持续增加企业收入。

（1）以供给侧改革增强市场拉力，可以从以下方面着手：一是聚焦新产品体系，加强与OTT和异业的融合，加大融合产品创新，提高新业务领域的价值获取能力。二是以渠道互联网化、业务电子商务化为引擎，积极构建移动化O2O营销服务交付体系。三是加强社会化创新合作与孵化，加强领袖型、规模型、行业型内容产品、应用、门户平台发展。按季度对产品生命力进行分析，提出优化意见和建议。四是建立细分市场需求研究的长效机制，关注细分市场客户需求、价格和资源敏感性，指导产品开发和运营。五是关注用户对于应用和内容服务的需求，研究统购热门APP产品，免费或折扣后提供给相应用户使用，提高用户黏性和对流量的消耗能力。六是专注于利润率更好的产品和服务的销售力度，提高对中高端用户的获取能力，加强对产品盈利能力评估结果的应用，通过价值评价考核来推动高效产品占比的稳步提升。七是强化产品（政策）设计透明、执行透明、后评估透明的全流程电子化系统支撑，在产品/政策设计前端融入渠道区隔的因素，减少不同销售渠道间的内耗与互搏。八是强调产品和服务的差异化，消除内部产品同质化现象，聚焦产品的盈利能力、成长能力、运营能力、健康发展能力，推进闭环的产品全生命周期管理。九是逐步完善产品优化和自动清理退市机制和系统支撑，评估历史累积产品对于管理压力、营销资源和网络承载能力的影响，提升中高端用户的价值获取能力。

（2）以渠道改革增强市场推力，可以从以下方面着手：一是稳固战略渠道，扩大中小渠道，提升非传统渠道，加大异业联盟拓展建设，提升非通信行业渠道复用力度及产能增补。二是统筹政企客户渠道转型，聚焦行商直销代理为主的网点布局，调整利益分配模式（佣金），健壮代理渠道。三是关注宽带三化合作的投资成本和收入，并有效规避法律风险；优化 SP、CP、AP 的合作职能与业务分成比例之间的协同。四是关注分渠道、分产品、分生命周期的用户发展质量的变化趋势和驱动，构建分渠道、分产品、分生命周期的用户发展质量的变化趋势和驱动要素模型，以分析模型为依据，优化渠道结构和利益模式。五是完善渠道发展质量的评价体系，强化渠道发展质量监控与管理引导，提高渠道结构和利益模式重构的有效性，优化渠道发展质量的评价与考核办法。

（3）以服务改革增强市场粘力，可以从以下方面着手：一是统筹规划面向老用户价值经营的手段策略，并强调与新用户获取产品体系间的区隔和协同。二是提高客户流量需求爆发式增长的应对灵活性，按月对月流量环比增幅大于 50% 的用户、月流量溢出或节省套餐 20% 以上的用户进行分析。三是强调客户服务的首问负责制，加强对投诉量异常的紧急处理，避免侵害用户利益的违规行为。四是关注传统领域流量价值的科学经营，培养用户的流量收费观念，引导和教育用户的流量消费习惯。五是关注存量用户的套餐舒适度，根据客户在网时长、使用量、在网价值贡献、潜在生命周期价值实施差异化产品定价和推荐方案，引导客户的舒适消费，分析存量用户套餐语音、流量、短信等业务使用情况，研究提高不同资费/资源敏感度用户价值填充的策略和具体办法。六是关注用户的过网通信行为，通过用户异网关系号码的识别技术提高异网用户的获取能力。七是提高服务资源配置与客户需求、客户价值的适配性，重视高价值客户的服务管理，根据本地服务用户规模变化，及时补充维系客服经理；每月推进 VIP 专项关怀回访计划的实施，利用积分兑换、线上线下活动积极维系客情关系。八是构建及完善在网客户积分体系，提高用户在网积分价值，带动转换壁垒的提升。九是主动与接近到期的合约用户续约，提高用户的在网时长，强化合约壁垒，挖掘接近到期合约用户的续约意向及需求并进行标识；制定提前续约方案并落实客服执行维系。十是关注用户号码绑定的社会群体关系，以强化用户在网的人际关系网带动转换壁垒的提升，分析用户号码绑定的社会群体关系，针对用户社会群体关系制定转网维系方案。十一是加速用户向升级后的网络迁转，深入挖潜可迁转目标用户。十二是关注易流失的高价值客户和不具备维系价值的客户，灵活调整客户维系的级次和策略，根据用户使用情况及消费情况明确高价值客户和不具备维系价值的客户等级，为高价值客户、不具备维系价值的客户设定维系的不同优先级和维系策略。十三是提高维系活动政策配置与客户需求、客户价值的适配性，重视高价值客户的服务管理。优化客户使用预警阀值，对不稳态用户区分产品特性，及时辅导维系；持续优化客户服务响应度及问题解决力，提升在网粘性及到期续签捆绑；制定精细化维系举措。十四是根据客户全生命周期价值类别匹配不同的个性化服务内容和服务资源，建立不同服务类别客户全生命周期预警维系模型。

三、ABC 公司基于价值管理的收入管理体系构建

（一）背景

受"OTT""营改增""营业费用压降"等诸多因素的叠加影响，2014年传统通信企业整体收入持续下滑。例如在某通信业务大省，收入同比降幅达到7.05%。ABC 公司也不例外，降幅达到0.63%。全行业急需扭转收入下滑趋势，保障基本的规模效应，保障对 4G 网络新增投资带来的固定成本摊销能力及铁塔模式下短期内的增量网络成本承载能力，否则，有可能陷入亏损境地。

（二）举措

ABC 公司的收入管理有两个举措是能够引以为鉴的，一是用户价值填充，如同前文所讲的动态增收；二是精细化全过程管控，如同前文所讲的静态保收。价值填充提高 ARPU 值，精细化防控跑冒滴漏。价值填充的传统手段是向用户推荐副卡、增值业务等，增收有限；近年兴起的手段是依托大数据分析向用户精准提供产品包，例如长途语音包、短信包、流量包，同时，将流量资费下调、语音资费回归，从供给侧有效刺激用户消费，增收明显。精细化管控的核心是防控跑冒滴漏。ABC 公司将所有与收入相关的指标全天候纳入 KMI 体系进行监控，例如：发展结构、流失趋势、话务量、异常话单、流量波动、账单转化率、账务减免、流量与收入匹配率、SP 结算、网间结算、省际结算、国际结算，等等。此体系能够有效解决通信企业收入管理流程长以致容易产生管理节点滑脱的问题，也能有效解决 IT 系统的缺陷导致的管理漏洞问题。

(三) 成效

ABC 公司在用户价值填充方面，通过更加灵活的资费策略，更好地适配用户需求，移动用户 ARPU 值止住跌势回升 4 元，宽带用户回升 7 元。在移动侧，将流量的各种优惠显性化处理，将语音的资费略为回调，促进用户放心用流量从而释放了流量规模，BOU 接近 2 个 G，用户流失率也显著下降，收保率破天荒地达到 89%；在宽带侧，通过捆绑家庭电视，赠送影视内容，也产生了意想不到的效果。在精细化管控方面，在网间结算管理环节取得显著突破。基于强大的 KMI 监控体系，及时掌握到某期间移网语音用户流量业务国内结算支出 2100 万元，环比上涨 14%，同比上涨 151%。通过进一步核查用户手机上网流量，发现部分 4G 语音全国套餐和语音共享套餐用户流量异常，月使用流量超过封顶值 15G 和上限值 40G。基于问题导向的价值管理机制迅速启动，由公司价值管理委员会组织市场、信息化等部门立即核查，结论是系统存在漏洞，整改后，仅此一项每月减少收入损失 600 万元。另外，在账务减免环节实行预算制、完善流程、强化授权管理、强化月度分析，月增收也达到了数百万元。

第六章 基于价值管理的产品创新

第一节 产品创新概述

一、产品创新理论的产生与发展

(一) 产品创新

产品创新是指企业利用某种科学技术或思路方法创造出新的产品,以满足人类不断发展的新需要,或以产品升级的方式来满足这种需要。

产品创新具有高风险性和资源消耗性特征,是企业为获得新产品而致力于对新观念、实验及创造过程的支持和投入。我们可以尝试从创新产品的分类角度更全面地理解产品创新。

第一类,新发明产品,如智能手机等。

第二类,新范围产品,系企业用以开拓新目标市场的产品,但早已为该行业其他企业所生产和销售,如中国联通的全网通手机、将莱卡摄像头与手机进行整合后的华为 P9 手机等。

第三类,新延展产品,系企业在现有市场和现有产品系列上向前延伸或向旁系拓展,如苹果公司的 IOS 操作系统等。

第四类,新改进产品,系企业对市场上或本企业现有产品的改进者,如腾讯的大王卡等。

第五类,新应用产品,系企业重新确定用途的原有产品,如原个人即时通信产品,改造后用于政企办公的阿里钉钉。

(二) 产品创新管理

产品创新管理是指企业有目的、有计划、有步骤地推出创新产品以满足社会需要，并由此获得盈利的经营管理过程。产品创新管理发源于欧美，最早为加拿大罗勃特·G. 库珀博士提出的 Stage-Gate（门径管理）体系。另外，在 1986 年，由 PRTM 提出了产品开发流程的 PACE（product and cycle-time excellence，产品及周期优化法），通过多年的发展和完善，PACE 已经成为产品开发标准流程的参考模式。产品创新管理包括两个方面内容，一为单个项目的管理，包括：阶段评审流程与高效决策，项目组织，结构化的产品开发、设计技术和自动开发工具；二为跨项目的管理，包括：产品战略与规划、技术管理和管道管理。

二、产品创新创造的价值

从价值创造角度看，产品创新实际上是价值管理体系中收入管理的驱动要素之一。产品创新在企业价值管理中有着举足轻重的地位和四两拨千斤的作用，企业通过产品创新可以构筑和保持核心能力和长远竞争力：第一，可以增加获利的机会，降低市场风险，形成新的收入利润增长点；第二，可以积累核心技术和管理经验，增强公司快速反应能力和处理能力，以适应多变的市场；第三，可以在产品宽度和深度上满足不同层次的客户需求，提升公司的亲和力，有利于摆脱以前靠促销和狂轰滥炸的广告来形成品牌的战术，转而用丰富的优质产品来赢得品牌。因此，可以毫不夸张地说，产品创新是企业价值创造的源泉。产品创新的价值驱动要素如下：

（一）通过形象创新来吸引消费者眼球

形象创新，是指设计产品名称、商标样式，改变产品造型和包装等外层次的创新。企业可以通过为产品塑造新颖的造型，尊贵、大气、醒目的视觉形象，直接影响消费者，让消费者产生兴趣及信任。

（二）通过价值创新来满足消费者需求

价值创新，是指发现消费者未被满足的需求，在产品的功能或产品的情感诉求方面进行创新，从而满足消费者的功能需求或情感利益，并提供说服性支持，刺激消费者产生购买行为。

（三）通过技术创新来降低产品成本

技术创新，是指选择新材料产地，采用新原料、新工艺等，通过调整其生产工艺或原材料，提高运营效率，降低产品成本。

（四）通过品牌创新来延长产品寿命

品牌创新，是指对产品注入新的品牌内涵而突破产品生命周期，通常指对原有品牌进行重新定位或者推出新定位品牌的一种创新。

三、产品创新的关键实施步骤

（一）总体规划

企业要从战略和战术两个层面确定产品创新的方向、层次和重点，谋求产品与客户需求的匹配。多年前，西奥多·莱维特在他的著名的《市场营销短视》一文中说，当顾客购买一个四分之一英寸的钻头时，他所要的是一个四分之一英寸的孔，顾客所购买的是一个能满足自己需求的利益集合，如果一个企业仅仅考虑物质产品的生产，而不考虑顾客需求什么利益的话，这个企业就将面临在市场上失去竞争力的危险。由此展开，企业在做产品规划时尤其要关注四种容易被忽视的客户需要，即"事件需要（event need）、升级需要（grade up need）、关联购买需要（related purchase need）和后市场需要（after market need）"。"事件需要"是指客户在人生不同阶段（如出生、升学、结婚、退休等）引发的对相关产品的需要；"升级需要"是指随着时间的推移、生活风格的改变，客户对生活用品更新换代的需要；企业还要从客户的便利性需求出发，开发与主打产品相关联的产品，尽可能让客户能在一个地方购买到所需要的全部商品和服务，满足"关联购买需要"；另外还有必要为客户提供售后检修、维护、备品等服务，满足客户的"后市场需要"。因此说，产品与客户多样化的需要相适应，是企业进行产品创新总体规划的基本出发点。

（二）机制建设

企业要建立专门的创新团队来实施创新评估、测试、预算和开发工作；要强化以人为本的创新文化建设，营造促进企业创新的组织氛围，尊重及激励公司员工进行创新，大张旗鼓地宣传创新、激发创新；鼓励"团队协作"和"创意自由"；组建跨部门的创新团队以提高创新品质与效率。并且，要建立合理的评价和激励机制。

（三）科学实施

要使用价值管理逻辑图规划和管理产品创新的以下流程：首先，按照产品创新总体规划和市场调研结果，激发和征集创新点子；其次，根据创新点子提炼产品构思，产品构思要能形成外在款式、内在技术和品质好处三者之间的统一。只有对产品构思的这三大要素进行初步过滤、测试和评分，形成统一的新产品计划，才能投入新产品技术开发；只有对技术开发出来的样品进行市场测试、系统验证和营销规划，才能将其投放市场；投放市场后必须进行跟踪，才能保证新产品开发完全成功。

第二节 通信企业基于价值管理的产品创新

一、通信企业产品创新

（一）通信产品的特征

任何一个产品都是由三层构成的，包括核心层、附加层和感知层。

通信产品核心层是指通过信息的发送或接收来满足人们进行沟通联系需要的功能和效用，主要包括产品的功能、质量、可靠性等参数，是产品发挥其作用的关键因素。

通信产品附加层是指随着通信产品的销售所提供给客户的各种销售服务，包括售前服务、售中服务和售后服务。售前服务是指销售前通过上门、定点以及新闻媒体等方式对通信业务进行的宣传、讲解和试用，售中服务包括服务方式和服务态度、简化交易环节、缩短交易时间、提供适宜的交易网点和多种缴费方式等，售后服务包括提供客户查询和解决客户投诉、处理通信障碍、维护通信网络和终端设备等。

通信产品感知层是指通信企业的品牌形象，比如品牌知名度和美誉度、人员形象、人员素质、卖场（店面）形象等与产品性能无关，却会影响消费者偏爱度的外在因素。

（二）通信企业产品创新的历史

现代通信产品创新的主线是移动通信产品的创新，大致经历了五个阶段：第一阶段从 20 世纪 20—40 年代，为早期发展阶段。在此期间，在短波几个频段上开发出了专用移动通信系统，其代表是美国底特律市警察使用的车载无线电系统。第二阶段从 40 年代中期至 60 年代初期，在此期间，公用移动通信业务问世。第三阶段从 60 年代中期至 70 年代中期，在此期间，美国推出了改进型移动电话系统。第四阶段从 70 年代中期至 80 年代中期，这是移动通信蓬勃发展的时期，蜂窝状移动通信网成为实用系统，并在世界各地迅速发展。第五阶段从 80 年代中期开始至今，这是数字移动通信系统发展和成熟时期，大规模集成电路、微型计算机、微处理器和数字信号处理技术的大量应用，为开发数字移动通信系统提供了技术保障。当前，4G、5G 的快速迭代升级划时代地改变着人类沟通与联系的方式。

得益于中国特色社会主义市场经济制度的优越性，上述创新发展进程在中国得到了大幅度的压缩。根据哈佛大学商学院 Porter 教授的研究，发达国家在全球范围内具有竞争力的企业，它们的竞争优势与企业自身的能力有关，但是，同样重要的是基于有效的政府政策的支持。我国移动通信产业能够取得如今的辉煌成就，一个重要的原因是政府对本土企业的大力支持。比如，对 TD – SCDMA 自主创新的支持使之成为国际 4G 标准，对微信等社交平台的支持使得腾讯成为中国市值最大并真正打入国际市场的通信企业，对阿里巴巴等电子商务的支持使得电商相关互联网技术全球领先。

（三）通信企业产品创新的现状

近年来，通信企业越来越关注用户的感受。同时，随着技术上的不断突破，业务与网络实现分离，通信接入手段多样化，业务提供低成本化，促使通信企业从以下两方面加速推进了产品创新：

1. 移动通信方面的产品创新

除了大家较为熟悉、应用较广的短信、微信、彩铃外，通信企业在精确定位、视频通话、自媒体、移动游戏社区、Sharing X 以及 PTT 等方面开展了大规模的产品创新，形成差异化战略优势。

2. 固网通信方面的产品创新

近年来，随着移动通信、IP 电话、电子邮件等业务的不断发展，原有的固话业务正日益被分流蚕食，导致全球固网通信企业收入普遍下滑。现今，我国固网通信业务也遇到了与国际固网通信企业相似的问题。但是，"无固不稳""大力发展固网"仍是各通信企业的基本经营策略，目前，基于固网的 WIFI、IPTV、4K 电视、ICT 等创新业务已得到快速推广应用。

（四）通信企业产品创新存在的问题

1. 通信行业竞争格局失衡影响了产品创新

众所周知，我国通信市场现在还是一家独大，这种局面在一定程度上影响了产品创新：通信产品创新中没能真正调动行业内友商的积极性和潜力，而是主要靠实力强的企业开发新产品，不能纵横捭阖形成合力。这种模式一方面耗费了其大量的人力、物力、财力在产品开发与后期的营销、运营和维护上；另一方面，其创新产品中真正能为市场广大消费者接受的也为数不多，许多新的产品也都是在 KPI 考核压力下运用"成本交叉补贴"艰难维持，对通信产业的发展极为不利。

2. 通信产品创新与产业发展趋势未能紧密结合

通信产业的发展方向是集通信、娱乐、办公、商务为一体的融合，因此通信产品的创新应该顺应这个发展趋势，很多发达国家已经在这种趋势下开发出非常多的被市场广泛接受的融合性产品。4G、5G 时代的通信产品创新，尤其应该以"互联网+"为主题，把产品创新重心从通信转移到"+"后面的产业链。

3. 通信产品创新以被动型为主

一些通信企业虽然已意识到产品创新的必要性，但由于行业高速发展，企业只顾短期效益，外加新产品在投入期内成本较高，以及其他的某些客观原因，在行动上是以被动型产品创新为主，不到无路可走之时不进行产品创新。未来，通信企业应该选择以主动型产品创新为主，上市一代、储备一代、研发一代。

4. 通信企业供应链定位不明确造成产品创新成本过高

竞争是企业创新最重要的动力之一，然而竞争不仅包括同类企业之间的竞争即供应链同类角色之间的竞争，也包括供应链不同角色之间的竞争。目前，通信企业由于其在供应链中的优势地位，与其他供应链角色之间的合作程度不够深入，而且还意图替代供应链中其他角色的部分或全部工作，以攫取更大的利润，这样不但不利于通信产品创新，还受规模所限提高了自身产品创新的成本。

5. 通信企业产品创新体系不健全，一些低级错误导致创新效能不高

（1）产品创新方向不对。在没有充分了解市场的情况下盲目开发新产品，甚至于开发的产品与政策法规或其他企业知识产权相冲突，不仅浪费人力物力，还浪费了时机。

（2）组织界面不清晰。未建立跨职能部门的产品创新工作组织，并围绕该组织匹配合适的人才、机制、界面和流程，以致创新效率较低。

（3）没有协调统一好产品创新核心目标之间的矛盾，即需求、质量、成本和效率四者之间的矛盾，导致顾此失彼或得不偿失。

二、ABC 公司产品创新实践

ABC 公司一直坚持"产品为王"的战略导向，在价值管理领域构建了一套健全的产品创新体系，具体包括产品创新的战略目标、方向、组织、策略、模式、步骤等六大关键环节。

（一）产品创新的战略目标

1. 为客户提供有价值的产品

企业要理解客户需求，从物质价值角度（客观）为客户提供精品网络、优质终端、实惠资费；从心理附值角度（主观）为客户提供良好品牌、时尚外观以及尊享服务，特别是通过优化对以下触点的管理，提高心理附值：产品包装、货架陈列、广告宣传、促销活动、事件行销、售后服务、媒介报道、口碑等，形成差异化战略优势。

2. 降低客户消费成本

通信市场大部分客户的消费比较理性，目前对产品价格依然敏感。所以从客户的实际利益和消费心态出发，企业要实行成本领先战略，以行业最低

价格为产品定价。

3. 保持技术领先

2012年1月,由ABC公司负责的4G网络国产制式正式成为国际4G标准,其无线下载速度可高达1G/s,在高速运行的高铁上动态下载速度也可达100M/s,远超3G。而且,在5G的研究上,ABC公司提前布局,目前已攻入无人区。聚集于技术领先也为该企业产品创新提供了极大的差异化优势。

(二)产品创新的方向

当前,通信产业已进入4G网络业绩兑现期,ABC公司围绕国家"互联网+"战略,以在4G信息高速公路上寻求流量经营模式突破为重点,确定了产品创新的三大方向。

1. 通信技术+制造

推动通信技术与生产制造和经营管理流程的深度融合,促进传统产业转型升级。面向工业生产和商贸流通等重点行业,打造网络化公共信息服务平台,发展集成化、行业信息化解决方案,推进研发设计、生产制造、流程管理、营销服务等各环节的网络化和智能化。

2. 通信技术+民生

推进通信技术在教育、医疗、社会保障、社区服务等社会公共服务领域的应用,推进远程教育、远程医疗、社区信息化和数字家庭发展。同时,深入助力电子政务建设,支撑政府管理与公共服务,提高处置突发事件和保障公共安全的能力。

3. 通信技术+供给能力建设

以数据中心、视频基地、阅读基地、游戏基地、应用商店基地等为依托,发展云平台、大数据、物联网、互联网视频、手机阅读、手机游戏等丰富的互联网业务,调整消费者消费结构和创新消费者消费模式,服务国家供给侧改革战略。

(三)产品创新的组织

1. 成立跨职能的产品创新委员会

由产品创新部门牵头,成立产品创新委员会,建立首席产品设计师制度和首席营销策划师制度。

2. 成立虚拟工作小组

按照项目管理模式设立若干子项目组,明确责任、权力、决策事项。

抽调具有新产品开发经验的专职技术或营销干部担任产品经理;抽调各专业领域的骨干担任核心成员,包括生产管理、市场营销、财务会计等人员,多为专职;抽调外围支撑人员,包括法务、客户服务、系统验证等人员,多为兼职。

3. 配套建立预算、研讨、通报、考评、激励等机制。

(四) 产品创新的关键策略

1. 准确把握"内部管理导向"与"客户需求导向"之间的关系

要打破"自我为主"的产品思维,坚持"需求决定产品"的原则,广泛开展市场调研和客户互动,准确地洞察客户现实需求和潜在需求。

2. 准确把握"痛点、卖点、沟通点"的关系

既要准确把握到目标消费者的"痛点",也要合理地将"痛点"转变为产品差异性"卖点",并且,通过简单明了的精准化营销,与客户保持良性的沟通。脱离了"痛点"的"卖点",客户不关心;脱离了"卖点"的"沟通点",客户不动心。

3. 准确把握"远期研发"与"当期上市"之间的关系

研发要有前瞻性,产品要有储备,但不能过于超前,特别是基于技术优势、引领消费的新产品,在培育期未结束前,不能急于投放市场;要准确把握当期上市产品的切入时间和地点,避免创新失败。

4. 准确把握"政企市场"与"公众市场"之间的关系

要针对不同的客户群体,设计不同的产品。针对"政企客户"的运营效率诉求,度身定制整体通信解决方案;针对"公众客户"的大流量诉求,开发不同的套餐。

(五) 产品创新的基本模式

1. 竞争驱动模式

竞争驱动模式指为了不至于被竞争对手挤出现有的市场而开发新产品。是实力弱小的 A 公司一贯采用的模式。

2. 消费者驱动模式

消费者驱动模式指在概念、样品经消费者鉴别和筛选后,最终开发出的新产品。该模式风险小、应用广,是稳健的 B 公司经常采用的模式。

3. 技术驱动模式

该模式下,将技术创新作为产品创新的基础,即使新产品设想来源于市场需求,也以技术创新为前提,避免友商低门槛跟进。该模式风险较大,是实力雄厚的 C 公司往往采用的模式。

(六)产品创新的实施步骤

1. 构思评估

制定产品创新战略、明确战略重点、着力目标与战略方针;聚焦问题提出可能的解决办法,形成构思;测试新产品构思,最终评估和确定产品开发计划。

2. 资源准备

确立产品开发组织,准备人力、财力、物力(设施与设备)等。

3. 技术开发

包括设计样品、协调进度、产品后评价等。

4. 营销规划

确定目标市场、组合营销手段、设计品牌与包装、确定全盘营销方案。

(七)通信企业产品创新案例

1. 成功案例

以如意通、神州行、畅聊王为代表的预付费业务,迅速降低了移动通信消费门槛,大幅度提高了网络利用率,提升了通信企业网络规模价值。

以长市漫一口价为代表的商旅卡,精确对准了商务人士的异地通信需求,一上市即引起轰动,且导致友商陷入"囚徒困境",不敢跟进。

以智慧医疗、政务云、基于 NB–IoT 的平台业务,开启了万亿级的政企客户互联网消费市场。

2. 失败案例

"飞信",本来很有市场前景,如果采用开放共享和免费模式,极有可能成为第二个 QQ。但由于其不是以需求为驱动,在局部互动、捆绑移动手机号、有偿使用等设计环节,都是"自我为主"的思维,因此,最终失败。

诺基亚手机,曾是全球手机霸主,但在 3G 智能机时代,诺基亚没有警醒,没有把握好发展趋势;2007 年 iPhone 来了,诺基亚仍不看好,紧接着

Android 手机来了，以及新的触摸屏时代来了，诺基亚依然固守 Symbian、手机物理按键、防震防摔的产品差异性"卖点"，无法得到消费者认同。这种闭关自残的"创新"，最终被市场趋势打败。

第七章　基于价值管理的资源配置

第一节　基于价值管理的企业资源配置理论

一、企业资源的含义和类别

（一）企业资源的含义

伯格·沃纳菲尔特（Birger Wernerfelt）认为，企业资源是属于企业的具有"优势或劣势"的任何事物，或者被定义为那些半永久性附属于企业的"有形和无形资产"。杰恩·巴尼（Jay B. Barney）扩展了这一概念，认为企业资源包括企业在制订和实施其战略时能够提高其效率和效果的所有资产、能力、组织流程、信息、知识等。罗伯特·格兰特（Grant）认为，企业资源是生产过程的要素投入，包括机器设备、专利、品牌和雇员的个人技能等。Amit、Schoemaker认为资源是企业拥有或控制的要素存量，通过与其他企业资产的协同使用以及诸如技术、管理信息系统、激励机制、管理层与员工之间的信任等联结机制，资源被转换成最终的产品或服务。在国内外学者研究企业资源含义的基础上，提出企业资源是企业生产产品或提供服务过程中所必需的各种要素。

从以上专家学者对企业资源的定义看来，企业资源是一个很广的范畴。对于我们所研究的通信企业来说，其资源主要是建设和运营通信网络体系所消耗的人力、物力、资金、技术等，这些资源相互配合、相互支撑，共同形成通信产品，为客户提供语音、数据等通信业务。

（二）企业资源的类别

罗伯特·格兰特将企业资源分为有形资源、无形资源与人力资源，巴尼将企业资源分成物力资源、人力资源和组织资源。物力资源包括企业使用的实体技术、企业的厂房和设备、企业的地理位置，以及企业原材料的获取渠道；人力资源包括企业管理层和员工个人的训练、经验、判断、智慧、关系和洞察力；组织资源包括企业的正式和非正式的计划、控制和协调系统，以及企业内部群体之间、企业和外部环境中的其他企业之间的正式和非正式的关系。

从实操层面出发，我更愿意把通信企业资源分为组织与人力资源、网络资源、成本费用资源和权力资源。组织与人力资源体现为组织单元的设置、人才配给等；网络资源和成本费用资源主要体现为资源预算额度的分配；权力资源主要体现为授权的程度，如对组阁权、薪酬二次分配权等权力可掌握的程度，其往往以权力清单和负面清单方式出现。

本章重点讨论组织与人力资源、成本费用资源和权力资源的配置，关于网络资源的配置，在第八章进行讨论。

二、基于价值管理的资源配置理论

资源配置是指对相对稀缺的资源在各种不同用途上加以比较做出的选择，选择资源未来的用途就决定了通信产品的构成。资源配置之所以成为研究的问题是出于两方面的原因：一方面，资源的有限性，即资源的稀缺性，资源永远是稀缺的，而人类对资源需求的欲望却是无限的；另一方面，既定的资源往往具有可供选择的不同用途，换言之，资源具有替代性。人类对资源的需求是永无止境的，如果资源是无限的，人类能够无限量地生产，不会成为问题。但事实上，人类所需要的资源是经济资源，经济资源是有限的，具有稀缺性。自古以来，人类社会始终存在着需求的无限性与资源的稀缺性之间的矛盾，解决这一问题的手段就是资源配置，可以认为资源配置是基于资源稀缺性的存在而产生的一种调节手段。资源配置以稀缺性为基础，使稀缺性的资源最大限度地保持合理的使用方向和数量比例，其最终目的是通过资源配置放大稀缺性资源的效用，以满足不断增长的需求。

阿米里斯（Anne Ameeles）指出，"价值管理是指导企业资源分配的全过程，它整合企业的全部资源，然后通过企业各种管理和流程环节，形成价值流系统。通过识别各种投资机会和投入产出效益分析，将企业的资源分配到产出比率最高的环节和流程，从而最大化股东财富"。

企业资源配置首先要确保公司整体价值创造和价值实现，其次还要在实现和创造价值的过程中兼顾资源提供者的利益。资源配置还必须要解决资源配置主体关系与资源配置层次关系，这些关系对于经营多种业务或存在多个业务部门的通信企业来说更为重要，更为复杂。资源配置主体关系主要解决上级公司和下级公司（或部门）对资源配置的权限的分配问题，即是将所有资源均由上级公司统一调度，还是下放给下级公司（或部门）负责人的问题。资源层次关系需要解决的是企业资源应该在什么层次上进行开发，企业层次还是业务层次？安德鲁·坎贝尔认为，对于上述两个问题之间的关系可以有四种备选方案，如图7.1所示。

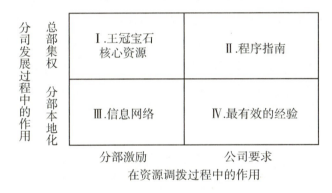

图7.1 资源配置

每个备选方案都适用于不同的情况。在象限Ⅰ中，企业资源由企业总部集权进行配置，而资源开发也在企业总部层面上进行。这种资源被坎贝尔称为王冠宝石，是整个企业以及其各业务分部核心竞争优势的来源，包括企业的形象资源，如商标，也可能是企业各业务分部涉及的核心技术资源等。企业主要通过对这类资源的调拨来激励各个业务分部，获得越多这类资源的业务分部，其业绩就会越好。而企业总部对该部分资源进行整体管理，包括调拨计划、资源开发计划、资源维护及保管计划等。企业会定期对各个业务分部使用该资源的业绩进行评价以判断其是否应该继续使用，当然，为了防止各业务部门为了自身利益滥用这类资源而致使该资源贬值，企业还必须设置一定的监控机制,如监控产品质量、监控业务分部使用资源的范围等。在象限Ⅱ中,同样是在企业总部层面上开发出一些仅适合部分业务部门的资源或技能,但为了推广经验,企业总部可能会提出一些程序指南来指导或要求其他业务部门也使用该资源或进行类似的开发。此时,这些资源对企业业务分部不具有激励作用。另外,更多的情况是企业总部支配资源的分配,而资源可能是在某个分部开发出来的,具有在企业内推广的价值,因而,企业总部设置一些程序指南,并根据指南将有价值的资源由一个分部配置到另外的分部,以最终实现整个公司相关技能的提升。在象限Ⅲ和象限Ⅳ中,资源的开发和分配权限分散在各个业务分部。每个分部拥有自主开发一定资源和技能的能力,而企业总部的作用在于协调各个业务分布开发的资源,确保非重复性开发,同时也不能随意将资源在各个业务分部之间调拨,但可以通过组建信息网络或交流有效的经验的方式促进各业务分部之间互相学习、互相借鉴和互相启发,从而实现资源的有效配置。这四种备选方案实际上都有自身的适用范围,不存在优劣之分。企业既可以制定总体的资源配置政策,也可以根据特定资源的特点同时采用多种不同的资源配置方案。

近年来,通信企业指挥系统在快速前移,"让一线调动炮火"和"简政放权"成为资源配置的基本导向,未来资源将更多地存在于上述象限Ⅲ和象限Ⅳ中,如何将这些资源发挥最大效用,也是本章研究的重点。

第二节 通信企业基于价值管理的资源配置体系变革

一、传统资源配置体系面临的挑战

通信企业过去在相当长的一段发展时期里处于高利润区,利润的压力小于拼市场抢规模的压力,所以,资源配置相对比较粗放。如今,在众所周知的新形势下,通信企业面临巨大挑战。

一是以规模为导向的发展模式必须向以价值创造为导向的发展模式转变。过去,通信企业重视网络、用户、收入等数量指标,忽略资源利用效率和投入产出效益。随着用户规模发展到一定阶段以及通信市场供大于求局面的出现,再简单依靠投资和用户数量扩张来实现行业的高速增长已难以为继。因此，通信企业必须由过去那种依靠大规模资源和资金投入方式进行扩张、忽视效率和效益的粗放型发展模式，转变为合理利用存量资源、优化市场结构、提升投资效益的集约型通信发展模式。

增长方式从粗放向集约转变，要求企业发展模式从片面强调规模增长向重视经济增加值（EVA）的增长转变，从靠投资和市场驱动增长向靠创新驱动增长转变，通过体制机制、管理、技术、业务等全方位的创新，充分满足用户需求，实现企业的内涵式增长，实现从以规模为导向的发展模式向以价值创造为导向的发展模式转变。

二是受移动互联网模式的冲击，营收和利润下降。移动互联网的迅猛发展使得通信企业与服务提供商之间的博弈加剧。从世界范围来看，近年来，电商平台（如阿里巴巴集团、京东商城）、内容提供商（如腾讯、谷歌、Facebook）、终端制造商（如小米、华为、苹果）推出的丰富多样的移动应用服务，如移动购物、移动支付、移动聊天、视频、音乐、游戏占用了越来越多的网络宽带，电商、内容提供商、终端制造商从爆发式增长的移动数据应用中获取了丰厚的收益。同时，OTT等带来的移动数据剧增导致的高额网络建设投入与通信企业管道化之间的矛盾日益加深，通信企业的投资回报率大幅降低，这引起通信企业的不满，这种矛盾也在不断地蔓延。

同时，"终端+服务"成为产业链的高价值回报区，处于"微笑曲线"的上端，处于中间的通信企业将成为产业链的微利区域，传统通信企业的语音和增值业务将逐渐被移动互联网数据业务所代替，迫使传统通信企业必须逐步向移动互联网服务提供商转型。

为了避免被边缘化，通信企业需引导资源向高竞争力、高附加值的移动互联网产品或服务倾斜，最大限度地发挥资源的杠杆效应，将愈来愈有限的资源用于着力打造自己的核心产品或服务。上述目标的实现，亟须企业资源配置管理体系变革。

三是用户需求呈现出长尾化、小众化、碎片化、个性化特征。移动互联网时代，庞大的用户基数孕育巨大的需求，多样化需求将催生形式和内容各异的定制产品，在这种情况下，通信企业原有的粗犷式、高成本的传统市场运营策略失效，亟须构建以客户需求为导向的精准服务营销能力，深层次挖掘客户需求，优化客户资源配置的精确性，提升客户响应效率，提高营销资源利用率，实现规模质量双提升。

目前，通信企业对客户需求的深度洞察能力普遍不足，精准服务营销能力较弱,既无法满足长尾化、小众化、碎片化、个性化的用户需求,同时,在用户发展上,客户精细化管理水平低,无法多维度多角度地优化客户细分模式,不能有针对性地制定策略,不能实现客户的高效拓展。

精准服务营销能力的构建,需要优化存量公众客户全生命周期管理,洞悉其在不同阶段的差异化需求,有针对性地设计精细化营销策略,构建保有体系和交叉营销体系,稳定收入来源,提高客户价值。

二、资源配置体系变革的方向

资源配置体系变革仍要遵循"少投入、少消耗、少花时间"的原则,并积极推动除网络外的资源向一线下沉。但前提必须是以稀缺的资源创造最大的价值,亦即实现资源价值杠杆最大化。为此,应把握好以下几个方向:

一是资源与产品价值相适配。引导资源向高竞争力、高附加值的移动互联网产品或服务倾斜。

二是资源与客户需求相适配。构建以客户需求为导向的资源配置体系,提高资源配置的精确度,提升客户响应效率。

三是资源与国家创建节约型社会的要求相适配。摒弃拼资源、拼资金,忽视效率和效益的粗放型发展模式,合理利用存量资源、优化市场结构、提升资源配置效能。

三、资源价值评价与定位方法

对通信企业传统的资源配置体系进行变革,首要解决的是资源价值的定量、定性和分类问题,然后解决生产要素价值的定量、定性和分类问题,最后方能解决资源与生产要素价值相匹配的问题。这就需要设计一套科学的价值评价方法。

(一)企业资源价值评价的意义与作用

企业资源价值评价意义与作用有以下两点:一是企业资源总是有限的,通过企业资源价值评价,把有限的企业资源进行最佳配置,从而实现企业价值创造和价值实现最大化;二是企业的不同生产要素和组织部门其价值创造的效率高低不一,通过企业资源价值评价,分辨出低效、中效、高效价值资源，把它们分别配置到低效、中效、高效团队，从而确保高效资源在高效领域创造最大的价值，并促进各项资源、各价值团队组织、各价值领域都能充分地发挥其价值创造效率。例如：从横向看，同样的一元资源，人工成本的驱动力比管理费用大，管理费用的驱动力比营销资源大，营销资源的驱动力比营销组阁权大，营销组阁权的驱动力比投资资源大；从纵向看，同样人数的团队，有的团队价值管理与创造能力强，有的弱；同样数额的投资，配置到关键业务领域，价值贡献就大，反之就小；同样数额的人工成本，配置给产品开发岗和配置给业务支撑岗，价值贡献也是不一样的。

正确的资源配置逻辑应如图7.2所示。

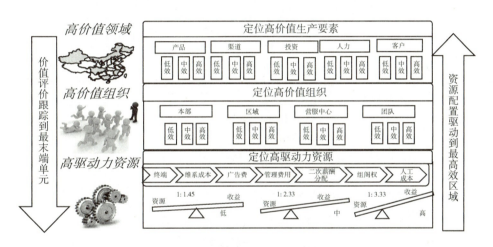

图7.2　基于价值提升的资源配置模型

资源价值评价是资源配置的基础，只有对资源进行了有效的评价，才可以定义哪些是高效资源，哪些是中效资源，哪些是低效资源。对于不同价值的资源会给予不同的配置方案，这样有利于形成更强更有效的价值创造机制，带来更多的价值收益。具体做法如下：

1. 价值评价跟踪到最末端单元

在前文中提到结构与效益之间是一种正相关关系，如图7.3所示。鉴于此，我们在做价值评价时，首先要找出结构性的优势与劣势，再由此定位出高价值生产要素，围绕产品、渠道、投资、人力、客户等五个方面寻找出各自的低效、中效、高效要素；其次定位高价值组织，从本部、区域公司、营服中心、营销团队层层递进，分析出低效、中效、高效组织；再次定位高驱动力资源，从终端、维系成本、广告费、管理费用、二次薪酬分配权、组阁权、人工成本几个方面，计算出资源投入产出比，分析出低效、中效、高效资源。

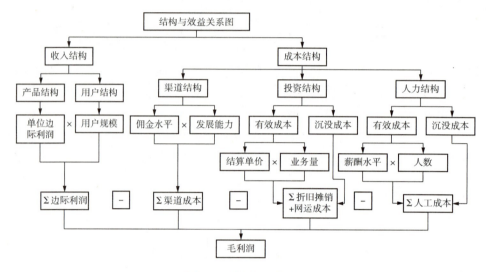

图7.3 结构与效益关系

2. 把资源配置驱动到最高效区域

通过价值评价找出最高效的资源、最高效的团队，把最高效的资源配置给高效团队，经过高效团队运作必然会形成高效的价值，这也是最佳配比关系，反之亦然。

3. 把资源评价的结果应用到绩效考核评价体系中

以激发基层单元活力为目标，聚焦基层单元的价值管理重点，将价值贡献度、增量营销资源投产比、高效产品占比、高效渠道收入占比等四个指标应用于绩效评价体系中。价值贡献即考核收入减去直接相关成本后得出的准利润占公司全部利润的比重。增量营销资源投产比即增量收入与增量营销资源的比值。高效产品收入占比即高效产品的收入规模占全部账单收入的比重。高效渠道收入占比即高效渠道产生的收入占全部渠道账单收入的比重。通过考核牵引，基层单元自觉地在经营末梢优化资源配置方式，推动产品结构、渠道结构的改善，实现资源向高价值产品、渠道等领域流动，关注投入产出比和总的价值贡献份额，最终实现从源头上提升公司效益。

（二）通信企业资源价值评价方法

从基于价值管理的资源配置出发，依据资源的共性和通信企业的特点建立资源评价体系，形成七大资源价值评价方法即主流产品价值评价法、营销渠道价值评价法、区域公司价值评价法、营服中心价值评价法、政企客户团队价值评价法、营业中心价值评价法、人力资本价值评价法。

1. 主流产品价值评价法

对在线的所有产品，从现金流保障系数、成本回收期、收益率、渠道保本点等角度进行全方位分析与评价。基于产品的营利性和成长性，将各种在线产品归为"高、中、低"三类。促使各业务单元了解各产品的盈利能力，从而对高价值产品开展经营活动，对低价值或亏损产品进行有效阻隔。如表7.1所示。

表7.1 主流产品价值评价

项目		产品1	产品2	产品3	产品4	产品5	产品6	产品7	产品8
预存款（元）		200	200	150	150	80	200	200	200
套餐		96	96	66	66	80	126	126	186
生命周期（月）		6.78	4.95	6.01	5.09	20.34	6.48	2.32	12
ARPU值		95.5	104.3	74.29	83.95	13.87	139.3	192.85	249.33
收入比重		16.64%	16.70%	5.41%	3.56%	1.75%	3.57%	2.86%	1.80%
代理佣金	分成	71.18	56.78	49.12	47.03	31.02	99.27	49.26	329.12
	发展佣金	40	40	30	30	—	40	40	40
	捆绑佣金	40	40	40	40	—	40	40	40
	店员奖励	20	20	20	20	—	20	20	20
	有效达量	50	50	20	20	—	50	50	50
	小计	221.18	206.78	159.12	157.03	31.02	249.27	199.26	479.12
其他直接成本	制卡成本	3.61	3.61	3.61	3.61	3.61	3.61	3.61	3.61
	结算占比	10.05%	6.25%	6.39%	11.16%	11.16%	12.29%	6.38%	11.16%
	网间结算	65.03	32.29	28.51	47.74	31.48	110.88	28.59	334.03
	营业税	58.21	50.93	23.07	30.8	11.99	101.56	64.89	183.74
	小计	126.85	86.82	55.2	82.15	47.09	216.05	97.09	521.38

续上表

	项目	产品1	产品2	产品3	产品4	产品5	产品6	产品7	产品8
结果指标	收入	647.05	516.2	446.52	427.59	282.01	902.44	447.79	2992.01
	门店保本点	-21.18	-6.78	-9.12	-7.03	48.98	-49.27	0.74	-279.12
	毛利	299.02	222.59	232.2	188.4	203.9	437.12	151.45	1991.51
	收益率	46.21%	43.12%	52.00%	44.06%	72.30%	48.44%	33.82%	66.56%
	现金流保障系数	2.93	2.5	2.81	2.72	9.09	3.62	2.25	6.24
	成本回收期	0.45	0.52	0.49	0.56	0.56	0.57	0.99	0.53

指标说明：（1）门店保本点＝门店现金付出－门店现金流入。（2）毛利＝收入－网间结算支出－代理佣金－制卡成本－营业税－终端补贴－接入成本－专项投资对应的月折旧。（3）收益率＝毛利/收入。（4）现金流保障系数＝ARPU×12/（佣金小计＋终端成本）。（5）直接成本回收期＝代理佣金/ARPU值。（6）高效产品：边际贡献率大于50%；且对所在专业整体收入的贡献率大于10%，或月收入环比增长率高于10%。中效产品：边际贡献率大于30%，小于（含等于）50%；且对所在专业整体收入的贡献率大于5%，小于（含等于）10%，或月收入环比增长率高于5%。低效产品：边际贡献率小于（含等于）30%；且对所在专业整体收入的贡献率小于（含等于）5%，或月收入环比增长率小于（含等于）5%。

2. 营销渠道价值评价法

从渠道数量、各渠道佣金消耗、各渠道收入贡献等对公司各类渠道进行全方位分析与评价，将渠道归为"高、中、低"三类。通过渠道结构的梳理，确定渠道结构转型的方向。譬如：构建全业务积分体系，打通门店全业务经营，优化保级政策，实现高价值直控门店保有、保级和保产；增加终端提货积分，引导门店渠道终端捆绑销量，发展高价值产品获取更高积分。对低价值渠道进行效能提升或者淘汰。如表7.2所示。

表7.2　营销渠道价值评价

专业	渠道数量	佣金（万元）					收入（万）	佣金占比	结构比		
		发展	奖励	分成	其他	合计			收入贡献	佣金消耗	差异
渠道1	244	8.08	17.66	15.73	-35.36	6.11	459.96	1.33%	4.75%	0.55%	-4.20%
渠道2	736	13.84	26.52	13.74	-6.73	47.38	693.9	6.83%	7.16%	4.29%	-2.88%

续上表

专业	渠道数量	佣金（万元）					收入（万）	佣金占比	结构比		差异
		发展	奖励	分成	其他	合计			收入贡献	佣金消耗	
渠道3	4362	29.97	55.94	86.04	177.38	349.33	1922	18.18%	19.84%	31.60%	11.75%
渠道4	1250	137.46	117.02	40.12	94.33	388.93	1261.65	30.83%	13.03%	35.18%	22.15%
渠道5	400	11.35	17.45	9.36	3.8	41.96	1372.65	3.06%	14.17%	3.79%	-10.38%
渠道6	2797	12.36	160.62	41.73	22.41	237.13	1422.03	16.68%	14.68%	21.45%	6.76%
渠道7	182	13.92	1.26	15.28	-7.84	22.62	2197.98	1.03%	22.69%	2.05%	-20.65%
渠道8	974	5.7	-0.08	8.85	-2.29	12.17	355	3.43%	3.67%	1.10%	-2.56%
合计	10945	232.69	396.39	230.85	245.71	1105.64	9685.17	11.42%	100.00%	100.00%	0.00%

指标说明：（1）高效渠道：收入贡献大于佣金消耗，且对所在专业整体收入的贡献率大于10%；（2）中效渠道：收入贡献大于佣金消耗，且对所在专业整体收入的贡献率小于或等于10%；（3）低效渠道：收入贡献小于佣金消耗。

3. 区域公司价值评价法

通过总体效益指标、关键指标趋势、佣金结构、渠道结构、产品结构、投资效能六大板块，收入管理能力、成本管理能力、盈利提升能力三大维度对区域公司进行全方位分析与评价，评价结果与 KPI 和联动资源配置相挂钩。如表 7.3 所示。

表 7.3 区域公司价值评价

生产单元	账单收入	佣金	人工成本	租金能耗	自主资源						价值贡献	收入价值贡献率
					自主广告费	自主维系费	自主业务招待费	自主车辆使用费	自主办公费	其他管理费用		
分公司1	263.02	0.28	125.44	0	6.85	4.1	0.34	0.22	0.43	4.24	121.12	46.05%
分公司2	368.4	2.81	133.65	0	0.2	3.71	0.11	1.02	0.13	0.29	226.48	61.48%
分公司3	474.94	1.8	163.38	0	2.64	4.2	0.27	1.56	0.26	0.65	300.19	63.21%
分公司4	614.82	0.39	174.76	0	4.47	5.16	0	1.7	0	0.78	427.27	69.49%
分公司5	701.41	0.08	180.34	0	5.87	9.06	0.7	1.78	0.34	2.33	500.91	71.41%

续上表

生产单元	账单收入	佣金	人工成本	租金能耗	自主资源						价值贡献	收入价值贡献率
					自主广告费	自主维系费	自主业务招待费	自主车辆使用费	自主办公费	其他管理费用		
分公司6	550.86	6.08	135.06	0	3.15	2.21	0.19	0.42	0.47	6.09	397.19	72.10%
分公司7	685.93	1.42	166.1	0	2.38	4.87	0.28	0	0.15	3.17	507.56	74%
分公司8	473.11	0.67	111.55	0	2.81	3.47	0.38	0	0.3	1.95	351.98	74.40%

4. 营服中心价值评价法

从收入、成本、利润三个方面对营服中心的价值贡献完成情况进行分析，旨在及时点评各营服中心的盈利能力，寻找短板及利润改善突破口，在经营末梢从根本上改善企业盈利水平。如表7.4所示。

表7.4　营服中心价值评价

营服中心	账单收入	佣金	人工成本	租金	能耗	自主资源						价值贡献	收入价值贡献率
						自主广告费	自主维系费	自主业务招待费	自主车辆使用费	自主办公费	其他管理费用		
**营服中心	3582	341	69	—	—	9	12	1	—	1	2	3146	87.85%
**营服中心	4017	395	63	—	—	8	9	1	—	1	2	3539	88.11%
**营服中心	4822	390	47	—	—	8	10	1	1	0	3	4363	90.47%
**营服中心	3196	271	61	—	—	5	9	1	0	0	1	2848	89.11%
**营服中心	2945	276	46	—	—	3	2	0	—	0	6	2611	88.66%

续上表

营服中心	账单收入	佣金	人工成本	租金	能耗	自主资源						价值贡献	收入价值贡献率
						自主广告费	自主维系费	自主业务招待费	自主车辆使用费	自主办公费	其他管理费用		
***营服中心	3025	303	53	—	—	6	6	0	—	0	4	2652	87.68%
**营服中心	3142	329	70	—	—	7	5	1	—	0	5	2725	86.74%
**营服中心	3130	226	64	—	—	4	7	0	—	—	1	2829	90.39%

5. 政企客户团队价值评价法

建立政企客户价值评价机制，分产品、分区域、分渠道、分校园对政企客户总体收入进行价值评价。本方法采用的主要指标为收入、成本、成本占收比、收益率等，如表7.5所示。

表7.5 政企客户价值评价

团队	收入份额	环比增幅	成本								结果指标	
			佣金	广告宣传	维系成本	接入成本	终端补贴	销售商品亏损	坏账	人工成本	成本占收比	收益率
**拓展部	83%	146%	21.2	9.36	10.7	0.18	0.14	-0.02	0.76	2.05		
**拓展部	16%	22%	4.12	1.82	2.09	0.16	0.13	-0.02	2.36	3.69		
**拓展部	1%	7%	0.13	0.06	0.07	0.5	0.39	-0.06	0	2.19		

续上表

团队	收入份额	环比增幅	成本								结果指标	
			佣金	广告宣传	维系成本	接入成本	终端补贴	销售商品亏损	坏账	人工成本	成本占收比	收益率
**拓展部	68%	-3%	5.43	2.4	2.75	0.24	0.19	-0.03	0.38	3.39		
**拓展部	31%	-22%	2.45	1.08	1.24	0.66	0.52	-0.08	0.23	1.18		

6. 营业中心价值评价法

营业中心的主要价值载体是营业厅。从收入、成本、价值贡献三个维度对营业厅价值贡献完成情况进行评价,评估营业厅的生产经营能力,提高资源与业务的协调效率,寻找经营短板提升路径,对于价值创造能力较差的营业厅及时"关""停""并""转"。如表7.6所示。

表7.6 营业厅价值评价

营业厅	账单收入	人工成本	营业费用				管理费用					租金	能耗	价值贡献	收入价值贡献率
			广告宣传费	维系费	物料配送费	其他	差旅费	办公费	物业管理费	消防警卫费	其他				
**营业厅	151.5	19.0	1.5	0	0.3	0	0.1	0.1	0.3	2.8	0.3	7.2	1.8	118.2	78.0%
**营业厅	99.6	17.1	0.8	0	0.3	0	0.0	0.2	0.2	0.0	0.4	20.6	3.2	56.9	57.2%
**营业厅	87.7	16.7	0.2	0	0.3	0	0.0	0.2	0.3	1.8	0.4	26.4	2.2	39.2	44.7%
**营业厅	132.4	13.0	0.9	0	0.3	0	0.0	0.2	0.1	2.8	0.4	6.8	1.6	106.2	80.3%
**营业厅	369.9	19.7	0.9	0	0.3	0	0.0	0.2	0.1	2.9	0.3	15.1	2.8	327.6	88.6%

续上表

| 营业厅 | 账单收入 | 人工成本 | 营业费用 | | | | 管理费用 | | | | | 租金 | 能耗 | 价值贡献 | 收入价值贡献率 |
			广告宣传费	维系费	物料配送费	其他	差旅费	办公费	物业管理费	消防警卫费	其他				
**营业厅	100.2	12.5	0.9	0	0.3	0	0.0	0.1	0.2	1.5	0.3	9.0	1.7	73.7	73.6%
**营业厅	331.8	22.3	1.9	0	0.3	0	0.0	0.1	0.2	2.1	0.5	13.4	2.4	288.6	87.0%

7. 人力资本价值评价法

根据"三式簿记"理论，建立四维的人力资本价值评价机制，从人力权益、人力收益及人力动力三个角度对公司销售团队的人力资本利用效能进行评价，对低效能人员及时进行辅导和干预，长期得不到改善的，进行转岗或淘汰。本方法采用的主要指标为人力权益、人力收益、权益收益率等，如表7.7所示。

表7.7 人力资本评价

| 团队名称 | 人数 | 综合分析指标 | | | | | | | | 环比变动率 | | |
| | | 人力权益 | | | 人力收益 | | | 权益收益率 | | | | |
		金额	环比变动率	人均	金额	环比变动率	人均	比值	环比	环比变动率	人力权益	人力收益	权益收益率
**团队	93	99	−8.10%	1.06	792	2.10%	8.51	12%	−1.40%	−9.99%	−8%	2%	−10%
**团队	102	99	−17.80%	0.97	676	15.40%	6.62	15%	−5.90%	−28.75%	−18%	15%	−29%
**团队	245	126	−17.60%	0.51	412	13.60%	1.68	30%	−12%	−27.43%	−18%	14%	−27%
**团队	308	165	−14.80%	0.53	1744	5.40%	5.66	9%	−0.60%	−5.55%	−15%	5%	−6%

在后面的章节中将就此展开专门探讨。

四、ABC 公司基于价值管理的资源配置体系搭建

（一）背景

通信企业传统的资源配置方式是以上级单位分配预算额度为控制上限、以历史数据为参考依据、以未来发展规模为调整因素、以预算分配额度为考核目标、以平推方式为主、靠经验说话，资源分配结果与市场严重脱节，更谈不上通过资源配置来引导经营方向、调节经营行为。客观地讲，以下三个突出矛盾促使通信企业必须变革资源配置方式。

1. 基层单元"责权利"不匹配，催生资源配置体系变革

企业绩效和战略管控的重要手段通常通过预算落实，期望能够通过战略分解和预算匹配进行资源调控，指引战略的逐步落地，并对战略落地过程予以及时管控，但往往事与愿违，实际情况往往是"指标层层加码、资源层层截留"，这导致基层单元"权责利"严重不匹配，造成基层单元"任务重、资源少、权力小、低活力、低效率、低产能"。企业运营能力的全面激活，依赖于基层业务单元经营活力的充分激活；基层业务单元经营活力的充分激活，又依赖于资源配置的全面、有效下沉；而资源配置的全面、有效下沉，又有赖于集中统一的 IT 系统支撑对资源配置、消耗过程的透明管控。否则，难以破解"一管就死、一放就乱"和"管了风险、没了效率"的困局。

2. 实现"企业战略、价值管理、记分卡、目标和行动方案、绩效考核"五位一体，硬化管理文化的需要

仅有战略导向仍不能解决企业的战略细化问题和执行问题，需要用标准化语义来清晰描述战略，并细化分解到各个责任主体，配套相应的记分卡和实施方案，并与绩效考核挂钩，通过绩效考核倒逼战略修正和执行的有效性改善，实现战略沟通系统化和过程管理透明高效。在这个过程中，从关键举措的分解到任务传递；从行动方案跟进到业绩指标披露和考核评价，以及成熟的企业流程化运作，都需要提供合理的信息传递路径即需要建立"企业战略、价值管理、记分卡、目标和行动方案、绩效考核"五位一体的信息化管理体系，实现资源配置信息集成，达到可管、可控、可调整、可优化、

可提升的改进效果。

3. 以客户需求为导向的"资源配置精细化、业务流程闭环化、客户价值可视化"的内部组织协作效率提升要求

取得突破性业务发展的三个关键要素就是客户需求可描述、资源配置可衡量、业务流程可管理；这三个要素之间的关系是：不能描述，就不能衡量，不能衡量就不明就理，不明就理就无法管理，或不能有效管理，那么各个责任主体之间的协作效率将大打折扣，导致企业内部各部门 $1+1+\cdots+1 < N$ 的局面出现。内部组织协作效率的提升要求集中统一的 IT 系统对业务流程系统化、责任主体匹配、客户价值可视化有效支撑，亟须从业务层面和系统层面实现对于现有管理体系的优化和提升。

(二) 举措

1. 省公司对地市分公司运营资源梯度配置办法

遵循业务成本与收入的非线性关联关系，打破传统、固化的资源分配模式对生产力的限制，ABC 公司建立了与不同收入规模下相适配的资源联动分配规则，为各地市分公司解开了束缚与禁锢，激发了活力与生产力。

ABC 公司将营业费用、管理费用预算划分为刚性预算、增量联动预算、机动预算三部分；将人工成本预算划分为刚性预算、增量联动预算两部分；对网络运营成本仅设置刚性预算进行刚性控制，其中增量联动预算与增量收入挂钩、机动预算满足临时性、阶段性、突发性需求。

增量目标：以各业务单元所认领增量收入作为考核目标值。

刚性预算：为省公司下达的各业务单元营业费用占收比、管理费用、人工成本、网运成本刚性预算目标值。

联动预算：按照总体预算，结合业务实际，ABC 公司专项拨出 * 万元营业费用（* 万元广告宣传费、* 万元维系挽留费）、* 万元管理费用、* 万元人工成本等价值驱动力强的资源作为与增量目标相匹配的联动资源。

机动预算：ABC 公司在下达的预算范围内核定一定比例或金额的预算进行机动分配。机动预算的使用范围为市公司层面所开展的专项促销奖励政策及对内对外联谊所产生的费用。

资源梯度配置逻辑如图 7.4 所示：

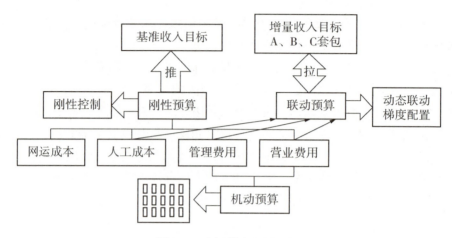

图7.4 资源梯度配置逻辑

在上述原则下，再按以下模型确定梯度配置规则：

（1）设定收入增长目标和利润增长目标。

以目标收入的0.5%、1%及1.5%作为增量收入的挑战目标，设置A、B、C三类飞越计划，同时按增量收入的10%匹配利润目标。

（2）设定增量联动资源匹配系数，如表7.8所示。

表7.8 增量联动资源匹配系数

计划	增量收入占比目标	认购收入任务	认购准利润任务	考核系数		
				营业费用	管理费用	人工成本
达标后激励	基准收入预算完成率高于100%且完成基准准利润预算进行一次性激励					
飞越C计划	0.50%	基准收入×0.5%	认购收入×10%	50%	5%	15%
飞越B计划	1%	基准收入×0.5%		50%	5%	15%
		基准收入×0.5%		60%	6%	18%
飞越A计划	1.50%	基准收入×0.5%		50%	5%	15%
		基准收入×0.5%		60%	6%	18%
		基准收入×0.5%		70%	7%	20%

根据飞越计划设置的等级，对营业费用、管理费用、人工成本设立对应计划收入完成比率的梯度正向调节系数。

(3) 设定配置模型。

1) 增量联动资源采用全额累进比率分级进行确定，即对实际收入与基准收入的差额在档内按收入任务的划分等级作为分级资源奖励基数，也即：

本档资源奖励基数 = 实际完成收入 − 基准收入

2) 价值贡献系数。为了保障公司整体价值目标，将所认购的利润目标完成率作为计算联动资源的调节因子，设置价值贡献系数，如表7.9所示。

利润目标完成率（Y） = 实际完成准利润/（基准利润预算 + 增量利润预算）

表7.9 价值贡献系数

准利润目标完成率	价值贡献系数
$Y < 90\%$	0.1
$90 < = Y < 100$	0.8
$100 < = Y < 110$	1.1
$Y > = 110\%$	1.5

3) 计算公式。以资源奖励基数、分档奖励系数、价值贡献系数作为计算因子进行相乘得出联动资源奖励额度：营业费用奖励额 =（本档资源奖励基数 × 本档营业费用考核系数）× 价值贡献系数。人工成本奖励额 =（本档资源奖励基数 × 本档人工成本考核系数）× 价值贡献系数。管理费用奖励额 =（本档资源奖励基数 × 本档管理费用考核系数）× 价值贡献系数。

(4) 建立增量预算认购机制。

以增量预算认购方式，鼓励各分公司引导资源向高价值、高能力的业务单元流动，全面提升收入水平与经营业绩。各业务单元所认领的飞越计划，将作为季度考核、半年调整、年末清算的依据。

(5) 建立动态调整机制。

1) 激励机制。为提高资源配置的有效性，提高各分公司对业绩的全程管控能力，实现收入与准利润的同匹配增长，杜绝以成本换收入的低效经营手段，逐步提升市场拓展能力及公司内部管理效能，针对增量收入的不同完成情况设置相应的奖励方案。超档次完成收入计划：如分公司实际完成收入超越所认领飞越计划额度，其超出部分的收入按本档最高奖励系数计算联动资源奖励额度。未完成认领收入计划：如分公司实际完成收入未达到所认领飞越计划额度，仍按照其实际增收完成情况分级进行奖励。

2）预配机制。为实现资源的早到位、早投入，根据分公司所认领飞越计划预拨营业费用与管理费用，预配金额为本档标准联动资源额度的30%，即：预配额度＝本档资源奖励基数×本档项目奖励系数×30%。

3）季度考核。每季度对各分公司认购计划的完成情况进行测算，根据结果进行预配资源的动态调整。

4）半年调整机制。半年度，鼓励业绩超认购计划完成的分公司主动调整至高一级的飞越计划目标，挑战更高的收入获取更多的预配资源，同时对奖励结果进行兑现。

5）年度清算。年度末，结合各分公司认领计划的完成情况进行营业费用、管理费用及人工成本的全面清算，并将清算结果应用到下一年度的预算分配中。实例：A分公司一季度预算收入××亿元，准利润目标完成率100%，则其分别认购A/B/C计划下所得奖励如表7.10所示。

表7.10 奖励测算

项目	原预算收入	认购后预算收入	增量收入	增幅	假设认购准利润目标完成任务率	营业费用	管理费用	人工成本	合计	成本占比
飞越C计划	—	—	—	0.5%	100%	—	—	—	—	—
飞越B计划	—	—	—	1%		—	—	—	—	—
飞越A计划	—	—	—	1.5%		—	—	—	—	—

2. 地市公司对基层业务单元营销资源的配置办法

ABC公司基于问题导向，通过压缩转化保障性资源和钝化型成本的投放，打破预算围墙和会计科目围墙，面向基层单元，将资源配置体系由分配制转向获取制，促进基层活力的激发。在新体系下，资源配置遵循"上定规则、不动资源，下动资源、不动现金"的总体要求，在规则范围内，由基层单元凭能力开放式获取、上不封顶、实时动态结算，并透明展示各基层单元的资源获取情况、应用情况、结余情况和使用效能。经过数年的实践，ABC公司进一步将资源配置体系确立为以"获取制"为核心，以"项目制"为补充，以"三分一联动"为基本框架，即分类定策略、分类定系数、分季定价格、薪酬包与资源包联动。

（1）分类定策略：继续坚持"资源杠杆作用最大化"的配置目标。对公众市场，发展量和收入均按一定标准折算为积分，资源按基于积分的获取制配给；对细分市场，按双轨制配给即以基于单个客户价值贡献的获取制为主，辅以重大订单按项目制一事一议配给。

1）获取制。①适用范围：满足基层业务单元正常生产经营所必需的营销和管理类资源，包括但不限于物料费、促销费、维系费；车辆费、办公费、招待费等自主费用，不包含专项奖励、专门激励等阶段性或一次性资源。获取资源等于新发展用户有效积分乘以积分单价乘以收入完成率系数乘以价值系数。对于基层业务单元预算内的获取制资源，事前自主决策，无须经过区分和专业部门审批；事后由基层业务单元自主审批后，交财务部复核付款。②基本原则主要有以下四点：第一，由内部管理导向向客户需求导向和价值提升导向转变变分配制为获取制。对常规性资源按照开放式获取、上不封顶、动态结算的原则进行配置。资源与发展量、质量、收入、利润强关联，以积分为结算基础，同时结合收入完成率、价值评价结果予以调节。第二，由层层分解、层层下达向"简平快透"一键式（发出一个电脑指令即可运算完成）纵向到底转变，主要体现为以下五点：一是导向简明，收入、用户、价值三个导向；二是指标简化，积分、收入完成率、价值贡献度三个指标；三是规则简单、三个变量：积分乘以单价，加乘收入系数和价值系数；四是管理简约、三个单列：公摊成本，预算单列、数据单列、管理单列；阶段性、一次性费用，预算单列、数据单列、管理单列；ICT作为新领域，资源单列、数据单列、管理单列；五是数据集约、三个透明：数据源透明、规则透明、结果透明。与资源配置相关的数据源、结算规则、结算结果全透明地展示到资源配置平台。取消任何形式的分配制。第三，费用项目由三级颗粒向二级颗粒转变，支撑集约。在基层业务单元层面，资源的表现形式只有"拓展费"，其相关联的会计科目由基层业务支撑岗负责根据业务实质进行处理。基层业务单元每月根据真实业务提交发票，基层业务支撑岗收到发票后一周内完成全部报销流程。第四，为确保财经纪律挺在前面、严格遵守，确保放而不乱，确保资源的有效性，特别强调"三严禁、两严格"的刚性管理要求。一是严禁更改统一的营销政策。基层业务单元无权更改统一的终端补贴、渠道佣金、话费补贴、产品折扣等营销政策。二是严禁将下沉资源用于非收入相关性项目支出，否则按三倍计算考核成本。三是严禁出现未按期入账的账外成本，否则将按实际未入账金额的双倍计算考核成本。四是严格执行民主集中制和费用台账管理制度。费用报销需三人以上会签，团队人数低于三人的，由全体成员会签；所有支出必须及时、真实、准确、完整地记录在《基层业务单元费用管理台账》上，每月交由市公司财务部复核。未严格执行的，收回费用自主管理权限。五是严格依托内部电子商城采购物料。费用中凡涉及物料购买的，必须通过内部电子商城进行采购，否则双倍计算考核成本。未严格执行的，收回物料自主采购权限。

2）项目制。①适用范围：非常规、阶段性、临时性项目所需的营销和管理类资源。例如，阶段性营销活动：新春拦截特别行动、红九月专项活动、百日奋战专项活动、新业务转型攻坚活动等，节假日主题营销活动，弱项指标专项提升活动，针对单一渠道的产能提升活动，针对单一产品或大客户的推广活动。②总体原则：根据客户价值贡献潜力、战略意义或项目效益，采用"一事一议"的项目制方式配置资源，不进行年度预算，由重大项目保障委员会按实行情况逐项定数，上不封顶。③管理流程：由业务牵头部门线下提交《活动方案》《效益测算表》，经重大项目保障委员会评审通过后实施。首先，预算核拨，经重大项目保障委员会评审通过的项目，若涉及费用预算，在资源配置平台发起《费用预算申请工单》，费用归口部门根据审批后的工单调整预算。其次，责任闭环，由财务部登记《营销及激励政策前测后评管理台账》，每月根据台账中确定的时间计划安排执行后评估，形成政策后评估分析报告。每月末，根据产品后评估分析报告，对报告中体现的用户及渠道管理短板、盈利能力不足、存在前测与后评重大偏差的政策提出整改督办，督办内容中明确整改要点、责任人、整改时间和必须达到的效果等，通过资源配置平台发起督办单至政策制定人进行整改，政策制定人收到《政策后评估分析报告》和督办事项后三个工作日内回复反馈意见和下一步工作计划。

（2）分类定系数。

1）拓展费。公众市场与细分市场的拓展费，既关联收入完成系数，也关联准利润完成系数，还关联营销渠道价值贡献系数。一是收入系数，采用动态方案确定系数，方案一为：当整体收入完成率高于90%时，对于收入完成率在100%及以上按1.2倍配置，95%～100%按1倍配置，95%及以下按0.8倍配置。当整体收入出现较大偏离，且整体收入完成率低于90%时，启动方案二，即对于收入完成率在专业线排名前五名按1.2倍配置，排名中间按1倍配置，排名后五名按0.8倍配置。二是价值贡献系数，以各专业线准利润完成情况进行排名，专业线排名前30%按1.2倍配置资源，专业排名中间40%按1倍配置，专业线排名后30%按0.8倍配置。三是渠道价值贡献系数，以各营销渠道价值贡献大小按1.5、1.2、1、0.8分四个梯度配置。

2）维系费。对于细分市场，在拓展费之外配置的维系费，关联存量收入系数与单用户价值调节系数。首先根据全年资源总额和存量收入规模核定维系费配比率；其次基于资源配置平台收入贡献表、资源消耗表和综合绩效表按月对名单制大客户进行价值评价，用以确定单用户价值调节系数，具体为按照名单制客户的收入利润率、投资回报率、投资回收期等指标，定义出高、中、低价值三类客户，其中，高价值客户按1.2倍配置资源、中价值客户按1倍配置、攻坚型客户按0.8倍配置。

（3）分季定价格：各基层单元资源单价的确定遵循淡旺季规律，旺季多配、淡季少配，同时结合发展量模型和用户质量模型，按照全年资源总额和发展任务目标计算资源单价。资源单价等于总体获取制资源总额除以总体发展量积分。

（4）资源包与薪酬包的联动：建立资源包与薪酬包的联动机制，明确各渠道户均成本目标值区间，当激励成本加大投入时，资源成本减少投入；当资源成本加大投入时，激励成本减少投入，资源包和薪酬包总和在户均成本目标值区间浮动。

同时ABC公司配套IT系统支撑，开发基于价值管理的资源配置平台，为公司资源配置提供自动化、透明化、高效化支撑。资源配置平台整合了营服中心对数据流、物流、资金流等方面的需求，由市公司集约化供给，能充分满足一线对数据的需求，第一时间解决服务与支撑效率问题，为一线经营提供有力支撑、松绑减负。

（三）成效

ABC公司以"获取制"为核心，以"项目制"为补充，重新定义资源配置逻辑，形成资源配置新体系。促进复杂工作简单化、简单工作标准化、标准工作流程化、流程管理工单化。通过梯度联动机制，既保证了预算的刚性，也增强了预算的灵活性，提高了预算与市场的契合度。同时，通过分类定策略，促进高价值资源向高价值产品、渠道和团队倾斜；通过分类定系数,促进资源向重点市场倾斜;通过分季定价格,促进资源向旺季集中;通过资源与薪酬联动,促进资源在内部流动、避开会计政策对企业运营的捆绑。通过"三分一联动",资源杠杆作用大幅度提升,增量资源投产比由16∶1提高到23∶1。同时,通过资源自主使用促进了资源节约,×年仅广告宣传物料的浪费就减少150吨,占全部广告宣传费的四分之一;通过可控费用全面下沉,有效激发了基层业务单元活力。将资源配置的全过程通过工单进行管理,同时工单流转效率提升50%以上,单个工单由过去经历8环节、平均用时19天,归并整合为5.5个环节、平均用时6天,压缩率达68%,保障了资源快速、透明地到达一线。

第八章 基于价值管理的投资管理

尽管在第七章中已阐述了资源配置的基本原则和方法,我仍然决定用一章的篇幅进一步解构投资管理,原因有二:一是投资决定了通信企业三分之一的成本构成,且一经形成就不可逆转;二是在通信企业,都认为投资管理很重要,事实上重视程度并不够。

第一节 通信企业投资管理概述

一、通信企业投资的特征

企业投资,是企业为获取未来长期收益而向一定对象投放资金的经济行为。例如,购建厂房设备、购买股票债券等经济行为,均属于投资行为。

通信企业属于资产密集型的服务企业。从狭义角度看,通信企业的投资是指为了满足日益增长的消费需求,在一定时间内增加通信网络等固定资产的投资,形成企业的服务能力,以扩大服务容量、增加服务种类、提升服务质量、取得未来盈利的经济活动。

通信企业投资具有以下两个显著特征:一是属于企业的战略性决策。通信企业的投资多是以项目投资形式存在,多是对固定资产的投资,具有投资周期长、投资数额巨大、投资项目的替代性差、风险大的特点。投资周期一般以年为单位计量,投资金额往往高达数百亿元甚至更多,资金筹集和现金流管理具有很大挑战性。投资项目一旦开始实施,即使在过程中发现投资有误或者有更好的投资机会,重新调整投资行为也比较困难,存在较大的不可逆性。因此,在投资前要综合考虑技术演进等多种因素,避免投资失误造成企业重大损失。此外,投资过程中涉及诸多重大复杂的变量,风险性很大,没有进行健全的风险管理会带来很大隐患。二是属于企业的系统性工程。通信企业的网络具有全程全网、联合作业的特征，非常庞大和复杂，任何一个终端都可以通过网络互相链接。投资项目按专业可分为移动网、传输网、局机房、土建，按对象可分为政企客户固网投资、公众固网投资、移动网络投资。不同网络之间的结构设置是否合理，网络布局是否恰当，网络运营是否经济高效是投资前重点要考虑的问题。

二、通信企业投资管理的含义和原则

（一）投资管理的含义

投资管理是对证券及资产的金融服务，通过对投资对象的管理，以投资者利益出发并达成投资目标。我国通信企业因其国有性质，投资管理受到很大的限制。我国通信企业的投资管理基本上是指投资项目管理。

通信企业投资管理是对投资项目所涉及的所有工作进行计划、组织、控制、协调，以达到保证投资项目质量、缩短工期、减少投入、提高投资效益的目的。包括：①项目方向评估：市场需求和投资项目的可行性研究；②项目价值评估：建设条件、技术可行性、经济效益评估、融资、风险评估、国民经济评估；③项目资金保障性评估：资金来源、资金成本等；④项目过程管理：设计、融资、招标、合同、监理、验收等环节的管理；⑤项目后期管理：转固定资产、效益评价、责任考核等。

（二）通信企业投资管理的原则

1. 可行性分析原则

投资的可行性分析是通过对项目的技术先进性、经济合理性、建设可能性进行分析比较，以确定该项目是否值得投资、规模有多大、建设时间和投资进度如何安排、采用哪种技术方案最合理等，为决策提供可靠的依据。主要包括环境可行性、市场可行性、技术可行性、财务可行性分析等。

2. 结构平衡原则

通信企业投资项目占用资金比较大，对资金的流动性影响深远，故在保持合理的资本与资金结构的基础上，多渠道融资筹资、多法并举安排资金调度显得尤为重要。需重点把握好生产能力与经营规模的平衡关系、资金来源与资金运用的匹配关系、固定资金与流动资金的配套关系、长期借款与短期借款的组合关系、投资进度和资金供应的协调关系等。只有遵循结构平衡的原则，才能利用最小的资本成本保障投资项目顺利实施。

3. 价值评估与闭环管理原则

通信企业投资项目的局部性、阶段性，与通信企业投资的战略性、系统性既相互统一，也相互冲突，存在必然矛盾。为了解决这个矛盾，就必须对每个投资项目进行价值评估。价值评估从两个方面开展，一是事前的价值测算，二是事后的价值评价，简称前测后评。有前测必有后评，且后评不达标必追究，确保投资项目管理过程闭环。

第二节 通信企业的投资管理方法

一、基于价值管理的投资管理驱动要素

投资管理是五大驱动因素中资源配置的一个分支，遵循价值管理方法，同样需要梳理一级驱动要素和二级驱动要素，设计长期、短期关键举措，形成投资价值管理逻辑图。投资价值管理的一级驱动要素是商业战略管理支撑、规划设计、前评估、立项/可研、采购管理、工程物资管理、实施设计、建设管理、验收交付和项目后评价。投资价值管理逻辑图如图8.1所示。

二、基于价值管理的投资管理关键举措

第一，商业战略关键举措包括构筑多网融合、协同、一体化的网络投资，投资合作模式创新，新技术应用，建立战略性的商业伙伴关系，逐步提升核心物业自有化比例，加强物业购置的战略性考虑。

第二，管理支撑包括建立网络规划与市场规划的协同机制并检验其趋准性；建立常态化项目信息管理机制；改善需求预测流程、技术和工具；改善能力规划流程、技术和工具；优化投资决策机制，梳理现有资源信息与管理目标的差距；建立量化的信息化投资前测后评机制，重点关注其效益；建立量化的网络优化投资前测后评机制。

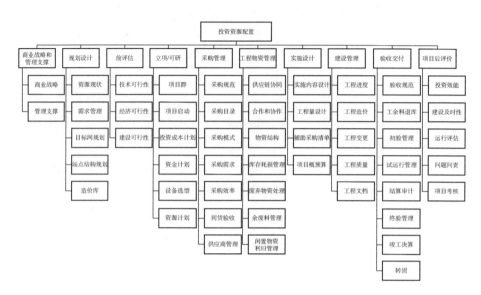

图 8.1　投资管理战略地图

第三，规划设计包括资源现状分析和需求管理、目标网规划、站点结构规划、造价库构建等。

一是资源现状分析主要分析现有网络资源布局、网络规模现状、覆盖现状，对站点网络进行重新评估，梳理亟待解决的问题，分析竞争对手网络布局，分析现有网络资源利用率。

二是需求管理主要是综合考虑资源利用率合理水平以及满足市场需求等因素。主要有分不同专业对项目需求进行把控；关注投资需求与业务发展战略战术的一致性；机制上保障回收周期长的业务发展战略性需求，平衡短平快项目需求；聚焦高密度小区、光纤到达区、商务楼宇的宽带需求；分析目标市场需求与现网服务能力之间的适配关系；分析客户对固网覆盖和无线网络覆盖的投诉要求；关注重要级别客户的投诉需求；根据企业网络发展战略、全程全网等整体性要求，分层级、分优先级明确无线网络布局目标及计划；增强在重点地区、重点客户的网络广度与深度覆盖；摸清现有局房布局短板，结合企业战略明确局房布局目标及计划；从机制上保障网优部门在规划环节的深度参与；在网络优化支出与网络投资支出间平衡需求；结合资源利用率、投资创收能力、增量资源配置等因素，动态分配各组织、各专业的投资额度；对需求进行优先级管理；建立逐项、逐站复核的需求管理原则及责任机制;提高因市场业务需求增长而发生的扩容类需求的准确性;提升因门限预警而发生的扩容类需求的推进效率。

三是目标网规划主要为建立网格、区县、地市、省份等分层级项目库;建立定期(分季)修正的动态名单制管理机制;建立分维度、分层级的名单制准确性管理机制;优先保障优先级高的规划目标,并制定清晰的实现路径;与业务价值区域划分结合,向高价值区域倾斜;对拆站高风险区域进行分析;全视角开展核心项目的战略布局(如核心机房、核心营业厅等)并进行结构优化;强化对规划审批的时效性,对规划编制的有效性进行把控;根据网络布局要求、项目安排标准、分地市投资上限筛选需求形成规划项目;以发展目标为基础,保持各专业投资的合理比例。

四是站点结构规划主要为以客户需要、业务需要、可使用物业为基础,优化新建的一体化基站比例;合理规划不同类型站点的配置;制订核心站点(如核心机房、核心营业厅)物业自有化的阶段性目标及实现路径。

五是造价库构建主要为考虑地域水平地理环境等因素,构建分项目类型、分场景的本地网造价信息库、建立共享的造价信息化平台,分类对标,对投资造价进行有效控制;依据造价库信息估算项目储备信息中的综合造价;根据综合造价与端口规模,估算投资规模,提高投资造价精准性,避免投资留有余地。

第四,前评估包括管理支撑及技术可行性、经济可行性、建设可行性评估。管理支撑主要是建立投资前测的常规性机制与流程,建立由独立专家团队组成的评估小组;技术可行性主要是分专业进行技术可行性评估,将同类设备的历史表现作为评估设备性能、能耗的参考依据,对新技术应用进行可行性评估;对一体化基站使用进行评估,从规模、布局和重要网络参数等角度评估方案合理性;经济可行性主要是分专业、分场景设置投资回收期等指标标杆值并逐项审核,评估分三个月、六个月、十二个月等阶段的达产目标,评估分阶段业务量目标、用电类型、租赁成本、单项投资收益、投资及连带产品拓展的综合收益、项目覆盖区域网格价值等;建设可行性主要是评估基站、宽带接入等项目与城市现有及未来规划的适配度、基站建设区域周边居民的敏感性(防止进度滞后、拆除、迁改等风险)、物业的可使用性等,提高废旧物资利用率高的投资项目的评分权重,关注地质因素、环境因素等外部客观条件。

第五,立项/可研包括管理支撑、项目群、项目启动、投资成本计划、资金计划、设备选型、资源计划。管理支撑主要是建立分层级、分类型的项目立项批复授权机制；建立立项审批分层责任机制；完善项目立项过程管理规范；优化立项审批流程及系统支撑。关注超投资问题，可研项目不可超投资计划，投资额严格控制在可研范围内，关注项目批复前提前施工问题，对新购设备清单进行复核，设备利旧编制入可研报告，对立项报告与项目建议书分类制订标准化版本，分类确定立项报告与项目建议书中各专业、各层级审核要点，提升审批效率。项目启动主要是按照项目安排标准设定项目启动条件，符合一批，启动一批。投资成本计划主要是分解年度投资成本计划。根据建设方式、能力规模、造价库信息，形成细化的项目估算。严格区分资本性支出与经营性支出，提高成本归集准确性，关注物资利旧问题以节约投资成本，复核单项及累计投资计划是否在预算范围内，是否存在超投资现象。资金计划主要是结合项目成本计划，合理预估资金总额，提高资金预算的精准度；根据工程进度计划制订匹配的资金需求计划。设备选型主要是编制主设备清单，为项目采购提供依据，关注节能型的设备的选用，关注利旧设备的选用。资源计划主要是实现物资账实与项目实施的协同更新，对于宽带接入项目与大客户接入项目，各业务部门及区域分公司必须按照市场勘查及业务签约等情况如实填报投资项目效益评估，公司根据新建项目达产情况，动态配置投资。

第六，采购管理包括管理支撑、采购规范、采购模式、采购需求、采购效率、到货验收。管理支撑主要是改善采购绩效管理的方法和工具，建立可视化的采购进程展示平台，采用可视化的采购系统对采购价格进行管理。采购规范主要是推动落实采购招投标管理规范。强化采购合同中对设备维保条款的管理；采购模式主要通过横纵向收敛来提高采购效率：将无线移动网、配套接入传输等专业纳入产品式集采范围；对于个性化较强，不满足统一标准，设备需要定制或涉及设备厂商调整的扩容项目和新建项目，如平台类项目，采用项目式集采方式。采购需求主要是强化采购需求精准度常态化分析，优先使用库存中已有的设备，优化采购需求预测模式，建立采购需求责任机制。采购效率主要是建立供应商战略级协作机制，主要设备和材料的库存前置，缩短从订单下达到设备到货时间，严格按照采购合同规定的时限执行；专人跟进设备到货效率。到货验收主要是加强工程物资验收模式分析与优化，工程物资货到仓库和货到现场模式分类对比分析。

第七，工程物资管理包括管理支撑、供应链协同、合作和协作、物资结构、库存耗损管理、余废料管理、闲置物资利旧管理、工程库存物资管理、资产减值准备。管理支撑主要是制定物资精细化管理，定期检查管理制度的执行，系统化全视图展示物资的动态流动，优化物资调拨流程，完善工程退货流程。供应链协同主要是安全库存管理，改进经济批量采购模型，优化对即时采购的使用，合理化订单数量和时点，改进物流和分销的效率，合理利用供应商库位。合作和协作主要是改善与供应商或商业伙伴的合作，加快付款进度，缩短付款周期。物资结构管理主要是增加对通用材料使用的重视，制定电缆、光缆、通用设备安全库存，建立库存预警机制。库存耗损管理主要是制定耗损定期鉴定及责任追究机制，对损耗进行计划管理，定期检查仓库防火、防水、防风、防盗制度落实情况，责任落实到人，出现物资损耗，追究责任人的责任；废弃物资处理主要是设立废弃物资专家鉴定小组，建立落实废弃物资常规性清理机制，建立落实废弃物资责任追究机制。余废料管理主要是工程初验前实现100%余废料退库，加强对项目初验前工程物资退货管理。闲置物资利旧管理主要是盘活闲置工程物资，优化闲置物资调拨流程，界面化展示物资性能及闲置状态。工程库存物资管理主要推进对超库龄工程物资的盘活、清理。资产减值准备主要关注资产减值损失风险；强化物资采购限期内使用及责任追究；强化资产阶段性鉴定工作。

第八，实施设计包括实施内容设计、工程量设计、辅助采购清单、项目概预算。实施内容设计关键措施包括注重实施内容清晰化，进行详细的施工图设计。工程量设计关键措施包括合理编制工程量。辅助采购清单关键措施包括优化辅助设备采购清单，关注利旧设备及物料的使用。项目概预算关键措施包括精准编制项目概预算。

第九，建设管理包括管理支撑、工程进度、工程造价、工程变更、建设安全风险、工程质量、合作与协作、工程问题、重大事项、工程文档。管理支撑主要是保持关键工程建设人员的稳定性，通过系统来支撑工程质量检查，确保对工程建设人员培训的频次和质量。工程进度主要是加强工程时间进度、工作量进度、成本进度的管控；按月对工程时间进度、工作量进度进行偏离性分析，及时纠正滞后偏差，建立工程进度考核机制，并将考核结果应用于施工方结算，及时提供工程进度资料到财务部进行入账，确保账实相符。工程造价主要是严格按施工图设计执行以保障工程造价符合预期；对施工过程中影响工程造价的因素进行分析与管控，在保证质量情况下建立成本最低模式，建立工程建设用料的标准化和领用管理机制；工程变更主要是建立落实工程变更审批机制。建设安全风险主要是建立安全生产责任机制，对内部人员、外部合作单位的安全责任进行界定，在执行过程中严格落实并进行过程记录，建立常态化安全措施保障机制及检查机制，建立安全责任考核机制，将考核结果进行应用。工程质量主要是建立工程质量检查考核机制，明确内部人员及施工单位、监理机构的质量责任、检查频次、检查方式等，将考核结果应用于合作商评价及付款结算，利用信息化手段支撑对监理巡检的管理。合作与协作主要是对外合作模式创新，三化合作模式的推进，供应商合作零库存模式的推进。重大事项主要包括将无法解决的重大问题上升至上级主管，协调上级资源解决。工程文档主要对工程过程文档按照时间分类归档。

第十，验收交付包括验收规范、工余料退库、初验管理、转资管理、试运行管理、结算审计、终验管理、竣工决算、转固。验收规范包括完善交工验收管理规范。工余料退库包括完善工余料退库管理规范。初验管理包括基于项目、子项目和单项工程维度进行初验，工程完工后符合验收要求的项目在十天内组织初验。转资管理包括完善资产交付清单，推进转资进度；关键措施包括及时交付转资资料确保账实相符。试运行管理包括保障入网技术验收及试运行质量。结算审计包括基于合同维度进行审计结算；提升结算审核时效。终验管理包括初验批复后3个月内完成工程终验，加强建设内容与立项可研批复内容的一致性评价，完成债权债务清理。竣工决算包括初验后进行项目决算编制，提高项目决算效率；完善竣工决算报告。转固包括加强竣工决算项目转固的及时性。

第十一，项目后评价包括管理支撑、实际投资的准确性、投资效能、建设及时性、运行评估、问题问责、项目考核、项目经验总结。管理支撑包括建立项目后评估长效机制，推动落实后评价规范管理办法，开展后评价，结合投资责任体系，确保各环节尽职，实现过程可控可管，将评价工作与投资日常管理相结合。实际投资的准确性包括评估公众客户接入工程、政企客户接入工程和移动网络项目工程实际投资与投资预算比；投资效能包括评估项目的投资增收情况、宽固业务项目静态投资回收期、移动业务项目的投资回收期、客户工程投资效能评价等。建设及时性包括评估项目建设完成的及时性。运行评估包括评估网络表现、设备稳定性、设备的能耗成本；问题问责主要是加强对问题的逐环节追溯，明确责任人，针对后评价所反映出的问题，在当月后评价报告中明确责任单位及责任人，并在后续评价中跟进问题解决情况，实行按月度考核、按季度问责，追责本着"谁投资、谁负责，谁主管、谁负责"的原则。项目考核包括跟进后评价结果运用及效果。项目经验总结包括总结和推广优秀项目经验，编制后评价报告。

上述关键举措中，第四和第十一是战略环节，在日常工作中统称为"前测后评"，是本章要讨论的重点。

第三节 通信企业投资价值前测后评方法应用

一、通信企业投资价值评价的意义

通信企业投资价值评价是确保投资价值最大化的充要条件。

在通信业大发展阶段，相当长的时期内处于卖方市场，由供给侧带动需求，只要投资就不愁没有市场，只要有市场就一定有效益。随着近年大众通信市场竞争的加剧，情况开始转变，并非所有市场都能有收益，大众通信已是微利市场。但另一方面，产业互联网蓬勃发展，政企客户（指政府和企业客户，相对家庭客户和个人客户而言，本书中均简称为"政企客户"）的个性化需求越来越多，政企客户订单也随之增多。在满足全程全网的技术要求下，如何通过精准投资保障回报率，成了企业迫切需要关注并解决的问题。

在价值管理框架内，投资需遵循效益和效率相结合、责任与权利对等的要求，必须以市场为导向，效益与可持续发展优先，兼顾市场响应效率，精准投资。意即，鉴于投资资源的稀缺性，促使我们必须将有限的投资向回报率高的营销组织倾斜、向创造价值大的项目倾斜，而要实现这种资源配置效果，必须开展投资价值的"前测后评"工作。

二、政企客户固网投资价值评价方法

提高政企客户固网工程项目投资的精准度与有效性，必须先准确评价政企客户工程项目投资的可行性、效益性，具体做法是充分考量政企客户固网工程项目投资的独特性，聚焦战略方向、业务需求、综合效益三维度共十个

指标进行分析评估，如图 8.2 所示。

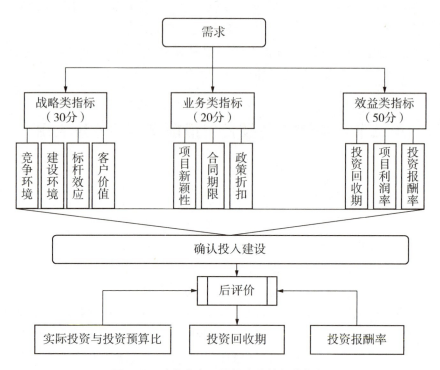

图 8.2　政企客户固网投资价值评价框架

基本的工作程序为：各需求单位根据业务发展需要提出需求，填写《政企客户项目价值评估表》并发起审批工单；工程实施前，根据各部门分工组织评审，对投资的相关信息审核，重点把控各项指标合理性、真实性，若综合评价未通过审核，直接否定，具体评分指标与规则如表 8.1 所示；项目验收完毕后第六个月、第十二个月进行项目的后评价及通报，具体评分指标与规则如表 8.2 所示，后评价结果应用于各部门 KPI 考核中。

表 8.1 政企客户固网工程投资前评分规则

指标和得分	因子和得分	具体因子和得分
战略类指标（30 分）	竞争环境（8 分）	新拓展客户 4 分、存量客户 6 分、策反客户 8 分
	建设环境（2 分）	附近 1 公里内存在线路资源 1 分
	标杆效应（10 分）	机械制造、民生服务、商务服务 2 分，城建房产、能源化工 4 分，科教文卫 6 分，金融行业客户 8 分，党政军客户 10 分
	客户价值（10 分）	商务客户（0, 3000 元] 4 分、三星级客户（3000 元, 10000 元] 6 分、四星级客户（10000 元, 30000 元] 8 分、五星级客户（30000 元, ∞) 10 分
业务类指标（20 分）	项目新颖性（5 分）	新创项目，是：5 分，否：3 分
	合同期限（5 分）	合同期限，(0, 2 年) 得 0 分、[2, 3 年) 得 1 分、[3 年, 5 年) 得 3 分、[5 年, ∞) 得 5 分
	政策折扣（10 分）	资费折扣率，(50, 100%) 得 0 分、(30%, 50%] 得 3 分、(10%, 30%] 得 6 分、(0, 10%] 得 10 分
效益类指标（50 分）	投资回收期（年）（10 分）	投资回收期，(5 年, ∞) 得 0 分、(4 年, 5 年] 得 4 分、(2.5 年, 4 年] 得 7 分、(0, 2.5 年] 得 10 分
	合同期内项目利润率（20 分）	公式为合同期内项目利润/合同期总收入*100% 利润率，(-∞, 0] 不得分、(0, 5%] 得 5 分、(5%, 10%] 得 10 分、(10%, 20%] 得 15 分、(20%, ∞) 得 20 分
	投资报酬率（20 分）	公式为合同期内项目利润/投资总额*100% 投资报酬率，(-∞, 5%) 不得分、[5, 10%) 得 10 分、[10%, 20%) 得 15 分、[20%, ∞) 得 20 分

得分汇总：总评价得分高于 75 分，则审核通过，但还需结合投资计划安排来最终确定是否实施

表8.2 政企客户固网工程投资后评价规则

评价指标	说明	计算规则	实际值	对比
实际投资与投资预算比	实际投资与投资预算对比，评价实际投资的准确性	K =（实际投资/投资预算）- 1 若 K ≤ 0，则为完全符合；若 0 < K ≤ 10%，则为基本符合；若 K > 10%，则为不符合		
静态投资回收期	实际静态投资回收期与预测静态投资回收期对比	K =（实际静态投资回收期/预测静态投资回收期）- 1		
	实际静态投资回收期 =（实际投资总额 * 已使用月数/合同期数）/累计出账收入	若 K ≤ 0，则为优；若 0 < K < 0.5，则为中；若 0.5 ≥ K，则为差		
投资报酬率	实际投资报酬率与预测投资报酬率对比	K = 实际投资报酬率/预测投资报酬率		
	实际投资报酬率 = 项目实际利润/实际投资	若 K ≤ 0.5，则为不符合；若 0.5 < K < 1，则为基本符合；若 1 ≤ K，则为完全符合		

三、公众固网投资价值评价方法

公众市场客户接入工程投资价值评价方法适用于公众市场新建资源分配，框架如图8.3所示。

首先各需求单位根据业务发展需要提出需求，填写《××公司客户工程项目评估及立项申请表》并发起审批工单；由归口管理部门对投资需求进行审核，尤其是对投资方案中各项评价指标的真实性、合理性进行组织评审；若真实性、合理性未通过审核，直接否定。具体评分规则如表8.3所示。

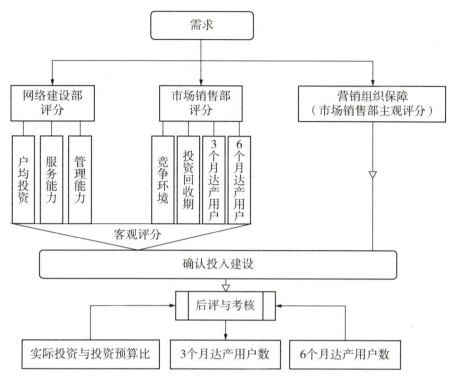

图 8.3 公众固网投资价值评价框架

表 8.3 公众固网工程投资前评分规则

指标	指标定义	得分规则
户均投资（15 分）	单位用户投资	与标杆值进行对比，等于或低于标杆值得满分，高出标杆值线性减分。得分＝标准分×（标杆值/户均投资预算），15 分封顶
服务能力（5 分）	建设完工及时率	以网络建设部每月通报累计数据为准，若无法细分到网格，则取区域分公司完工及时率。得分＝标准分×截至上月累计完工率
管理能力（10 分）	需求单位所在网格在上月总端口利用率	计算规则：按总端口使用率与标杆值的计算，标杆值是全市平均水平。得分＝标准分×（需求单位的总端口利用率/标杆值），10 分封顶

续上表

指标	指标定义	得分规则
竞争环境（3分）	根据竞争程度确定得分，竞争越激烈分值越低	满分3分，每存在一家运营商有竞争套餐减0.5分，每存在一家代理商负责拓展业务减0.5分，减至0分为止
投资回收期（15分）	全部收回投资额所需的时间	与标杆值（2.5年）进行对比，高出或等于标杆值得零分，低于标杆值线性计分。得分 = 标准分 × （1 - 投资回收期/2.5年），15分封顶
开通后3个月达产率（25分）	指标定义：建设开通后3个月内预测达到的达产率	与标杆值进行对比，高于或等于标杆值得满分，低于标杆值线性减分。得分 = 标准分 × （预测3个月达产率/标杆值），25分封顶
开通后6个月达产率（25分）	指标定义：建设开通后6个月内预测达到的达产率	与标杆值进行对比，高于或等于标杆值得满分，低于标杆值线性减分。得分 = 标准分 × （预测6个月达产率/标杆值），25分封顶
营销组织保障（2分）	确保需求方案得以有力执行的措施	计算规则：优2分，良1分，差0分
以客观分与主观分合计额作为总得分，总得分低于90分则审核不通过			
审核通过项目需结合投资计划安排、专家评审进行最终确定是否实施			

前测审批通过、确定实施后两个工作日内，必须下发施工通知单，原则上，整体施工进度不超过两个月。项目验收完毕后第六个月、第十二个月进行项目的后评价及通报，后评价及考核主要有实际投资与投资预算比、三个月达产用户数、六个月达产用户数等三个指标。实际投资与投资预算，考核规则两者相比超出百分之十的，在开通后第二个月按超出投资额的一倍从需求单位考核收入中扣罚。三个月达产用户数，考核规则是新建项目开通后三个月内的达产用户总数达不到需求方案提出的预测数量，则在开通后第四个月按缺口的一倍扣罚需求单位相应收入。六个月达产用户数，主要考核规则是若开通后六个月内的达产用户总和达不到需求方案提出的数量，则在开通后第七个月按缺口的一倍扣罚需求单位相应收入；若建设开通后六个月内达到的达产用户数超过需求预测数时，按超出部分的一倍奖励需求单位相应的考核收入；若建设开通后六个月内达到的达产用户数完成承诺数时，追溯调整三个月未完成的达产用户数考核扣罚。

四、移动网络投资价值评价方法

移动网络投资价值评价方法主要是聚焦规划、物业、业务等三方面共12个指标进行分析评估,适用于基于覆盖、补强、投诉、拥塞的移动宏基站与室分基站的新建、扩容投资工程,指标框架如图8.4所示。

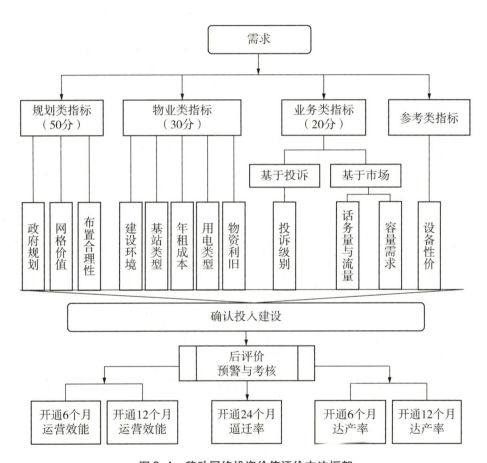

图8.4 移动网络投资价值评价方法框架

基本的工作程序是:首先制订计划,根据年度移动网络工程投资预算总额,编制全年全网站点规划清单;其次基站建设前,对规划站点相关信息组织评审,重点把控各项指标合理性、真实性,通过前评价,确立站点开建的优先级次，具体评分指标与规则如表 8.4 所示；按照得分高低，将基站分为 ABCD 三类，A 类：85 分以上、B 类：75~85 分、C 类：60~75 分、D 类：60 分以下的站点，A 与 B 类基站，可按得分高低顺序自动投入施工建设，原则上规划和网优可根据实际情况对站点分级做出不超过总站点数量 5% 的微调。

表 8.4　移动网络工程投资前评分规则

	指标	分值	指标定义	计算规则
规划类指标	政府规划	10	基站建设与政府现有或未来规划的匹配度	市政府规划同步建设项目计 10 分，总部保障计 10 分，重点校园计 10 分，三高站点计 9 分，4A 级以上景点计 9 分，一般高速、国道计 9 分，上级公司专项计 8 分，其他 7 分
	网格价值	30	基站覆盖区域所在网格等级评分	根据微网格评审的要求，划分为 152 个网格，每个网格中的站点包含站点数为 10 至 20 个。以综合业务密度为计算标准，根据每平方公里的业务密度将网格划分为 5 档
	布局合理性	20	新建基站与周边基站距离评分	该指标主要是从规划站点与周边基站的距离为标准，不同网格内不同的距离赋予不同的分值
物业类指标	基站类型	5	基站建设投资类型进行评价	根据基站建设类型评分：楼面基站 4 分，落地基站 3 分；若前两种基础上采用一体化设备再加 1 分，自建房扣 1 分
	用电类型	5	本基站用电类型与电价	采用直供电得满分，采用转供电，按 3 分计分，得分值 = 3 × {2 − (合同价/法定价)}
	建设环境	3	基站建设与周边居民主观敏感性	考虑周边居民对基站建设的反对程度，根据附近总体居民或村委对基站反对程度，可设为强、中、弱三个标准，强 1 分、中 2 分、弱 3 分
	年租成本	5	基站年租赁成本	与基站所在区域的租赁指导价对标，低于或等于指导价得满分，高于指导价，按 3 分计，得分值 = 3 × {2 − (本基站年租赁/指导价)}

续上表

	指标	分值	指标定义	计算规则
物业类指标	物资利旧	2	本基站对闲置物资利旧金额	宏基站：无利旧物资得零分，每利旧2万得0.5分，线形计算，总分2分 室分站：无利旧物资得零分，每利旧0.5万得0.5分，线形计算，总分2分
业务类指标	基于投诉 — 投诉级别	5	新建基站所在区域客户投诉级别评分	根据基站所在区域历史投诉级别进行评分，分为：三星级以上集团投诉5分、普通集团与重要客户投诉4分、一般客户投诉3分、其他2分
	基于市场 — 容量需求	5	基于基站出现话务拥塞与扩容空间关联性	评价周边覆盖基站的拥塞指标，对于主覆盖基站拥塞，且已无扩容空间的站点计5分，否则计3分
	基于市场 — 开通6个月/12个月话务量与流量收入	10	建设开通后6个月/12个月基站话务量与流量	评估宏基站或室分预计的话务量与流量为预测值；预测值与标杆进行对比，高于或等于标杆值得满分，低于标杆值线性减分。得分 = 标准分 ×（预测值/标杆值），取全网宏基站或室分的话务量与流量的平均值作为标杆值
参考类指标	设备性价比	0	基站建设与采用设备投资的性价比	主要是考虑设备投资与设备后期维护与运营成本的比较，采用文字说明现市场中性价比最优的设备厂商、设备名称、规则等

对于基于市场需求的基站，建成验收运行满6个月，对基站的"运营收益"与"达产率"进行分析与预警；运行满12个月，对基站的"运营收益"与"达产率"进行评价与考核；建成验收运行满24个月，对整个工程期的基站"逼迁率"进行分析与通报。

后评价时点为开通后满6个月与12个月，开通运行满6个月（即第7个月），与本区域平均运营收益值进行对比，高于或等于平均值为达标，低于为不达标；开通运行满12个月（即第13个月），高于或等于全网最优水平为优，高于或等于本区域最优水平为良，高于或等于本区域平均水平为中，低于本区域平均水平为差，评分规则：达产率在［90%、∞）区间的为优、在［80%、90%）区间的为良、在［70%、80%）区间的为中、在（0、70）区间的为差。

五、ABC公司基于价值管理的精准投资实践

（一）背景

在3G网络向4G网络过渡期间，ABC公司连续三年网络成本环比增幅超过收入增幅15PP以上，网络成本占收比达到67%，大幅挤占了营销成本和利润空间，其中网运成本增长了12.3亿元、折旧摊销增长了16.1亿元。ABC公司成本越来越重，效益压力越来越大，改革投资模式势在必行。

（二）举措

ABC公司针对投资模式进行了变革，实施了基于价值管理的精准投资策略，主要举措是源头上精准规划、过程中精细管理、事后精确考评。

1. 源头精准规划

ABC公司主要是在体制上将投资由以概算为导向的正三角分配制改为以需求为导向的倒三角支撑制。每月由各基层业务单元向投资管理部门提出建设或改造需求，投资管理部门组织建设部门、财务部门按照以下规则进行评估：对于固网投资，主要通过IT系统实现对需求的自动评估，摒弃人为干预。系统中设定的评估指标主要有资源现状、目标客户、业务预测、投产比（占50%权重）、投诉信息等，低于门槛分的直接退单，不进入审批流程，高于门槛分的，在系统中会签后进入投资决策委员会集体决策。由于"投产比"指标权重达到50%，因此，从源头上保证了投资向高价值领域流动。对于移网投资，主要通过投资决策委员会集中评审，评审重点：一是是否围绕接入层的需求进行布局，二是是否保障了年度规划中按名单制锁定的建设区域以及新客户所在区域的投资。

2. 过程精细管理

ABC公司主要采取以下措施强化了监督和控制：第一，加强隐蔽工程签证管控。施工单位、监理单位必须100%做好现场签证和照片并提交保存，保证工程结算真实性可追溯。第二，现场工艺、工序核实和确定。对各项工程施工工序及对应定额组织现场会审；对往年工程量结算中容易产生偏

差的工序进行现场核查，固化结算定额。第三，工程量结算取费标准化模板化。针对各专业分别制定工程量模板，统一规范各个工程单项名称，统一结算定额子项，工程量计算方式等。第四，控制预算外签证费用。对于工程结算中预算外费用取费（青苗赔偿、场地清理、植被受损赔偿、住宅受损赔偿等产生的费用），通过《预算外费用签证规范》予以强化管理。第五，工程材料管控。明确材料甲乙供界面，规范甲乙供材料领用、结算，并将结算单价与市场价进行比对。同时，强化对物料平衡及资产转固的监督，在物料平衡环节，及时准确地计算出领、用余料，余料及时入库；在资产转固环节，财务部门与纪检部门全程参与，全面实地清点，摒弃抽查方式，确保管理闭环；与先进分公司进行造价对标，刚性压降单位建设成本。

3. 事后精确考评

主要从以下四个维度评价固网投资效果：实际投资占投资预算比、端口造价成本、用户达产率、端口利用率。其中移网投资主要从以下四个维度评价：实际投资占投资预算比、开通号码使用率、月收入达产率、投入产出比。评价结果应用于后期的投资管控授权程度，对于评价结果特别差的，取消责任单位审批权；评价结果还应用于KPI考核和KMI通报。

示例：ABC公司某月公众宽带投资价值后评估报告

【一】评价目的：通过分析与评价已建项目投资概算符合性、端口利用率及收益能力，为未来投资提供决策与管控建议，从而提升宽带业务盈利能力。

【二】评价范围：×年度新建的宽带项目，不包括续建、扩容、迁改项目。

【三】评价指标：实际投资占投资预算比、端口造价成本、用户达产率、端口利用率四个指标（用户数截止日期为×月×日）。

【四】评价维度：从区域分布、区间分布、指标排名等维度对样本项目进行整体分析、分类分析。

【五】样本量分析：从资源配置平台《固网投资项目审批工单》中，提取×年度实施的，且已投入运营1个月（含1个月）以上项目共×个单项客户工程，来自于×个区域分公司，样本投资金额×万，总端口数×个。

【六】基本结论：

（1）投资概算符合率尚可。样本总体实际投资占投资预算比为96.43%，A分公司（76.94%）、B分公司（73.86%）、C分公司

（73.14%）区域的实际投资占投资预算比远低于总体水平。

（2）端口造价成本不一。样本项目平均每个端口的造价成本为445元；A分公司（395元）、B分公司（386元）、C分公司（329元）均低于平均造价成本；D分公司（522元）、E分公司（468元）、F分公司（446元）均高于平均造价成本。

（3）预期目标达产率较差。样本总体预期发展用户目标达产率为22%，A分公司（20%）、B分公司（15.38%）、C分公司（10.28%）达产率排后三位。

（4）端口利用率低下。样本项目平均投放运营时长为1.28个月，平均端口利用率2.9%，A分公司（2.62%）、B分公司（1.76%）、C分公司（1.25%）排后三位。

【七】意见和建议：

（1）提高发展用户预测准确性、保障投资效益：用户发展量是宽带投资决策基础，必须提高预测的准确，避免高投资低产出，直接导致投资效益的低下。

（2）强化工程过程管理，确保端口造价成本最小化：分析发现每个区域分公司单端口造价成本不一，造价成本悬殊，必须加强施工过程管理，控制无效消耗。

（3）谁主张投资，谁负责业务发展：各区域分公司，必须根据每个项目投资主张人，建立业务发展"小区责任田"，责任到营销服务中心，负责项目投入前六个月的业务发展。

（4）加大考核奖惩力度、确保早投入早见效：对于新建宽带投资项目，必须加大前六个月业务发展的考核奖惩力度，以便快速抢占小区现有宽带用户，确保早投入早产出。

【八】申明及整改：

（1）申明：投资项目实施前，应严格执行《公众固网客户项目投资前测后评管理办法》，做好事前综合评估与测算，严禁虚报用户量、抢占投资。

（2）整改：对于×个宽带投资项目，对应的区域分公司应开展专项整治工作，并于×年×月×日前，向价值管理办公室提交专项分析与产能提升作业计划表。

（三）成效

通过在源头上精准规划、在过程中精细管理、在事后精确考评，ABC公司投资管理取得了立竿见影的效果：公众宽带造价由590元降到了350元，ONU单价由280元降到了110元，单站的造价比友商低了30%。基站IP化、节能等技术应用层出不穷；工料费的管理空前严格，工程费用外部审减率1.64%，较之前的7%下降了三分之二。

由于投资成本是通过折旧分期递延影响企业损益的，这种特性驱动管理者通常做出"聪明"决策，即能多投一元决不少花一毛，在这种导向下，浪费不可避免。只有在源头上精准规划、在过程中精细管理、在事后精确考评，才能驱动管理者与企业价值目标一致，精准投资才能真正得到落实。

第九章 基于价值管理的供应链管理

第一节 供应链管理概述

一、供应链管理

(一) 供应链管理理论的产生与发展

供应链最早源于彼得·德鲁克提出的"经济链",后经由迈克尔·波特发展为"价值链"的一部分,最终演变为"供应链"。

全球供应链论坛(global supply chain forum,GSCF)将供应链管理定义成:为消费者带来有价值的产品、服务以及信息的,从源头供应商到最终消费者的集成业务流程。《物流术语》对供应链管理的定义:利用计算机网络技术全面规划供应链中的商流、物流、信息流、资金流等,并进行计划、组织、协调与控制等。

还有很多其他学者也对供应链管理给出了定义,在众多定义中比较全面的一条是:供应链管理是以市场和客户需求为导向,在核心企业协调下,本着共赢原则,以提高竞争力、市场占有率和客户满意度、获取最大利润为目标,以协同商务、协同竞争为商业运作模式,通过运用现代企业管理技术、信息技术和集成技术,达到对整个供应链上的信息流、物流、资金流、业务流和价值流的有效规划和控制,从而将客户、供应商、制造商、销售商、服务商等合作伙伴连接成一个完整的网状结构,形成一个更具竞争力的战略联盟。在供应链管理过程中,我们不仅要考虑到我们的供应商和客户,还要考虑到供应商的供应商和客户的客户。

简单地说,供应链管理就是优化和改进供应链活动,其对象是供应链组织和他们之间的"流",应用的方法是集成和协同;目标是满足客户的需求,最终提高供应链的整体竞争能力。供应链管理的实质是深入供应链的各个增值环节,将顾客所需的正确产品(right product)能够在正确的时间(right time),按照正确的数量(right quantity)、正确的质量(right quality)和正确的状态(right status)送到正确的地点(right place)——即"6R",并使总成本最小。

供应链管理的发展大致可划分为三个阶段:第一阶段是20世纪60—70年代,为独立的物流配送和物流成本管理阶段。当时,管理人员意识到库存给制造成本、新产品开发和生产提前期带来重要影响,促使企业研究实体分销和对下游厂商的配送系统。第二阶段是70—80年代,大型跨国企业通过整合企业内外部物流管理,并实施JIT来提高制造效率、缩短生产周期和降低库存。加上制造商们意识到了战略合作伙伴关系的重要,催生了供应链管理的概念。第三阶段是90年代及以后,供应链管理扩展为由供应商、制造商、分销和客户组成的整体价值链,企业注重整体价值链效率的提高和价值增值,在这个阶段,采购和供应的效率要求更多地考虑成本与质量间的协调,制造商通过从选定的少数几家供应商或者经过认证的供应商那里采购原料,以消除非增值活动,促进企业供应链管理价值提升。

(二)供应链管理的基本特征

1. 战略性

供应链是由供应商、制造商、分销商、销售商、客户和服务商组成的网状结构。供应链管理把物流、信息流、资金流、业务流和价值流的管理贯穿于供应链的全过程。它要求各节点企业通过信息共享,形成双赢关系,实现社会资源的最佳配置,直接降低交易成本,从而降低社会总的成本。

2. 集成性

供应链管理的关键是采用集成的思想和方法,把不同的企业集成起来以增加整个供应链的效率,注重的是企业之间的合作,以达到全局最优。

3. 库存减少

传统的物流管理把存货推向供应商并降低渠道中的存货投资,仅仅是转移了存货。供应链管理模式下,存货出现了新特征:一方面,供应链管理使企业与其上下游企业在不同的市场环境下实现了库存的转移,供应链总库存减少。另一方面,通过扩展组织的边界,供应商能够随时掌握存货信息,组织生产及时补充，安全库存（必要库存）减少。

4. 流程再造

供应链管理是基于战略伙伴关系的企业模型，因此，它必须利用信息共享（透明性）、服务支持（协作性）、并行工程（同步性）、群体决策（急智性）、柔性与敏捷性等先进的技术和手段来进行企业的流程再造。

5. 客户导向

正是由于有了客户和最终消费者的需求，才有了供应链的存在。而且，也只有让客户和最终消费者的需求得到满足，才能有供应链的更大发展。所以，提高客户满意度，是供应链管理与优化的最终目标，供应链管理和优化的一切方式方法，都是朝向这个目标而努力的，这个目标同时也是企业赖以生存的根本。

6. 牛鞭效应减小

牛鞭效应指的是供应链上的一种需求变异放大现象，是信息流从最终客户端向原始供应商端传递时，信息扭曲而逐级放大，导致了需求信息出现越来越大的波动，进而导致供应链失调，最终导致生产成本、运输成本、劳动力成本、库存成本、缺货成本增加，或者备货提前期延长等问题。

牛鞭效应是供应链管理中非常重要的一个现象。为了便于理解，我们打个比方：将处于上游的供应方比作牛鞭梢部，下游的用户比作牛鞭根部，一旦牛鞭根部抖动，传递到牛鞭梢部就会出现很大的波动。

导致牛鞭效应的根本原因是，供应链的每个环节都企图让自身的利润最大化，或者各环节之间的完整信息没有共享。企业应确认导致牛鞭效应的关键障碍因素，采取合适的行动来实现协调，减小牛鞭效应带来的负面影响。

二、物流管理与供应链管理

物流贯穿于整个供应链，但是，物流管理与供应链管理存在本质的区别。

从时间上看，物流管理的产生早于供应链管理，供应链管理是物流垂直一体化管理的扩展和延伸，供应链管理是随着物流管理的发展而提出和逐步获得完善的。

从范围上看，供应链管理的范围更为广泛，它涵盖了物流、资金流、信息流、业务流等，不仅涉及产品需求，可能还有服务需求、资金需求甚至信息需求。

从活动上看,供应链更关心的是商品所有权转移,供应链管理涉及从原材料到产品交付给最终用户的整个物流增值过程;物流更专注的是物的空间位移。

从工作方式上看,供应链管理更偏向管理,而物流管理更偏向技术。

第二节 基于价值管理的供应链管理

一、供应链管理的价值

供应链管理具有不易仿、不易买、不易拆、带不走等特点,因此,是企业的核心竞争力,也是企业的一种战略资产。

英国管理学者克里斯多夫说:"市场上只有供应链而没有企业,未来的竞争不是企业和企业之间的竞争,而是供应链和供应链之间的竞争。"这句话的含义是指:企业通过改善上、下游供应链关系,整合和优化供应链中的信息流、物流、资金流,优化交付绩效及降低供应链成本,能够打造企业的差异化竞争优势。

从另一个角度看,供应链不仅是条连接供应商到用户的物料链、信息链和资金链,同时更为重要的是它也是一条增值链,因为物料在供应链上加工、包装、运输后增加了其价值,从而给这条链上的相关企业带来了收益。

二、基于价值管理的供应链管理目标

(一)供应链管理目标

概括地讲,基于价值管理的供应链管理目标为"TQCSF"。T为时间,指反应快,如提前期短、交货迅速等;Q指质量,如产品质量高;C为成本,以更少的成本获取更大的收益;S为服务,不断提高用户服务水平,提高用户满意度;F为柔性,有较好的应变能力。

（二）供应链管理指标

1. 产销率

产销率＝一定时期内供应链某节点已销售产品数/一定时期内供应链该节点已生产产品数

该指标值越大，说明供应链节点的资源利用程度越高和成品库存越小。

2. 产需率

产需率＝一定时期内某节点已生产的产品数（或提供的服务）/一定时期内下游节点对该产品（或服务）的需求数

该指标越接近1，说明上下游节点间的供需关系协调，准时交货率高；反之则说明上下游节点间的准时交货率低或综合管理水平较低。

3. 库存周转率

库存周转率＝（使用数量/库存数量）×100%

使用数量并不等于出库数量，因为出库数量包括一部分备用数量。除此之外也有以金额计算库存周转率的。

4. 准时交货率

准时交货率＝一定时期内供应链各节点准时交货（或服务）次数/总交货次数×100%

该指标低，说明其协作配套的生产（服务）能力达不到要求；反之，则说明供应链的生产（服务）能力强，生产管理水平高。

5. 产品质量合格率

产品质量合格率＝供应链各节点提供的质量合格的产品（服务）数量/产品（服务）总产量×100%

该指标反映供应链节点提供货物的质量水平。

6. 供应链总运营成本

供应链总运营成本＝Σ（供应链通讯成本＋各物料＋在制品＋成品库存费用＋各节点内外部运输总费用）

该指标往往用于成本变动趋势分析或成本结构分析。

除此之外，供应链管理指标还有呆旧比例、长库龄占比、安全库存、平均补货量、脱销率、订单满意率等。

三、供应链管理驱动要素

要了解供应链管理驱动要素,必须先了解供应链管理方法论。目前,比较通行的供应链管理方法论有两种:快速反应(QR)和有效客户反应(ECR)。

快速反应(QR)是指企业面对多品种、小批量的买方市场,不是储备了"产品",而是准备了各种"要素",在用户提出要求时,能以最快速度抽取"要素",及时"组装",提供所需服务或产品。有效客户反应(ECR)是以满足顾客要求、提高效率和最大限度降低物流过程费用为原则,能及时做出准确反应,使提供的物品供应或服务流程最佳化的一种供应链管理方法。

供应链管理是一个复杂的系统,外部涉及众多目标不同的企业,内部牵扯到企业的方方面面,因此实施供应链管理必须理清思路、分清主次,抓住关键。在上述方法论的指导下,按照价值管理的逻辑,解构后的供应链管理一级驱动要素为以下九个:设施、机制、需求、采购、制造、配送、库存、退货、信息。

(一)设施

设施是供应链的"关节",是指生产、加工、组装、存储的场所。设施的二级驱动要素为功能定位和布局选址。

(1)功能定位。首先,要明确企业的生产模式是"拉式"生产还是JIT制造,或是柔性生产。然后确定设施是柔性还是专用的,或者是二者相结合的;柔性设施用于多品种生产,缺点是低效,而专用设施用于单品种大批量生产,缺点是共享性较弱。其次,要确定生产设施是面向产品还是面向加工。仓库是定位为集散中心(HUB)还是配送中心(DC),或是第三方物流(RDC)。

(2)布局选址。要确定工厂或仓库是基于规模经济性布局还是基于快速响应性布局,前者应靠近供应商,如钢铁企业;后者应靠近消费者,如酸奶企业。

（二）机制

机制是供应链管理之"魂"。机制二级驱动要素包括战略合作机制、定价机制、评价与激励机制。

（1）战略合作机制。这种机制使得供应链得以集成和优化利用，从产品的研究开发到投放市场，周期大大地缩短。同时，促进企业把主要精力放在企业的关键业务（核心竞争能力）上，与全球范围内的合适企业建立战略合作关系，把企业中非核心业务外包。

（2）定价机制。定价机制主要是建立三个模型：一是向上游企业采购时，基于规模等因素的定价模型；二是向下游客户销售时，基于销量变动等因素的定价模型；三是基于不同的市场环境与产品，以固定式价格和菜单式变动价格为选项的定价模型。

（3）评价与激励机制。必须建立、健全业绩评价和激励机制，全流程掌握供应链管理在哪些方面、多大程度上实现了企业改进和提高，并针对评价结果采取一定的措施规避风险。

（三）需求管理

需求管理是供应链管理的"根"，是至关重要的策略性环节。需求管理的二级驱动要素为平台、预测模型、JIT 供料模式。

（1）平台。应建设供应链管理平台，或整合关联 IT 系统形成平台。一方面，平台应融合多种物流设备接口，可以兼容条形码、二维码或 RFID 标签等采集设备和自动分拣设备。另一方面，应有强大的查询功能，可以随时准确查询实物的库存数目和存放库位，全面了解仓库的库容状况。

（2）预测模型。要高度重视预测工作，应由专业人员采用智能订单生成技术，按照当前库存和销售（安装）计划自动计算所需要采购的商品种类和数量。企业通常在战术层面来预测生产或销售量，在战略层面预测是否要建立一个新的工厂。

（3）JIT 供料模式。应全面实施 JIT 供料模式，根据生产计划和生产工艺路线，制定 JIT 供料计划，使物资采购部门能够在准确的时间、把准确的物料、以准确的方式和准确的数目送到准确的工位。

再好的预测模型和供料模式也只能是在常规的场景下发挥效果，外界环境的不确定性往往不能准确预测和计量，因此，我们仍需要在合同设计中互相提供柔性，以抵消不确定性的影响。

（四）采购

采购是供应链管理之"源"，是选择由谁来从事特定的供应链活动。采购的二级驱动要素包括确定采购方式、确定采购对象、采购过程把控。

确定采购方式的重点是确定哪些职能由公司自己履行，哪些职能寻求外包。哪些项目采用招投标方式，哪些项目采用竞争性谈判或单一来源谈判方式。采购方式影响供应链的响应效率。确定采购对象的重点是确定供应商的数量、选择标准等。采购过程把控的重点是对寻源、招投标、订单、验收和供应商后评估等流程进行监管。

（五）制造

制造是供应链的"心脏"，制造的二级驱动要素包括产能保障、品质监测、效率保障。

产能保障的重点是按照最佳经济批量生产，既不造成积压，也不造成缺货。品质监测的重点是以工匠精神对产品从下料到出库的全过程进行品质监督和测评，确保质量，减少次品。效率保障的重点是以精益思想从优化工艺、强化管理等角度提高生产效率，减少成本沉淀。

（六）配送

配送是供应链管理的"骨骼"，保证货物在供应链"关节"之间移动。配送的二级驱动要素包括确定配送方式、规划配送网络。

确定配送方式的重点是确定采用空运、海运，还是铁路、公路等运输方式。规划配送网络的重点是确定货物从供应源直接运到需求地，还是会经中间集散地，是独立配送、还是共同配送。

（七）库存

库存是供应链"关节"中的"肌肉"。肌肉太多、太少都不利于"健康"。供应链中大多数问题均与库存有关。库存的二级驱动要素包括库存上下限管理、ABC 管理、仓库现场标准化管理、仓储安全管理。

库存上下限管理的重点是按照安全库存模型测定库存上下限并据以进行控制。ABC 管理主要是按照 ABC 管理法实施的货物分类管理。仓库现场标准化管理主要是按照"6S"标准化等管理模式实施的现场管理。仓储安全管理的重点是仓库"五防"管理和危废物资例外管理。

（八）退货

退货是供应链管理过程中对次品或多余品的"修剪"。供应链管理水平越高，退货现象越少。退货管理的二级驱动要素包括技术鉴定、责任鉴定。

技术鉴定的重点是组织专业人员采用背靠背的方式客观评估货物的性能和价值，评估结果作为退货的前提依据。责任鉴定的重点是与供应商按照合约对事实进行判别，在此基础上界定管理责任和经济责任。

（九）信息管理

信息是供应链之"神经"，包括整个供应链上的设备、库存、运输、成本、价格、客户的数据和分析资料，是影响供应链绩效的最重要因素。信息管理的二级驱动要素包括信息集成、信息分类、信息共享。

信息集成的重点是将信息在一个平台上进行汇集、清洗和呈现。信息分类的重点是将信息按"供与给""推动式与拉动式""公开与非公开"进行分类，然后分别进行呈现。信息共享是解决供应链失调、实现供应链管理目标的关键。比如共享有关预期需求、订单、生产计划、库存等信息，减少不确定性，并使安全库存最低。

第三节 通信企业基于价值管理的供应链管理

一、通信企业供应链管理状况

国内通信企业于2005年左右开始研究和推行供应链管理，随着3G、4G网络的建设与完善，二维码、RFID、NB-IoT等基于互联网的技术手段应用速度加快，促进了供应链管理在通信行业的发展。特别是在消费终端的供应链管理上，社会化程度较高，运作比较顺畅。但是，在网络投资供应链的管理上，仍存在以下问题需要解决。

一是供应链战略合作关系不全面，供应链管理路径不完整，导致供应链集成效能不高。如前所述,供应链管理只有覆盖到供应商的供应商、客户的客户,价值才能最大化,这是通信企业需要着力完善的地方。

二是信息平台能力不足,信息共享不充分,导致生产多余、库存多余、用时多余等现象仍在一定程度上存在。

三是物资采购业务流程长、环节多,标准化程度低,效率低,为中间商层层加价、从中牟利创造了条件。

四是物资采购横、纵向收敛不足,批量优势未完全发挥,导致规模效应不明显。

五是库存管理模式创新不足,积压、毁损等问题未能从根本上解决。在几家大型通信企业中,无论是 A 企业的总仓自营、分仓外包模式(准 DC),还是 B 企业的第三方物流模式(RDC),抑或 C 企业的全面库位前移模式(VMI),均存在这样或那样的问题,实施效果均不理想。

六是基于互联网的技术手段应用不足,可视化程度低,流程扁平和空间压缩等技术红利未显现,供应链管理的革命性变化仍未发生。例如,物联网技术在其他行业的应用已是风生水起,而掌握和传播该技术的通信企业自身并不是都在深度应用。关于这一点,在后面的案例中将重点介绍。

二、通信企业供应链管理价值提升的基本路径

第一,由纵向一体化向横向一体化发展,横向整合供应链各节点企业的优势资源,形成企业群效应,减少交易成本。集成供应链的关键是信息共享与作业计划无缝对接。成功案例如波音客机供应链的全球整合。

第二,由价格驱动的竞争关系向多赢互惠的价值链合作关系发展。尤其是针对核心业务,要与供应商和客户建立战略合作关系,因此,供应商可以从稳定供货、均衡生产的角度减少多余消耗以降低成本,客户可以从规模使用的角度获取更多的商务折扣,以减少资源获取成本。成功案例如中国联通与中国电信在全网通终端上的合作。

第三,由封闭的内部管理向开放的资源、机会、技术、信息共享,风险共担发展。开放促进信息透明,而最好的监管就是"信息透明"。"信息透明"的核心是计划、流程、库存和价格等四类信息的可视。例如,中石油供应链的电子商务化。

第四,以内部生产为导向的推动式运作模式向以客户需求为导向的逆向

拉动式运作模式发展。在这方面，基于客户需求的网络设计起关键作用。成功案例如红领制衣的个性化定制。

第五，由满足规模化批量生产向 JIT 地满足个性化需求发展。通信企业客户特别是政企客户需求的个性化特征越来越明显，以 JIT 为基础的柔性供给成为必然，这也是通信企业供给侧改革的重要一环。成功案例如丰田汽车供应链全流程信息自动化管理。

第六，由分步式作业向联合同步作业发展。在追求更大竞争力的驱使下，通过联合规划与作业可提升供应链整体绩效。例如多家顾客货物合并、越库作业（cross-docking）、在途混装等。成功案例如京东物流。

第七，固化的组织生态向动态化的供应链组织发展。依功能划分的传统组织本位主义突出，信息传达拖延及失真问题普遍，动态化或虚拟化的供应链组织将在功能整合的基础上，实施过程整合，提升组织的专业能力和响应能力。成功案例如德州仪器的虚拟化工厂。

三、ABC 公司基于价值管理的供应链管理实践

（一）背景

ABC 公司每年供应链上的交易成本高达数百亿元，占采购总成本的 20%，存在巨大的价值提升空间。

（二）举措

1. 解构供应链

ABC 公司将供应链分解为以下四个战略环节：寻源采购、交易处理、物流管理和库存管理。基于战略环节，明确价值驱动要素如下：

（1）寻源采购。寻源采购的驱动要素包括需求、准备、招投标或谈判、结果确定、合同签署。

（2）交易处理。交易处理的驱动要素包括预测、合作关系管理、订单交易、能力供应。进一步解构，预测包括：尖峰预测、地区预测、误差、协同预测；合作关系管理包括：供应商管理、质量控制。供应商管理包括供应商准入、供应商认证、供应商分级、供应商评估、供应商风险管理；订单交易包括：小批量高频次下单模型、渠道接单、传输、确认、配货方案、生

产、送达；能力供应包括：工程规划、计划、建设、验收、交维、工单。

（3）物流管理。物流管理的驱动要素包括物流配送、运输决策、运输基础、网络规划。进一步解构，物流配送包括：运输决策、运输基础、网络规划；运输决策包括：自营还是租用、运输路线、发货安排；运输基础包括：车队、班次、停靠站、司机资质、运输需求、运输方式、结算方式；网络规划包括：运输节点和链的规划。

（4）库存管理。库存管理的驱动要素包括仓储决策、仓储基础、选址决策和总成本控制。进一步解构，仓储决策包括：仓库布局、利用空间、拣货与再存储；仓储基础包括：物料编码、收发盘流程、批次规则、ABC分析；选址决策包括：HUB、DC、RDC 的数量、规模和位置；总成本控制包括：库存上下限、准时交货率、预测准确率、总库存天数、仓储成本、运输费用。

2. 寻源采购环节的实践

（1）设计寻源采购模式。全面梳理供应商及采购目录，然后在分类管理的原则下，设计出以下五种寻源采购模式：一是认证＋经营模式，该模式下，寻源阶段只进行供应商资质及商品质量认证，进入企业电商平台后，供应商自主更新价格，业务部门根据需要自行选择。例如在京东等公开市场销售的消费类货物。二是框架＋订单模式，该模式下，寻源阶段通过招标确定供应商，签订框架协议，业务部门依框架提交订单。例如标准化的设备及运维物资、终端等实物；新媒体广告、设计、勘察、IT 系统等服务。三是一事一议模式，该模式下，ABC 公司根据特定需求进行洽谈或招投标，签订定量合同。例如订制化的设备、IT 系统、传统广告等。四是直接消耗模式，该模式下，无须经过供应商竞争选择，按标准条款签订合同后，按实际消耗量结算。例如用电、差旅等。五是业务合作模式，该模式下，弱化供应商竞争性选择，与供应商业务分成，按实际经营效果确定交易价格，如渠道佣金等。

（2）供应商关系管理。首先是强化供应商信息集中管理，统一供应商主数据模板，通过供应商门户实现供应商自助注册。其次是强化供应商资质审查，建立资格审查体系，把好供应商入口关；建立与招标、合同及质量管理的联动机制。再次是以重要性、产品质量、服务质量及潜在价值等指标对供应商进行分类。同时，通过供应商门户与电商平台，在采购目录信息（商品信息录入平台）、订单信息、发运信息、付款信息的录入等方面实现供应商操作协同。最后是做好供应商绩效考评，建立供应绩效考评体系，对于单次合作的供应商，评价范围为：采购订单响应、发运速度、发票和付款配合程度；对于战略合作的供应商，评价范围为：采购与支出 KPI、定量绩效 KPI、定性绩效 KPI、供应商信息自主维护 KPI。在评价的基础上，每年核定一次战略供应商、优秀供应商、合格供应商、待改进供应商，作为次年确定合作范围的主要依据。

3. 交易管理环节的实践

（1）建设 B2B 交易平台。一是建立通信行业货物管理体系，打造通信行业电商平台，服务全行业，创造新的业务增长极。二是在电商平台将上下游的操作进行合并，最大限度地发挥协同性，削除重复动作，降低交易动作背后的人力成本和时间成本。三是在电商平台真实记录交易情况，积累供应商报价、交易价格等数据，为进一步优化资源配置提供数据支撑。四是通过电商平台优化交易模式，在以下聚类的基础上进行固化：外部电商直营、内部直营、供应商直营。五是在电商平台植入预算自动化控制功能，并对冗余的交易流程进行短路处理后固化到 IT 系统。配套供应商星级评价、金融服务等功能。六是针对一体化的平台建立一体化的组织，即配套成立电商运营中心，统筹供应链交易环节的全过程管理和服务。

（2）建立供应链管理标准化体系。一是物料码的标准化。建立规范的物资编码规范，组建专业的物资管理和维护体系，并持续优化。二是采购目录标准化。包括采购范围、采购模式、采购方案、采购流程的规范化、模板化。三是价格库标准化。包括业务场景的定义、计量单位、计价方式的标准化。四是数据标准化。包括需求数据、采购过程数据、物流数据、库存数据、考评数据的标准化。

（3）规范采购需求管理。规范全业务的采购需求管理流程，实现从采购业务源头开始的需求紧耦合管理，进而在扩大集中采购范围的同时实现对需求的快速响应。

一是规范工程建设需求，超前介入项目规划、可研、设计等环节，准确掌握物资需求种类、数量，实现物资供应计划与工程建设里程碑计划的有效衔接。二是规范市场营销需求，建立以真实客户驱动的需求管理体系，精简需求汇集、补货审批环节，发展框架合同和订单相结合的采购模式，快速响应市场一线需求。三是规范网络维护需求，对网络维护类物资采用"合理储备、按需领用"的供应模式，根据工单编制物资/服务需求，满足网络运维需要。四是规范日常运营需求，对于覆盖面广、品种繁多、价值相对较低且较易获取的需求，可通过电商平台直接提报。

（4）规范全面预算管理。在交易过程中实施全面预算管理，建立以"业务活动"为基础的预算体系；简化采购预算审批环节、自动处理交易处理过程；在业务活动中严格进行预算自动引用及对比，控制采购价格，降低成本。

（5）结算模式创新。一是结算过程协同化、自动化。供应商在线参与结算过程，结算参与段前移；结算信息共享，所有参与方实时关注结算进度，对异常情况及时响应；打破原来通过发票匹配订单、接收的模式，采用由接收事务处理驱动结算的新模式，消除人为干预，保证结算准确性。二是结算集中化。简化结算过程，提升供应链结算效率，优化用户体验；取消地市结算，由集团公司集中支付。

（6）建立全面质量管理体系。建立"全覆盖、无死角"的质量监控管理体系；特别加强对关键制造工序的检查、验证；加强对货物的全面抽检，提高货物质量。

4. 物流管理环节的实践

（1）集中管控。在电商平台建立全供应链物流统一视图，全程管控物流。

（2）单据电子化、无纸化。订单、工单、结算单等所有单据均实现电子化、无纸化。

（3）创新物流管控手段。一是试点实施基于标签的物流管控。目前，应用比较成熟的标签主要有条形码、二维码、RFID，原理基本相同：厂商以电子装箱单通知送货、移动终端下载收货任务、扫描货箱及明细货物、自动匹配订单、电子装箱单、确认形成接收。与传统模式相比，该模式提高了交易信息的传递效率和准确性，但仍未破解人盯人、人盯物的局限性。二是试点实施基于NB-IoT的物流管控，货物直发现场。NB-IoT的低功耗、深覆盖特点，使得以该技术进行实物全生命周期适时监管成为可能。基于该技术，我们能够随时掌握货物的准确地址和状态，为此我们可以在两方面创新物流管控：首先，我们可以实现去仓储化，既不用HUB，也不用DC或RDC，货物直达安装现场或终端用户，省去至少三分之二的装卸和运输成本，以及全部的中间仓成本，并节省资金占用，同时需求传递的牛鞭效应也会减小；另一方面，货物的安全性得到保障，蓄电池等资产频频被盗的困扰得以化解；其次，通过传感器我们还能适时掌握货物的损伤情况从而实施例外检测；更直接的价值表现是，固定资产的盘点变得极其简单，过去每年几千人花费数月的盘点工作，工作量大且准确性不高，在此模式下只需由 IoT 平台上发出一个指令，回收资产地址信息后与资产账面信息进行自动比对，五分钟内即可输出精准的盘点报告。

5. 库存管理环节的实践

（1）与供应链仓库布局进行整合。一是规划企业仓储地点和中转站，整合战略供应商的仓储物流网络，做出最优配置，形成战略供应链联盟。二是采用 VMI 模式管理通用物资，提供项目规划、计划、立项给战略供应商，做项目物资提前储备，按项目进度提前 10 天通知、提前 3 天提醒。三是建立逆向物流管理机制，设计更灵活的退换货条款，工余料直退供应商。

（2）与供应商流程进行整合。一是有序排产，基于精准预测，规模化采购，错峰生产。二是最少压货，以最少的压货数量保证生产需要。三是最短物流，应用新技术和新模式，缩短物流配送距离。四是透视管控，后台开放，实时获取双方的存货及生产情况。

第十章　基于价值管理的固定资产管理

第一节　固定资产管理概述

一、固定资产管理基本理论

（一）固定资产全生命周期管理理论

固定资产全生命周期管理，是将固定资产整个生命周期内，从规划设计、招标采购、施工建造、投入使用到退出处置各个环节有效衔接，采用先进的管理方法和手段，从静态与动态两个层面反映和监控固定资产的状态，以使各个环节高效有序运行，成本最低，投入产出比最高。它是成本领先战略中的一项关键内容。固定资产全生命周期管理理论体现了价值管理思想。

（二）固定资产补偿与绩效管理理论

固定资产补偿一般采用实物补偿和价值补偿两种模式。实物补偿包括对设备进行维修和技术改造。价值补偿本质上讲就是在会计核算中依照权责发生制原则计提折旧来回收固定资产投资。无论是实物补偿还是价值补偿，均存在一个"度"的问题。实物补偿低于一定的"度"，则可能导致资产低效率运转，超过一定的"度"，则会抬高成本，造成资源浪费；价值补偿低于一定的"度"，例如折旧年限过长或折旧速度慢于技术演进速度，则会导致不真实的"报表绩效"，并误导对新项目的投资决策。

二、固定资产管理基本原则

（一）不相容职能分离原则

固定资产管理是一项完整的业务活动，必须分配给具有互相制约关系的两个或两个以上的部门分别完成，通常以归口管理部门、账务管理部门、实物管理部门和实物使用部门为界面来划分监督责任和管理责任。

（二）管理流程闭环原则

要健全固定资产管理流程，各项业务程序和办理手续需要紧密衔接，各岗位和环节都应协调同步，避免扯皮和脱节现象，减少矛盾和内耗，以保证管理活动的连续性和有效性。

（三）管理动作标准化原则

要明确每个关联岗位的具体职责，以及日常动作标准，规定操作规程和文档格式，明确纪律规则和检查标准，并将这些标准嵌入到 IT 系统中，以使制度流程执行刚性化、自觉化。

（四）成本效益原则

要贯彻成本效益原则，将工作简单化，运用移动互联网手段和先进 IT 技术，力求以最小的管理成本取得最大的管控效果。

（五）例外管理原则

在健全固定资产账、卡、实一致性管理的基础上，要特别重视固定资产的位置转移、资产沉没、报废处置、管理人员变动等四个高风险环节，必要情况下，可纳入例外管理范畴。

三、固定资产管理基本方法

固定资产管理的一般方法包括静态管理和动态管理。

(一) 静态管理

静态管理包括固定资产台账管理与标签管理。

1. 台账管理

固定资产台账由专业部门、使用部门资产管理员在财务部门提供的卡片信息基础上设置。形式分为电子版和纸质版：资产比较集中的地点，要求设置纸质版台账；资产数量较少、变动频繁的地点或单位，可以只建立电子版管理台账。固定资产管理台账的主要内容应包括资产标签号、资产名称、规格型号、资产成本、使用日期、存放位置、责任人等信息。格式要统一确定。纳入固定资产实物台账管理的资产是指该地点范围内的所有实物资产，包括本单位财务账上记载的自有固定资产，经营租入固定资产，本单位财务账无记载的其他分公司或集团公司资产，合作单位托管、存放的资产，其他尚未查明来源的固定资产。财务账上有记载但无法查找相应实物的资产，或本单位存放于其他单位的资产，由资产管理员参照固定资产实物管理台账格式登记备查簿进行管理。固定资产管理员应及时在台账中记录和更新相关资产信息，并定期与财务部门提供的卡片信息进行核对。

2. 标签管理

对于自有固定资产，要求在资产投入使用时按统一格式粘贴标签，经营租入资产、外单位托管的资产以及其他尚未查明来源的资产，可在登记台账后自制粘贴简易标签。固定资产标签应贴在资产的醒目处，并力求整齐、美观，标签粘贴位置规则应统一。固定资产标签由专业归口管理部门负责打印，提供给使用部门资产管理员组织粘贴。

(二) 动态管理

固定资产动态管理主要包括固定资产调拨、使用状态变化、固定资产修理、正常报废、非正常报废、盘亏、投资转出、无偿或有偿划出、债务重组、非货币性资产交换、转让、捐赠转出等。

1. 固定资产调拨

根据调拨的类型和资产管理权限由相应单位组织实施。设备组件发生调配时，原设备能力发生实质性变化且非临时性调拨的，应办理资产调拨手续；随人事调动而调拨的办公电脑，已在调动手续中办理资产责任确认的，可不再另走调拨审批流程，由专业部门、财务部门根据人力资源部门资产移交记录，直接在系统中办理调拨。

2. 固定资产闲置

当资产在本单位已无继续使用价值时，由固定资产管理员提出闲置申请，专业部门鉴定确认。采购与物流部门与使用部门应积极为闲置资产寻找新的利用途径。

3. 固定资产修理

由专业部门负责组织使用部门编制年度修理计划以及修理费用预算，经预算管理部门审核后，由使用部门按计划实施。

4. 固定资产报废

固定资产正常报废指已达到资产预计使用年限，并经鉴定确认无法继续使用而需申请处置的报废；非正常报废指未达到资产预计使用年限，但是因毁损或技术淘汰等原因无法继续使用而需申请的报废。报废固定资产处置，各单位接到同意报废批复后方可启动报废资产的处置工作；未经批准，任何单位和个人不得将资产擅自处理。收到同意报废的批复后，由物资采购管理部门组织对报废资产实物进行回收，并会同专业部门、财务、审计、监察等部门对报废资产进行估价、变卖等处置工作，及时回收变现资金，填制变价回收单，交财务部门入账。财务部门在接到同意报废批复文件后，在系统中进行资产报废的会计处理，同时建立报损资产账销案存备查簿，待收到资产变价回收单等资料后，进行销案处理。

5. 固定资产转让

由经办部门提出申请，物资采购管理部门负责通过询价等途径了解市场行情后对报废资产进行估价，并会同专业部门拟定转让方案，方案审批完毕后，由物资采购管理部门完成固定资产实物转让合同的签订与执行等工作，并负责收回价款，连同批复文件、合同、协议以及其他单证一并报送财务部门进行账务处理。固定资产的公开转让是指以招标、拍卖、挂牌的形式进行的固定资产转让。根据国有资产评估管理有关规定需要进行评估、备案的资产转让，应按相关规定办理拟转让资产的评估、备案手续。

6. 固定资产置换

由经办部门提出申请，由物资采购管理部门与置换商谈判，商议置换价格。置换合同由物资采购管理部门负责签订，专业部门组织使用部门进行资产拆除并填制置换资产实物清单，清单经专业部门、使用部门与物资采购管理部门签字后连同审批文件、合同、协议以及其他单证一并报财务部门进行账务处理。换出资产由财务部门对原资产卡片进行报废，换入资产由建设部门在工程项目完成初验后向财务部门提供转资依据，建立固定资产卡片。固定资产的公开置换是指以招标、拍卖、挂牌的形式进行的固定资产置换。

第二节 通信企业基于价值管理的固定资产管理

一、通信企业固定资产管理概述

通信企业固定资产按性质划分，主要有自有房屋、房屋附属设备、线路资产和线路附属设备、通信设备、计算机网络设备等。线路资产是指局间中继线路、主干、支干线路至分线盒（含分线盒）以上的线路及楼宇综合布线。分线盒作为固定资产并入主干线路价值，不单独建卡核算；分线盒以下的线路不作为固定资产管理。所有线路类固定资产按起止地点建卡核算。房屋附属设备和线路附属设备，消防、空调、电梯、监控设备等易拆除的设备应单独列示。新建客户工程或其他工程项目的房屋综合布线与设备布线应分别纳入所属房屋装修或主体设备中管理和核算，不单独建立固定资产卡片；如属于资本化的后续更新改造项目，或者无装修可依附的房屋综合布线项目，则可以单独建卡核算。公司购置计算机、通信设备或网络资产所附带的、未单独计价的软件；或者虽单独计价，但必须依存于所购置的计算机、通信设备或网络资产存在而组合使用的软件，其价值纳入相关的硬件设备作为固定资产。

通信企业固定资产按网络层级划分，主要有一级干线资产、二级干线资产、本地网资产及其他固定资产。一级干线资产是指各省（自治区、直辖市）之间的通信设备及线路、国际通信设备及线路；二级干线资产是指省内各地市之间的通信设备、线路及附属设备；本地网及其他固定资产是指除上述一级干线、二级干线以外的各类固定资产。

通信企业固定资产品项杂、存量大、增量多、更新快、分布广、变动频，普遍存在以下问题或现象：

1. 资产账实一致率有待提高

管理责任归属不明确，导致对资产实物管理不到位；资产实物管理源头数据不清，转资不及时，造成后续的实物管理困难；实物日常变动较频繁，地理分布区域广，实物的管理和财务资产账管理未实时同步，导致账实不符；财务账和实物颗粒度上不一致，未能有效关联与交互，导致账实不符。

2. 资产利用率有待提高

未建立健全的闲置资产或沉没资产统计机制，不能有效从全局了解资产的闲置状态，提升资产利用率；没有完善的闲置资产再利用推进机制，建设部门没有动力优先使用闲置资产。

3. 自动化技术支撑不足且信息系统缺乏有效集成

部分资产管理业务活动缺乏有效的 IT 支撑，停留在手工操作层面；资产的实物管理和财务管理业务活动虽然都有一定的信息系统进行支撑，但这些系统均独立建设，且缺乏有效集成，导致资产信息无法共享，且系统间资产信息的不一致（如资产地点信息）。

二、通信企业基于价值管理的固定资产管理

我们可以按照问题导向确定通信企业固定资产价值管理驱动要素。一级驱动要素是网络资产管理、办公类资产管理、物业资产管理、信息化类资产管理。同样地，在一级驱动要素下确定二级驱动要素，最后落实到关键措施上。基于价值管理的固定资产管理逻辑如图 10.1 所示。

（一）在网络资产价值驱动要素下，关键举措应包括以下内容

1. 管理支撑

对设备进行全生命周期的管理与追踪，建立网络资产的技术鉴定协同机制。

2. 资产盘活

一是构建闲置资产共享信息平台，制定分类和专项闲置网络资产季度清查与盘活机制，出台相关激励考核办法；二是构建资产信息共享平台，界面化展示闲置信息，周期性与专项性清查闲置资产；三是强化资产分库龄管理，将清理盘活常态化；四是收入强相关资产与市场产品设计、渠道开发协同；五是制定专项产品政策（如流量包政策），制定专属渠道政策（如宽带小区包销政策），定向投放到闲置资产所处的市场；六是建立网络资源利用率提升责任机制，并完善低利用率网络资源分析与通报机制；七是资产利用

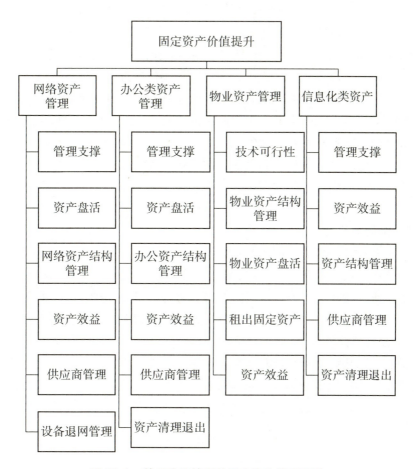

图 10.1　基于价值管理的固定资产管理逻辑

率与投资额度分配挂钩；八是资产利旧列入可研设计环节、列入物资采购审批环节；九是建立网络资产管理责任倒逼机制；十是全面清理并制定闲置网络资源盘活方案；十一是优化资产调拨机制与调拨流程，对闲置网络设备进行合理调拨。

3. 网络资产结构配置

重视移动通信技术的发展，如5G推广与应用；重视资产结构规划与市场战略规划的协同，资产布局结构与市场高价值战略区域的匹配，不同专业间资产规模的匹配；重视基础资源与收入直接相关资源的协调配置；强化新增资源置换实施方案；关注核心资产的自有情况；关注资产账龄，保持合理的结构。

4. 资产效益管理

实施闲置网络资产的再利旧工作；通过技改、技创来提升老设备性能；弃置低效率、无法再创收的资产；建立与市场前端部门的协同机制，通过业务引导提升无线网络资源利用率、提升闲置宽固网络资源利用率；加强对稳定表现差的设备的采购限制；利用闲置网络资产租赁创收；完成资产相关性成本评估；关注资产强相关性的收入流失情况，倒逼前端的市场经营行为；关注资产强相关性收入的市场拓展，倒逼投资建设以提升网络经济效益；投资额度向回报率高的资产需求倾斜；全省视角对网络资产进行合理的跨地区调拨。

5. 供应商管理

改进资产和设备的合同条款；加强与供应商合作，研讨对于闲置或下电资产的资源置换或技术改造再用；分析不同供应商设备在后续运行过程中的维修率、维修费用、维保成本、节能减排效果（设备功耗），辅助下次采购决策；改进基础设施的合同条款；优化维保条款以延长资产使用寿命。

6. 设备退网管理

建立废旧物资清理与回收再利用机制；研究在网超长服务设备/平台对网络质量和维护成本的影响及退出机制，提高综合维护效益；对退网设备进行技术鉴定，及时维修可利旧设备，为调拨做准备。

（二）在办公类资产价值驱动要素下，关键举措应包括以下内容

1. 管理支撑

建立办公资产全生命周期信息化管理系统，强化资产责任化管理机制是实现办公类资产管理价值提升的管理支撑。

2. 资产盘活

优化资产调拨机制与调拨流程，实现闲置资产快速流转；周期性与专项性清查闲置资产；建立资产管理责任倒逼机制；强化资产分库龄管理，将清理盘活常态化；将资产利旧要求纳入物资采购审批环节。

3. 资产结构配置

加强资产租赁与购置结构管理和资产账龄结构管理。

4. 资产效益管理

资产成本对标化管理，注重资产成本与收入相关联，资产配置标准与资

产效益相联系。加强对低成本供应渠道的使用（例如电子商城模式）；提升集采比例，降低采购成本。

5. 供应商管理

加强与供应商合作，研讨对于闲置或待处理资产回收改造再用。建立透明化的采购平台，完善比价机制。强化合作伙伴关系，充分利用供应商资源。

6. 资产清理退出

建立常态化资产鉴定机制、定期清理机制，释放仓储资源。

（三）在物业资产价值驱动要素下，关键举措应包括以下内容

1. 物业资产结构配置

通过对物业资产自建、购置与租赁的长期成本对比分析，优化调整不同物业资产模式的比例；对购置物业资产进行综合使用规划；提升局房类物业的自建比例，提升汇聚机房类物业的购置比例，提升核心营业厅物业资产的购置比例；强化新增资源置换实施方案；优化租赁房产的使用，优化租赁的物业设施的使用，增加对灵活并可扩展的物业设施的使用。

2. 物业资产盘活

建立物业资产的盘活与评估机制，盘活低利用率的物业资产；建立物业资产闲置责任倒逼管理机制。

3. 租出固定资产

关注资产记录的完整性，关注出租收入回收的及时性与完整性，提升长期租赁合同占比。

4. 资产效益管理

开展分类（地点/区域/商圈）对标产能评估、自用和外租效能评估。

（四）在信息化资产价值驱动要素下，关键举措应包括以下内容

1. 管理支撑

建立量化的前评估后测评机制。

2. 资产效益管理

定期开展使用量评估，将资产成本责任化，并定期进行通报；建立低效/闲置信息化资产责任追究机制，把信息化系统利用率与投资额度分配相关联。

3. 资产结构配置

关注对新兴渠道（如互联网）的信息化支持，关注偏业务类应用平台的开发与评估，在短期业务支撑平台建设与基础平台（如大数据战略平台）之间进行平衡。

4. 资产清理退出

建立常态化资产鉴定机制、定期清理机制，释放存储资源。

同时，要围绕资产管理支撑重点开展以下工作：一是建立资产全生命周期管理（规划、采购、物流、建设、在用、在库、处置）机制；二是掌握全量（现网、在建）资源信息，构建存量资产全景图，倒逼相关部门重视和提升资源准确性；三是构建资产动态监控系统及监控机制；四是构建资产效能分类评估机制；五是建立资产经营与业务管理的协同机制；六是建立资产闲置/低利用率/低效益责任追究机制；七是建立按资产类别定期、不定期抽盘、巡检（自检）与评估机制；八是建立可移动、可频繁调拨资产的重点抽查、巡检管理机制；九是明确资产管理组织模型，明确使用部门、专业部门、财务部门以及相关岗位在资产管理过程中的相关职责；十是通过资产实物编号、资产标签号、物理资源编号之间的关联关系，建立物资、资产与资源的关联与互动。

第三节 通信企业基于价值管理的沉没资产例外管理

一、沉没资产的含义

沉没资产是过去"零/负收益"项目（或者低收益项目）下形成资产的统称，即曾经投入失败的资产。与业务快速发展、投资快速迭代相比，通信企业工程项目管理改进速度十分缓慢，管理工具特别是资产管理工具十分落后，导致日积月累下来的沉没资产体量庞大。对于此类资产，应尽可能避免浪费，遵循成本效益原则和例外管理原则，采取相应的激活措施，使沉没资产不再"沉没"，发挥应有的绩效。

二、沉没资产管理方法

由盘清沉没资源的底数开始,展开激活工作,通过专属产品、政策、队伍,开展二次营销、扩容改造、拆闲补忙等KAI来实施激活。

(一) 通信企业沉没资源激活的基本路径

1. 盘查

盘查沉没电路、沉没端口、沉没设备、沉没物业、沉没人力、沉没终端。主要的沉没资产有四类:沉没物资、沉没端口、沉没基站、沉没专租线。

2. 激活

采用专属产品、专属政策、专属队伍、二次营销、扩容改造、拆闲补忙。基于竞争态势,遵循"在用户端、渠道端、公司三者之间寻求最佳利益平衡格局"的原则,在设计激活政策时,重点考虑专属成本回收和价格体系的保护,最大限度地释放沉没资源的营销价值空间,形成差异化的竞争优势。对于闲置物资,建立内部交易平台,及时透明展示相关信息,配套激励与约束机制,促进闲置物资在公司各单位之间流动、再利用。

3. 长效管理

建立虚拟工作小组,采用成熟的商业模式,配套建立定期统计制度、定期通报制度和激励约束制度等。

(二) 通信企业沉没资产的激活应该分类推进

1. 建立激活状态分析矩阵

以体系化程度为横轴,以工作成效为纵轴,将沉没资产分为四类,对应采取不同的激活措施,实现分类管理。四类分别是象限Ⅰ:工作成效高、体系化程度高;象限Ⅱ工作成效高、体系化程度低;象限Ⅲ:工作成效低、体系化程度低;象限Ⅳ:工作成效低、体系化程度高。如图10.2所示。

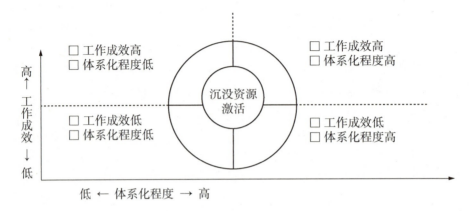

图 10.2　沉没资产激活状态分析矩阵

2. 分项实施

对不同沉没资产差异化推进激活工作。

（1）沉没端口激活。非 FTTH 部分，对有市场潜力、有配套专属政策的节点，分析提升症结，加快提升速度；对无市场潜力节点，确定责任人，限期关、停、并、转；强化前测后评机制，避免出现新增。FTTH 参照非 FTTH，制订激活计划，推进激活行动。

对于沉没端口激活主要做法为梳理端口利用率低于 30% 的封闭型目标市场，提供专属产品，对标倾销价格来定价，承包给代理商，限期完成激活目标，并发动公司相关人员开展专项劳动竞赛活动。如图 10.3 所示。

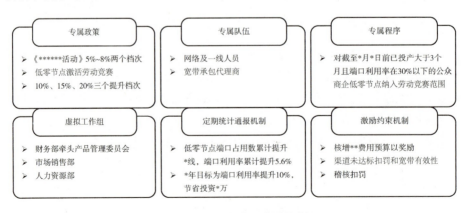

图 10.3　沉没端口激活机制

(2) 沉没专租线激活。基本措施是盯紧责任部门、责任人，强化通报机制，形成比学赶超的良好氛围；开展定期核查，给予属下分公司准确指导；制订专属的回流产品与佣金政策；强化系统支撑，实现提前预警，避免新增沉没专租线。

应建立离网用户激活资费政策专家小组一事一评工作模式，摒弃一刀切式的显性资费政策；优化拓展、维系佣金体系，重视对维系的驱动；同时配套流失预警和责任追究机制，强化保有，如图10.4所示。

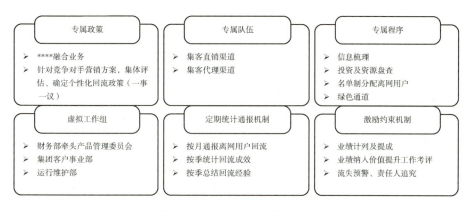

图10.4 沉没专租线激活机制

(3) 沉没基站激活。基本措施是制定激活办法，正向引导一线关注流量释放后形成的蓝海空间；建立动态通报机制，提升关注力；严格落实奖励机制，定期兑现提升成果相应奖励。

沉没基站激活主要根据基站话务及流量数据、erl话务单价及流量单价，结合各基站租金水电支出，测算得出基站的运行盈亏情况。对于不能弥补日常运行成本的基站，作为效能提升的目标基站；对目标基站话务量或流量提升超过10%（含）的基站，给予属下分公司准利润考核加分。如图10.5所示。

(4) 沉没物资激活。围绕拆回、鉴定、使用、库存、通报、考核、新购等环节建立闭环管理机制；强化责任意识，确定重点环节、重要指标的责任部门、责任人及控制目标；强化系统建设，明晰展示进、用、存数据以及物品状态，有效指导前端。

对交易平台进、销、存数据实时更新，财务部门按月提取交易平台内部转移价值应用于价值贡献度的考核。如图10.6所示。

图 10.5 沉没基站激活机制

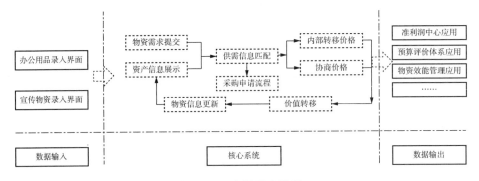

图 10.6 交易平台流程

第四节 ABC 公司基于价值管理的固定资产全生命周期管理

一、背景

通信企业固定资产管理过程中普遍存在以下五个方面的问题：一是工程项目完工转固定资产时，普遍存在地点信息填写不规范、不准确，审查不严，导致账实不符；二是资产调拨或存放地点发生变动时，没有及时办理资产变动手续，没有及时更新地点信息，导致账实不符；三是资产管理责任人岗位变动时，资产标签和台账未及时更新管理责任人信息，导致责任主体混乱；四是资产分散、监控困难、被盗现象严重、防盗工作难度大；五是父资产与子资产映射关系不准确，导致部分资产计量不准确。

二、举措

ABC 公司紧扣以下 KAI 来解决固定资产管理中存在的突出问题：

一是将责任制落实到每一项资产和每一个管理环节。建立固定资产分级管理机制，分级落实资产管理责任，确保每条资产的管理都落实到明确的责任人；建立分级台账管理制度，定期进行账账、账实核对，发现差异当即向管理责任人发出《核查督办单》；落实资产盘亏责任追究制度，对人为原因造成的资产损毁、盘亏，坚决追究资产责任人的管理责任，按照规定赔偿并通报。例如，对营业厅内固定资产（家具）配置通过以下清单跟踪管理，营业店长为第一责任人（如表 10.1 所示）。

表 10.1 营业厅固定资产清单跟踪管理

序号	资产标签号	资产名称	资产类别	资产类别描述	制造商	资产型号	资产数量	计量单位	资产关键字	资产创建日期	资产启用日期	折旧方法	使用年限	员工姓名	所在地点描述	使用状态	资产来源
1	*	传真机	*	*	松下	松下 kx-ft76cn	*	*	*	*	*	*	*	*	*	*	*
2	*	PC机（台式）	*	*	联想	联想 M4600/15" 液晶电脑	*	*	*	*	*	*	*	*	*	*	*
3	*	自动清单打印机	*	*	普声	西安普声	*	*	*	*	*	*	*	*	*	*	*
4	*	复印机	*	*	理光	理光 FT-4615	*	*	*	*	*	*	*	*	*	*	*
5	*	针式打印机	*	*	爱普生	爱普生 LQ-630K	*	*	*	*	*	*	*	*	*	*	*

续上表

序号	资产标签号	资产名称	资产类别	资产类别描述	制造商	资产型号	资产数量	计量单位	资产关键字	资产创建日期	资产启用日期	折旧方法	使用年限	员工姓名	所在地点描述	使用状态	资产来源
6	*	一体机	*	*	联想	M7205	*	*	*	*	*	*	*	*	*	*	*
7	*	双屏自助终端	*	*	江苏国光	大堂式（双屏）	*	*	*	*	*	*	*	*	*	*	*
8	*	激光打印机	*	*	HP	文景A200	*	*	*	*	*	*	*	*	*	*	*

二是将建设、验收、变动、盘点等全流程纳入标准化作业管理。规范项目转固流程，严格执行转固验收制度，从源头上控制转固的工作质量；成立跨部门、跨专业的项目转固工作小组，小组成员包括财务部项目会计、纪委监督人员、物资记账员、资产管理员、建设部项目经理、运维部资产管理员等利益相关各方，互相监督。规范资产变动流程，资产拆迁或退网必须由资产责任人现场清点，登记造册；安置到新地点的，必须由资产责任人签字确认；拆回退库资产必须存放入公司仓库，不得存放在合作单位仓库，同时，敦促建设和运维部门限期利旧。实实在在开展资产盘点，不走过场，不流于形式，盘点后，开展交叉检查，按以下指标进行量化评分，评分结果纳入年度评优选先活动中。

1. 资产标签粘贴与卡实匹配情况

重点检查以下六个内容：是否按照固定资产要求对每项资产粘贴固定资产标签；标签内容是否与资产实物一致；是否每个资产标签编码唯一，并与固定资产卡片一一对应；ERP系统中的资产卡片信息是否与实物实际的名称、型号、类别、地点、专业等信息一致；是否按照固定资产颗粒度要求实现一物一卡，且不存在打包或条目过细情况，资产卡号唯一；每项资产是否均落实资产责任人，并与卡片中的责任人信息一致；资产管理员是否有ERP系统更新资产地点等专业信息的权限，并及时在ERP系统的卡片中更新资产变动信息。

2. 固定资产台账的建立和维护

检查机房资产台账信息，是否包括设备名称及规格型号、启用日期、网络设备类型、生产厂家、计量单位、数量、使用状态、使用部门、责任人等信息。检查台账信息条目清晰、记录规范、真实准确、有更新信息记录，更新周期不大于3个月。

3. 资产新增与变更的责任确认是否符合规范

检查工程新增资产在转资时是否有交接双方签名确认，是否及时按规定流程办理固定资产调拨（借用）手续，资产调拨记录是否真实、准确，调拨资产是否得到相关责任人员的确认。

4. 固定资产系统卡片信息准确性

检查资产用途等应用领域的划分。资产类别、资产关键字、会计科目与资产专业部门是否准确和匹配；是否有按要求根据准利润成本中心划分准利润中心资产；资产明细表所列其他信息。

5. 资产清查盘点及损失申报处置情况

检查是否由财务部门牵头制定《盘点计划》。固定资产盘点表及盘点报告是否经参加盘点人员审核签字，盘点报告是否经专业归口管理部门负责人审核。根据盘点表结果核对资产名称、规格型号、资产存放地点、资产状态等资产情况是否真实、准确。资产盘盈、盘亏、报废、减值等处理是否按规定流程经专业部门、审计部门、纪检监察部门、财务部门会签。是否按照规定对资产损失相关责任单位和人员进行追究。对于非正常损失的资产是否已出具责任认定报告书。经清查盘点后报废资产处置与管理是否合规，是否已下电并移交给物资部门处置。

6. 闲置资产管理与资产盘活情况

检查是否制定了本地化的闲置资产再利用流程与举措；是否建立了闲置资产库，并以月为周期对闲置资产的新增、调拨、再利用情况进行信息统计，是否存在遗漏申报的闲置资产。是否制定了本地化的资产再利用流程与举措。

7. 改造 IT 系统，实现固定资产动态信息的及时提醒、及时更新

将父子资产的映射关系固化到系统中，减少计量偏差；将固定资产的形成、调拨、账务、盘点、账实比对、责任考核纳入系统管理。

三是创新管理模式。

在资产装配前、装配中、装配后全过程九大环节梳理薄弱点，确定改善举措，以项目制方式推进价值管理。如表 10.2 所示：

表10.2 固定资产全流程精效管理项目重点工作清单（示例）

九个关键节点	①设计/可研	②下订单	③入出库	④物料平衡	⑤实物退库	⑥资产转固	⑦库容库存上限管理	⑧盘盘盈亏调拨报废处理	⑨6S标准化
优化流程	列示全企业闲置资产库存情况并与年度采购需求比对	简化利旧情况下的调拨单流程	以×分公司为标杆，总结经验，规范全省物资出入库单填写	重新梳理流程关键节点并强化	重新梳理实物退库流程，重大退库增加纪检介入流程	强化运维部接收后的管理责任的考核	基于安全存量的考核	完善财务处理流程	细化、量化、清单化，例如：仓库安全清单
	—	优化订单下沉后的流程	基于电子商务平台，建立二级全仓（仓库）管理流程	—	—	—	—	以×物资处置流程穿透为基础，重新检视流程的科学性	—
完善机制	及时兑现实物利旧利旧激励并广泛宣传	—	交叉检查，知识竞赛，比学赶帮，夯实物资基础管理	建立辅材基准定额机制，建立抽查及针对问题的处罚机制。	建立场景明确"分场管理"为利旧第一责任人；将利旧计划落实情况纳入考评	完善运维部门对资产数量和质量抽查的反向监管机制	将管理要求严格落实到横纵向考核办法中	建立由上级公司主导的月度抽盘机制	交流、考评机制
	—	订单下沉到小批地市；建立小批量、高频次采购模型并落实	—	—	—	与审计部建立信息共享机制	—	责任评估和追究：每月依据物资管理办法评定损失责任并追究	先试点，再总结，然后全面推进
增强手段	开发系统，自动比对采购需求与闲置物资	—	—	—	—	稳步推进基于NB-IoT的存量资产监管模式	—	—	仓库集中视频监控

第十章
基于价值管理的固定资产管理

四是持续优化基于 NB – IoT 的固定资产监管模式。

ABC 公司通过充分论证，发现以二维码和 RFID 监管资产均存在一些问题，例如：均未能摆脱人工模式导致信息准确程度不可靠，标签容易损坏导致识别不清，需专门部署环境与硬件、成本高。而 NB – IoT 功耗低，覆盖深，设施成本低，尤具优势的是与 GPS 组合后可实现全过程自动化信息采集，从而至少能够达到以下五个管理效果：一是资产管理可视化和透明化，发收货、运输、暂存仓等环节全面可视，可大幅度提升各环节的配合效率和规范性；二是资产管理流程和成本优化，可直接发货到安装点/指定分包商，基本实现去仓库化，物流时间和空间大幅度扁平化，"多次装卸运"可以压缩为"一装一卸一运"，物流体系得以重构，可节省大量物流仓储成本；三是资产盘点自动化，可在五分钟内输出全公司实物盘点结果，提高盘点效率和信息的准确性，可节省大量的车马费；四是资产安全防范主动化，通过叠加电子围栏、震动告警等手段，资产被非法移动时自动告警，可避免资产损失；五是灵活可扩展，充分挖掘数据价值，未来可无限叠加其他传感器，可采集所需要的管理甚至业务信息。基于 NB – IoT 的固定资产监管逻辑如图 10.7 所示：

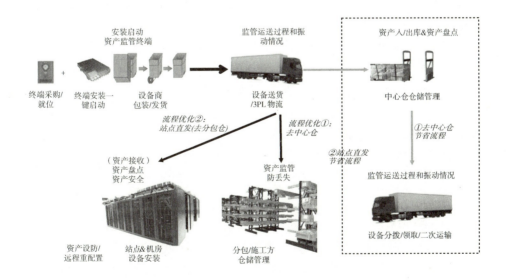

图 10.7 基于 NB – IoT 的固定资产监管逻辑

ABC 公司扎实推进上述四个方面的举措，系统性地解决了固定资产管理过程中存在的老大难问题，用不到一年的时间使固定资产账实相符率由 98% 提升到 99.97%。并且，通过责任制的刚性推行，使得此项工作持续得到了广泛重视和认真落实，并形成了齐抓共管的资产管理文化。

上述常规管理举措控制了增量问题，而对于存量问题譬如庞大的沉没资产，ABC 公司是以例外管理方式来实现价值提升的，以 ABC 公司属下的某地市分公司为例：

一是聚焦突出矛盾，以"重点抓、抓重点"为原则锁定激活对象。该分公司于 2012 年 5 月份启动了为期半年的资产清查活动。通过统筹规划、精心组织，摸清了资源底数与问题根源。全市共统计出闲置宽带端口 29.67 万个，其中 FTTH9.95 万个、闲置专租线 1571 条、闲置基站 502 个。闲置资源对应的资产原值 3.65 亿元，月折旧 421.49 万元，占公司月折旧总额的 10.81%，占公司月利润总额的 12%。ABC 公司组织相关技术人员和管理人员在分类分析的基础上，最终锁定"目标市场选择失准、市政规划掌握不足、物业环境判断失误、投资效益前测不严、技术方案设计偏差、滞后完工客户不满、运行质量客户不满、投资责任追溯缺失"等八个方面的问题。然后逐个研究对应的解决方案，由点及面，由面成体，形成了市分公司网络效能提升专项工作计划。

二是专项开展沉没资源激活工作。该分公司针对上述八个方面的问题，按照价值管理逻辑图，确定一级和二级驱动要素，专项开展沉没资源激活活动。在闲置专租线激活方面，一是配套专属政策、专门队伍、专门的营销和管理模式。二是建立离网用户激活资费政策专家小组，采取"一事一评"等灵活的工作模式和显性资费政策；优化拓展、维系佣金体系，重视对维系的驱动。仅仅实施四个月，共激活、回流用户 12220 户，涉及资产和月折旧分别为 11086.92 万元与 212.55 万元，月增收 325.74 万元，累计增收 1377.65 万元。在闲置宽带端口激活方面，其一为针对闲置节点，提供专属产品（只售 50M 宽带），对标友商倾销价格来定价，承包给代理商，限期完成激活目标，并发动公司相关管理人员开展专项劳动竞赛活动。其二为配套建立客户工程低产出、零产出项目稽核与奖惩办法，追究闲置资产相关的设计单位、技术经理的管理责任和经济责任。六个月的时间里共激活端口 15873 个，涉及资产和月折旧分别为 2529.38 万元与 46.11 万元，月增收 135.23 万元，累计增收 876.82 万元。在闲置基站激活方面，其一为对基站话务及流量数据、erl 话务单价及流量单价进行分析，结合各基站租金水电支出，评估各基站盈利能力。对于不能弥补日常运行成本的基站，作为效能提升的目标基站。在此基础上，锁定低话务量、低流量和零话务量基站 726 个，其中：3G 基站 221 个、2G 基站 505 个。其二为分类制定考核办法。对于低效能基站，话务量或流量每提升 10%，在组织绩效考核中加 1 分；提升 20% 以上，在组织绩效考核中加 2 分；对于 0 效能基站，话务提升到 100erl 以上或流量提升到 1000M 以上，在组织绩效考核中加 1 分。经过半年的努力，共盘活沉没基站 117 个，涉及资产原值 7819 万元，月折旧 130 万元。

第十一章 基于价值管理的人力资本管理

第一节 人力资本管理概述

一、人力资本

20世纪60年代,美国经济学家舒尔茨和贝克尔创立人力资本理论,其认为:人力资本是体现在人身上的资本,即对生产者进行教育、职业培训等支出及其在接受教育时的机会成本等的总和,表现为蕴含于人身上的各种知识、劳动与管理技能以及健康素质的存量总和。德鲁克则从另一个范围对人力资本进行了定义:手工工作者是一种资源成本,而知识工作者则是一种资本,这种资本就是通常所说的人力资本。

在学术界,通常将人力资本分为四个层级:核心层、关键层、潜力层、基础层。各层级并非泾渭分明,而是互为转化的。例如:潜力层上升为关键层,关键层上升为核心层。在移动互联网时代,由于管理边界的模糊化,这些转化成了常态,因此,这些转化的过程是人力资本管理的重点。在人力资本层级发生转化的同时,人才管理策略也应随之变化。

二、人力资本管理

人力资本管理是指将企业中的人作为资本来进行投资与管理,并根据不断变化的人力资本市场情况和投资收益率等信息,及时调整管理措施,从而实现组织和员工个人同时、长期得到价值回报。

人力资本管理的总任务是提高企业生产率和经济效益。具体任务是:第一,有计划地进行人力资源优化配置;第二,持续优化工作说明书和工作规范，并将其作为业绩评估的依据，根据评估的结果，运用合理的报酬、福利、提升及其他激励形式，激发员工积极性和创造性。站在员工的角度概括性地讲，移动互联网时代，人力资本管理的主要任务是人力资本的产权尤其是收益权的实现。

三、人力资本管理、人力资源管理及人事管理

人力资源管理是企业知识管理的核心，人力资本管理是人力资源管理的核心。人力资本管理与人力资源管理相比，其先进点在于人力资本管理更偏重关注人的可持续发展，重视通过培训和激励并重等多种"投资"手段来提高人的价值。而人力资源管理是立足于人的现有状况来挖掘潜力，偏重于激励手段与方式的进步。人事管理是将管理对象锁定为具体的个人，以建立雇佣契约关系为主要管理目标，劳动法与劳动手册规章是人事管理的主体依据。

人力资本管理注重投资与回报之间的互动关系，并结合市场分析制定投资计划，因而相对来说更为理性，对市场变化更为敏感，侧重点和衡量尺度更为明确。传统的人事管理和人力资源管理都没有过时，仍是人力资本管理的技术基础。人力资本管理正是通过整合人力资源管理的各种手段，而获得更高水平的价值实现。

第二节　基于价值管理的人力资本管理

一、人力资本价值

（一）人力资本价值的定义

人力资本价值是指以一个量化的标准，来衡量企业内部不同层级人力资本的单位生产力，即公司收入中真正由"人"所创造的那部分价值。人力资本价值可进一步解构为：组织对个人的投资产生的价值、个人和组织结合产生的价值、组织创新产生的价值。组织创新产生的价值属于隐性人力资

本，是组织内部不可转移的价值，来源于组织的传统和文化，这也是 ABC 公司连续多年领先的法宝。

（二）人力资本价值的特性

1. 专属性

专属性指一种人力资源一旦从企业或组织中脱离，将给企业或组织带来巨大的经济损失；或者说，某种专属人才若退出企业，不仅会给企业带来损失，而且会给自己造成损失，因为其专属价值在企业外部将得不到充分体现。

2. 弹性

作为主体的个人，他有做出努力和不做出努力的选择，而这种选择直接决定创造价值的大小。

3. 能动性

人力资本是活的资本，而世间其他物力资本和自然资源都是死的资源，其本身并不会自行释放出生产力，必须要有人力资本的投入才能获得效益。因此，人力资本的能动性是最大的生产力和社会财富，是科学技术得以不断进步的动力和源泉。

二、人力资本价值评估

（一）人力资本价值形成的途径

资深的人力资源管理专家们喜欢将人力发展的途径定义为：人手、人才、人物；把人力资本价值形成的途径定义为：正规教育、职业培训、医疗、卫生、健康保健等。

（二）人力资本价值评估手段

在组织层面，人力资本价值评估手段主要有以下三种：

1. 人力资本成本会计法

20 世纪 70 年代，美国会计学者弗兰霍尔茨将人力资源成本会计定义为："为取得、开发和重置作为组织的资源的人所引起的成本的计量和报告。"其理论基础是：人内在劳动能力的价值只能推测、判断而无法准确计量,但它创造出的外在价值却是可以计量。人力资本会计是对人力资本本身具有的价值进行计量和报告。它所能反映的人力资本价值既可以是人力资本过去创造的价值,也可以是人力资本将来能够创造的价值。人力资本会计与传统会计进行了融合,一是引入人力资产、人力资本和劳动者权益等概念,将会计平衡公式变为"物力资产+人力资产=负债+劳动者权益+所有者权益";二是定期出具人力资本管理会计报告。

2. 人力资本记分卡法

布瑞·贝克和马克·霍思利德通过对3000家公司的研究,勾画了将人力资本管理根植于公司战略的七步程序,并依据这七步程序对企业的人力资本管理进行评价:明晰企业战略、分析企业价值链、与战略相关的绩效要求、员工的能力素质、保障措施和相关政策、构建测量体系和定期重估。

3. 基于人力资本成熟度模型的评价方法

这是由卡耐基·梅隆的软件工程研究所开发的一个管理方法,旨在指导组织改善人力资源管理流程,帮助组织提高人力资本成熟度,建立持续的人力资本发展规划,设立优先方案,并对人力资本发展及业务流程管理进行有效整合,营造优秀的组织文化氛围。该方法按照人力资源资本成熟度模型将企业人力资本管理水平划分为五个等级(或阶段),分别是初级层、可管理层、可定义层、可预测层、最优化层。

上述三种评估办法中,人力资本记分卡法必须以完善的信息系统为基础;而且,设计过程需要耗费大量时间,并增加员工的工作量,如果沟通不力,就会给企业带来沉重压力。

而基于人力资本成熟度模型的评价方法必须非常注重细节和过程,过于繁杂、琐碎,光是模式本身的讲解就可能长达上千页,成本高,且极易忽视与企业整体发展战略的匹配性以及对人力资本战略本身的关注,对于实力较弱的通信企业而言,并不适用。

人力资本会计法有传统会计理论和探索实践作为基础,特别是关键变量都能可靠地计量,因此,应是中国通信企业优先选择的一种低成本高性价比的方法。

除此之外,人力资本价值评估方法还有非货币性模糊计量法、托宾q值法、"斯堪的亚导航器"模型等。这些方法的共同特征是比较复杂、偏于理论、实操性不强,所以,不是本书研究的重点。

第三节　通信企业基于价值管理的人力资本管理研究

一、通信企业人力资本管理状况

（一）对经营者期望值的平衡管理问题

中国通信企业普遍建立了现代企业制度，其所具有的经营权与所有权"两权分离"的特征促进了行业发展，但正是由于"两权分离"，导致了现代企业制度的组织缺陷——代理问题以及由此而产生的"内部人控制"现象。在这种情况下，如果想要人力资本的所有者即企业经营者为实现企业所有者的目标而努力，就必须建立有效的激励机制，按经营者达到的业绩水平给予恰当的奖励。企业激励机制有助于协调企业委托人与代理人的矛盾，从而减少代理问题。对经营者的激励问题存在的根源是经营者作为经济人，他们有自己的利益偏好、激励期望和价值创造目标，他们不会自然而然地把企业所有者的利益作为自己的行为目标，否则对其进行激励就是多余的。

（二）人力资本结构优化问题

通信企业在人力资本的投资方面往往采用的是薪酬总额刚性管控方式。对薪酬的管控，很容易陷入一个减法陷阱。例如在经济不好、业务不好的情况下，由于薪酬占成本体量大，就成了首选压控对象，而越在人的成本上做减法，人的能力与动力就必然会持续下降，业务也就越差，然后陷入继续控制成本的恶性循环，最终变成了成本控制的减法陷阱。

虽然通信企业都按照国家的要求实行岗位绩效工资制度，也有激励性薪酬与绩效挂钩的联动机制。但在实际操作中，基本工资是固定的，绩效工资其实也是固定的，同级别的职位上薪酬都差不多，板结现象较为普遍。客观讲，多年以来，分配机制上的平均主义并没有根本性的变化。

（三）人力资本流动性不足的问题

移动互联网的发展为打破层级、区域和时间边界提供了前所未有的迅捷而有效的工具。国内已不乏成功案例，例如：海尔的价值链共赢平台、滴滴基于模糊主体的共享模式、华为大学的知识整合传播平台。而通信企业在这方面的行动明显迟缓，未发挥出自身的优势，甚至于企业内部人力资本流动起来也是困难重重。

二、通信企业人力资本管理的关键举措

（一）建立合适的激励机制消解代理问题

管理好经营者的期望值，实现经营者的利益偏好与价值创造目标相平衡是人力资本管理的首要任务。要突破传统激励模式，借鉴华为等成功企业经验，从股权、年金等分享型激励机制建设方面进行破局。要帮助员工制定工作与生活平衡的计划，针对本企业的核心骨干人才，不仅要让他努力工作，还要尽可能地帮助他维系工作与家庭的平衡。还要针对员工的实际困难，建立员工援助机制，为员工解压，如成立运动会俱乐部、工会互助小组等。有些欧美企业开始研究20世纪70年代中国国企办社会的模式，计划通过建设托儿所、集体宿舍等福利设施，来吸引和稳定人才队伍。

（二）建立分类管理机制促进结构优化

要在人力资本价值评估的基础上，对人力资本进行分类，针对不同价值区位上的人力资本要有不同的薪酬分配机制和升降进退机制，做精准化的定制和差异化的配套。例如，针对创造价值最高的20%的人，面子要给足，空间要给宽，宁愿让他们占组织的便宜，也不要让他们受一点委屈；针对创造价值最低的10%的人，严格考核，必要时要淘汰和迭代。

（三）建立动态配置机制促进流动性提升

一是要打破一个萝卜一个坑的模式，实现去固态式的人岗匹配，强化动态的人需匹配。二是要通过多通道机制，真正盘活人才的职业生涯。三是要建立人力资本的内部科学结算机制，促进专属人力资本在不同项目、不同价值中心之间流动，甚至跨企业、跨行业流动。四是要将资源进一步下沉，为一线赋能，组织流程由过去的自上而下变为从前至后，前台可以向中后台调动资源，后台部门逐步平台化，向中台和前台提供相应的产品与服务。

三、ABC 公司基于价值管理的人力资本管理实践

（一）人力资本价值评估

作为高科技企业，ABC 公司认为，人力资本是公司最重要的资源，其对生产经营的杠杆作用大于财务资本。

基于价值管理理论，探寻人力资本与业务发展之间的联动规律，定位人力资本在协调性、经济性、长效性等方面存在的价值创造空间，从而有的放矢地推动人力资本的价值提升。ABC 公司从四个维度（分渠道、分团队、分人员、分岗龄）搭建了人力资本价值评价体系。该体系依据会计"三式簿记"理论，从人力权益、人力收益及人力动力三个角度，对为企业创造主体价值的 20% 的关键人员进行了定期评价。

1. 理论依据

微分三式簿记理论基本方程式为：财务＝资本＝动力。

时间三式簿记理论基本方程式为：现在＝过去＝未来。

在关注人力资本自身价值的同时，人力资本价值评价注重公司对人力资本的投入、产出以及人力资本在未来可预见的会计期间能为企业创造的价值是多少。故根据会计"三式簿记"理论，建立人力资本价值基本方程式：人力权益＝人力收益＝人力动力。

人力权益：是人力资源主体对人力收益的求偿权和分配权，即应该对人力资本付出多大的成本。可近似于工资、奖金、福利费及员工教育、培训等相关费用。

人力收益：特定会计期间企业所有人力资源创造的新增价值。可近似于出账收入。

人力动力：通过人力资本价值杠杆系数体现，即人力收益/人力权益。

2. 评价结果（如表 11.1 所示）

（1）人均人力权益：大客户营销团队最高（1.38 万元），区县商企团队最低（0.28 万元）。

（2）人均人力收益：乡镇营服团队（含代理商）最高（65.25 万元），区县商企团队最低（1.09 万元）。

（3）人力资本价值杠杆系数：乡镇营服团队（含代理商）最高

(64.28)，区县商企团队最低（3.88）。

表 11.1 人力资本价值评价

团队	人力权益（万元）		人力收益（万元）		人力动力（人力资本价值杠杆系数）
	总体	人均	总体	人均	
大客户营销团队	154.35	1.38	1166.96	10.42	7.56
区县大客团队	38.34	0.32	410	3.47	10.69
区县商企团队	61.79	0.28	239.96	1.09	3.88
乡镇营服团队	243.61	1.02	15659.65	65.25	64.28
营业团队	193.69	0.68	2588.18	9.15	13.36
互联网团队	4.39	0.63	173.73	28.95	39.57

综上所述，将六大团队人力资本价值水平进行排名，乡镇营服团队（含代理商）（64.28）＞互联网（39.57）＞营业厅（13.36）＞区县大客团队（10.69）＞大客户营销团队（7.56）＞区县商企团队（3.88）。进一步细分，情况如下（以大客户营销团队为例）。

1）细分到三级团队（如表 11.2 所示）。人力资本价值杠杆系数前五位的为：商务服务、银行、党政、证券、机械制造。人力资本价值杠杆系数后五位的为：文化卫生、科学教育、酒店、电子电器、家居用品。

表 11.2 团队资本价值评价

行业	拓展部	人数	人力权益（万元）	人力收益（万元）	分析指标		
					人均发展用户数	人均收益	人力资本价值杠杆系数
全体人员	合计	112	154.35	1166.96	31.1	10.4	7.56
党政军	公检法军	5	4.75	20.62	7.4	4.1	4.34
	党政	6	8.45	148.1	172.8	24.7	17.54
科教文卫	科学教育	8	12.58	30.84	2.3	3.9	2.45
	文化卫生	6	10.3	13.44	5.3	2.2	1.3

续上表

行业	拓展部	人数	人力权益（万元）	人力收益（万元）	分析指标		
					人均发展用户数	人均收益	人力资本价值杠杆系数
金融	保险	5	10.17	55.63	5.2	11.1	5.47
	证券	6	3.81	51.77	25.3	8.6	13.6
	银行	6	10.72	215.34	7.2	35.9	20.09
民生服务	酒店	7	5.15	13.37	19.9	1.9	2.59
	民生服务	8	11.23	39.77	6.8	5	3.54
服装能源	服装贸易	7	6.89	26.92	26.7	3.8	3.9
	能源化工	7	9.84	33.59	23.1	4.8	3.41
城建房产	家居用品	5	5.19	15.12	8	3	2.91
	城建房产	6	9.57	55.53	10.2	9.3	5.8
物流商务	信息物流	6	4.68	35.07	202.7	5.8	7.5
	商务服务	5	9.76	313.49	12.4	62.7	32.13
机械电子	电子电器	6	6.38	17.13	19.5	2.9	2.69
	机械制造	10	8.22	81.24	10.2	8.1	9.89

2）针对人力资本价值杠杆系数后五位的团队，继续细分到具体个人。价值杠杆系数排名后10%的人员情况，如表11.3所示：

表11.3 员工资本价值评价

团队	姓名	人力资本价值杠杆系数
文化卫生	员工1	0.02
	员工2	0.01
	员工3	1.02
	员工4	0.53

续上表

团队	姓名	人力资本价值杠杆系数
科学教育	员工5	1.06
	员工6	1.39
	员工7	1.56
	员工8	0.38
	员工9	0.29
	员工10	0.46
	员工11	0.52
酒店	员工12	0.05
	员工13	0.02
	员工14	1.74
	员工15	0.18
家居用品	员工16	0.02
	员工17	0.02
	员工18	2.21
	员工19	1.98
	员工20	2.31
电子电器	员工21	0.22
	员工22	2.44
	员工23	0.03

通过上述方法，层层分析解构，找出人力资本价值最低和最高的人员。同理，该公司还分别对乡镇营服等其他团队进行分析。最终，找出全公司人力资本价值提升点，为下一步分类施策提供了量化依据。

（二）激励机制创新

该公司在人力资本价值评估的基础上，建立了基于价值的薪酬分配机制。绩效工资（占全部薪酬的80%）按以下公式结算：绩效工资＝有效发展量×标准积分×积分单价×人力资本价值系数。公式中的"有效发展量"为真实的有效用户发展数量；"标准积分"按照产品价值大小进行确定（产品价值的评估办法详见第七章);"积分单价"由公司价值管理委员会按年度利润预算水平来确定;"人力资本价值系数"按照人力资本价值杠杆系数分级分档确定(人力资本价值杠杆系数按前述办法测算)。

表 11.4　产品人力资本价值系数

类型	标准积分	人力资本价值系数
产品 1	3.5	9.45
产品 2	3	8.1
产品 3	2.2	5.94
产品 4	1.2	3.24
产品 5	2	5.4
产品 6	1.2	3.24
产品 7	1	2.7
产品 8	0.15	0.4
产品 9	0.25	0.68

(三) 成效

ABC 公司运用人力资本会计法对人力资本价值进行了相对准确的计量,为人力资本分类管理的科学实施提供了可能。在此基础上,针对性、动态地分配薪酬和开展激励,在一定程度上促进了员工个人目标与企业目标一致性的提升。高价值人力获取高额度的资源,反之亦然,促进了人力资本的合理流动,提高了资源利用效率,同时也有望解决代理问题和对基层经营者期望值平衡管理的问题。

第十二章 基于价值管理的税务筹划

第一节 税务筹划概述

一、税务筹划的定义

税务筹划是指在不违反法律、法规（税法及其他相关法律、法规）的前提下，利用税法客观存在的政策空间，规避、减少或推迟纳税义务的一系列谋划行为。

二、税务筹划的起源

学术界公认的起源，是20世纪30年代英国上议院议员汤姆林爵士针对"税务局长诉温斯特大公"一案的发言，他说："任何一个人都有权安排自己的事业。如果依据法律所做的某些安排可以少缴税，那就不能强迫他多缴税收。"这一观点得到了法律界的认同，税务筹划第一次得到了法律上的认可，成为奠定税务筹划史的基础判例。之后，英国、美国、澳大利亚等国家在涉及税务判例中，该案例成为经常引用的原则精神。

还有一个重要判例为1947年美国法官汉德在一税务案件中的判词，更是成为美国税务筹划的法律基石，原文如下："法院一直认为，人们安排自己的活动，以达到降低税负的目的是不可指责的。每个人都可以这样做，不论他是富人还是穷人，而且这样做是完全正当的。"

另一方面，由于行为边界模糊和会计人员职业操守不可控衍生的税务风险也客观存在。全球著名会计师事务所毕马威2005年被美国国税局（IRS）认定为使用"滥用性质的避税策略"。IRS表示，1999—2002年期间，上述避税策略使20多家公司至少少缴了17亿美元的税款。该公司19名被告全都面临多项犯罪指控。这是迄今为止美国联邦检察官督办的最大一件刑事税案。

以上表明，税务筹划在合法发展的同时，出现了一些筹划过度的现象，这是对财务人员的警示，也是对企业提升税务筹划能力的要求。

三、相关概念

（一）节税（tax saving）

顾名思义，就是节减税收。是指纳税人采用合法或者不违法的手段达到不交或少交税收目的的行为。是纳税人不违反税收政策法规，在对政府制定的税法进行精细比较分析后进行的纳税优化选择。

（二）避税（tax avoidance）

避税是纳税人在熟知相关税境的税收法规的基础上，在不直接触犯税法的前提下，利用税法等有关法规的疏漏、模糊之处，通过对筹资活动、投资活动、经营活动等涉税事项的精心安排，达到规避或减轻税负的行为。这是纳税人在表面上遵守税收法律法规，但实质上通过与立法意图相悖的非违法形式来达到自己的目的。所以，避税被称之为"合法的逃税"。

（三）逃税（tax evasion）

逃税是指纳税人故意违反税收法律法规，采取欺骗、隐瞒等方式，逃避纳税的行为。

（四）偷税（tax fraud）

偷税是指纳税人伪造（设立虚假的账簿、记账凭证）、变造（对账簿、记账凭证进行挖补、涂改等）、隐匿、擅自销毁账簿、记账凭证，或者在账簿上多列支出（以冲抵或减少实际收入）或者不列、少列收入，或者经税务机关通知申报仍然拒不申报或者进行虚假的纳税申报，不缴或者少缴应纳税款的行为。

（五）骗税（tax deception）

骗税是指纳税人以假报出口或者其他欺骗手段，骗取国家出口退税款的行为。

（六）抗税（tax dodge）

抗税是指纳税人以暴力、威胁方法拒不缴纳税款的行为。

综上所述，节税属于合法行为，避税属于非违法行为，逃税、偷税属于违法行为。节税是顺应立法精神的，是税法允许甚至鼓励的，是税务筹划的主要内容。避税是违背立法精神的，是不倡导的，也会招致政府的反避税措施。在避税的情况下，纳税人进入的行为领域是立法者希望予以控制但不能成功地办到的领域，这是法律措辞上的缺陷及类似问题产生的后果。避税可以被利用作为税务筹划的手段，但是随着税法的逐渐严密和完善，利用空间会越来越小。逃税与偷税的概念基本相同，我国有关法条的规定中没有"逃税"的概念，一般是将其归入偷税的范围加以处罚的。逃税、偷税是被禁止的，要受到法律的制裁，还会影响企业的声誉，使企业遭受更大损失。因此，人们常常说：抗税者野蛮、偷税者愚昧、骗税者狡猾、避税者精明、节税者智慧。

第二节 基于价值管理的税务筹划

一、税务筹划的价值目标

根据诺贝尔经济学奖得主斯科尔斯在欧美各国的研究与实践，具有税务管理意识的 CEO 比没有税务管理意识的 CEO，平均每年为公司多创造的利润高达 38%，可见企业税务管理之重要。

而税务管理中至为重要的战略环节就是税务筹划，税务筹划作为企业税务管理乃至价值管理的一个战略环节，必须服从于企业价值管理的目标——企业价值最大化或股东财富最大化。因此，税务筹划的最终目的也是企业利益最大化。

二、税务筹划的原则

（一）守法原则

税务筹划只能在税收法律许可的范围内进行：一是遵守税法。二是不违反税法。合法是税务筹划的前提，当存在多种可选择的纳税方案时，纳税人可以利用对税法的熟识、对实践技术的掌握，做出纳税最优化选择，从而降低税负。对于违反税收法律规定、逃避纳税责任、以降低税收负担的行为，属于偷逃税，要坚决加以反对和制止。

（二）有效原则

企业的税务筹划要符合其价值管理目标。一个交易可能取得税收利益，同时也可能会对其他因素产生不利的影响，与企业的价值管理目标不符。如果使交易税收成本最小化的筹划不会使纳税人价值更大，纳税人应当放弃这个交易。

（三）动态原则

各国税收政策和制度是不断发展变化的，因此，纳税筹划是一种动态筹划，纳税人应根据税收动态变化，来合理安排筹划过程中的事项。

（四）转化原则

纳税人应把需要纳税的收入或所得转化为不需纳税的收入或所得，或将适用高税率的收入转化为适用低税率的收入；将不能在税前扣除的费用开支转化成可以在税前扣除的项目。当然，这种转化一定要在税法允许的前提下进行。

三、税务筹划的方法

根据有效原则，税务筹划应重点围绕大税种及其关键驱动要素来进行。

一般地，关键驱动要素有四个即税基、扣除项目、税率和税收优惠。如果税基越低、扣除项目越大、税率越低、税收优惠越大，那么应纳税额也越小。因此，进行税务筹划，主要是从这四个关键驱动要素入手，找到合理、合法的办法来降低应纳税额。

税务筹划的方法很多，而且各种专业机构不断地推陈出新。针对通信企业的价值管理需要，本书简单介绍基于免税政策的筹划、基于减税政策的筹划、基于税率差异的筹划、基于分劈或集合技术的筹划、基于税收扣除的筹划等几种方法。

（一）基于免税政策的筹划

利用免税筹划是指在合法、合理的情况下，使纳税人成为免税人，或使纳税人从事免税活动，或使征税对象成为免税对象而免纳或少纳税收的税务筹划方法。例如，当企业享受"三免三减半"的优惠政策时，延长折旧期限把后期利润尽量安排在优惠期内。

（二）基于减税政策的筹划

利用减税进行税务筹划主要是合法、合理地利用国家奖励性减税政策而节减税收的方法。例如，对国家需要重点扶持的高新技术企业减按15%税率征收所得税，对国家重点扶持基础设施投资享受三免三减半税收优惠，对环保、节能节水、安全生产等专用设备投资额的10%从企业当年应纳税额中抵免。

（三）基于税率差异的筹划

利用税率差异筹划是指在合法、合理的情况下，利用税率的差异而直接节税的税务筹划方法。例如，通信企业增值电信业务收入增值税率为6%，基础电信业务收入税率为11%，在融合产品收入划分时，可进行合法、合理的筹划。

（四）基于分劈或集合技术的筹划

分劈或集合技术是指在合法、合理的情况下，使所得、财产在两个或更多个纳税人之间进行分劈或集合而直接节税的税务筹划技术。例如，若适用优惠税率的分支机构盈利，选择子公司形式，单独纳税。若适用非优惠税率的分支机构盈利，选择分公司形式，汇总到总公司纳税，以弥补总公司或其他分公司的亏损。

（五）基于税收扣除的筹划

利用税收扣除筹划是指在合法、合理的情况下，使扣除额增加而实现直接节税，或调整各个计税期的扣除额而实现相对节税的税务筹划方法。例如，对于有比例限制部分扣除的项目，包括公益性捐赠支出、业务招待费、广告业务宣传费、工会经费等三项基金等，企业要控制这些支出的规模和比例，使其保持在可扣除范围之内，否则，将增加企业的税收负担。对于允许加计扣除的项目，包括企业的研究开发费用和企业安置残疾人员所支付的工资等，企业可以考虑适当增加该类支出的金额，以充分发挥其抵税的作用，减轻企业税收负担。

此外，还有基于税收抵免的筹划、基于延期纳税的筹划和基于退税的筹划。

第三节　通信企业基于价值管理的税务筹划

一、重点领域

（一）开发费用加计扣除工作

根据《企业研究开发费用税前扣除管理办法》（国税发〔2008〕116号），企业的研发费用计入当期损益未形成无形资产的，允许再按其当年研发费用实际发生额的50%，直接抵扣当年的应纳税所得额；研发费用形成无形资产的，按照该无形资产成本的150%在税前摊销，除法律另有规定外，摊销年限不得低于10年。作为技术密集型和产品创新型的电信运营公司，每年发生大量的研发费用，通信企业应充分利用此项税收政策，结合实际工作，梳理流程，将政策优惠落到实处。

（二）环境保护、节能节水、安全生产等设备投资抵免税工作

根据《财政部 国家税务总局关于执行环境保护专用设备企业所得税优惠目录节能节水专用设备企业所得税优惠目录和安全生产专用设备企业所得

税优惠目录有关问题的通知》(财税〔2008〕48号),企业自2008年1月1日起购置并实际使用列入《目录》范围内的环境保护、节能节水和安全生产专用设备,可以按专用设备投资额的10%抵免当年企业所得税应纳税额。

(三) 残疾员工工资加计扣除工作

根据《财政部 国家税务总局关于促进残疾人就业税收优惠政策的通知》(财税〔2007〕92号),单位支付给残疾人的实际工资可在企业所得税前据实扣除,并可按支付给残疾人实际工资的100%加计扣除。

(四) 积极争取缩短软件税务折旧或摊销年限的优惠政策

根据《财政部、国家税务总局关于企业所得税若干优惠政策的通知》(财税〔2008〕1号)规定,"企事业单位购进软件,凡符合固定资产或无形资产确认条件的,可以按照固定资产或无形资产进行核算,经主管税务机关核准,其折旧或摊销年限可以适当缩短,最短可为2年"。通信企业应就该项政策积极与主管税务机关沟通,对购进的确认为固定资产或无形资产的软件争取获得在税务上按照2年进行折旧或摊销。同时,财务部门应做好相关资产备查簿的维护和复核,以备后期的纳税调整和外部监管部门的审核。

(五) 积极争取高新技术企业优惠政策

2008年4月,科技部、财政部、国家税务总局联合下发了《高新技术企业认定管理办法》,自2008年1月1日起实施,对以前年度已认定为高新技术企业的单位,一律按照该办法重新进行认定,确定享受税收优惠政策(企业所得税的税率为15%)的企业。目前,通信企业应指导可能获得高新技术企业资格的所属公司积极进行认定工作,并向有可能取得高新技术企业的主体进行政策扶持和倾斜,使之达到办法中要求的条件。

(六) 积极争取民族自治地方的税收优惠政策

地处自治区的通信企业应认真研究《中华人民共和国企业所得税法》第四章税收优惠第二十九条"民族自治地方的自治机关对本民族自治地方的企业应缴纳的企业所得税中属于地方分享的部分,可以决定减征或者免征"的精神及各自治区政府相关文件,合理、合法地争取享受政府给予的税收优惠政策。

二、关键举措

一是企业要深入研究各种税收政策,结合企业实际经营管理情况,寻找税务筹划空间。在熟练掌握各种税收法规,灵活运用各项税收优惠政策的基础上,应通过对比分析同类或可比企业享受的特殊税收优惠,突破传统理念,寻找新的税务筹划空间。

二是企业应高度重视税企协调工作,建立良好的税企关系,充分运用税务机关的自由裁量权,通过事前和税务机关沟通协调,取得税务机关的理解和支持,争取对企业最有利的政策。

三是企业应注重强化税务基础管理工作。要加强业务资料收集、原始凭证审核、规范账务处理、建立并完善税务备查簿,加强基础管理,严格执行税务内控流程,准确计算税金,及时申报纳税并缴纳税款,树立企业诚信纳税形象。同时,要定期对各项重要业务开展纳税评估工作,及时发现税务管理薄弱环节,积极采取应对措施,降低税务风险。

四是企业要继续完善税务管理人员队伍建设工作。税务筹划是一项专业性强、涉及面广的工作,要严格执行税务管理办法相关规定,确保税务管理人员专人专岗。一方面要加强对税务管理人员的培训,提高税务管理人员专业素质;另一方面要加强税务政策的宣传、培训工作,共同推进税务筹划工作。

五是企业要建立税务筹划工作报告制度、通报制度,以及节税成果认定和考核激励机制。

三、ABC 公司基于价值管理的税务筹划

(一) 背景

ABC 公司将税务筹划作为价值管理的一个"战略环节",每年末,以所得税筹划为主,在合法的范围内提出具体方案,征得税务主管部门同意后,组织全集团及各子公司、分公司统一梳理和申报,连续多年节税数千万元。

（二）举措

1. 增值税筹划

2016 年，ABC 公司在增值税的筹划方面取得了以下两个突破：一是适应用户消费行为的变化，从供给侧调整产品结构，加大增值电信服务收入在融合产品中的占比，降低了融合产品整体税负；二是针对转供电业务只能取得电费发票复印件的问题，推动政府出面协调，由供电部门根据企业提供的真实依据给予进项确认和抵扣。

2. 所得税筹划

目前，除了在深圳等少数地区争取到特殊税收减免政策之外，通信企业实施较多的是基于税收扣除的筹划，主要从以下三个方面开展：

（1）常规费用支出上限刚性控制。

由总部在预算分配时对以下支出按税法规定比例进行刚性控制：公益性捐赠支出、业务招待费、广告业务宣传费、工会经费，并在 ERP 中嵌入公式 100% 控制。

（2）积极争取研发费用加计扣除。

一是以法律为依据，在全公司明确有关定义：研发活动是指企业为获得科学与技术（不包括人文、社会科学）新知识，创造性运用科学技术新知识，或实质性改进技术、工艺、产品（服务）而持续进行的具有明确目标的研究开发活动。研发活动包括在正式提供一项新业务之前涉及的多方面内容，如市场调查、研究、测试、试验、商用试验及在正式开展业务中为提高服务质量进行的网络优化改造等活动。

二是依据上述定义，明确公司研发活动的具体类型，包括：自主开发软件、电子商务、无线射频、电子政务、信息安全产品与系统、面向行业及企业信息化的应用系统、电信网络增值业务应用系统、高端个人媒体信息服务平台等。

三是进一步明确可加计扣除的研发费用项目，包括：新产品设计费、新工艺规程制定费以及与研发活动直接相关的技术图书资料费、资料翻译费；从事研发活动直接消耗的材料、燃料和动力费用；在职直接从事研发活动人员的工资、薪金、奖金、津贴、补贴等人工成本；专门用于研发活动的仪器、设备的折旧费或租赁费；专门用于研发活动的软件、专利权、非专利技术等无形资产的摊销费用；专门用于中间试验和产品试制的模具、工艺装备开发及制造费；勘探开发技术的现场试验费。研发成果的论证、评审、验收费用。

（3）比照研发费用加计扣除方法，积极争取环境保护、节能节水、安全生产等设备投资抵免税和残疾员工工资加计扣除。

3. 统筹安排、各司其职

由于税务筹划工作需要准备的资料涉及诸多部门和各子、分公司，且时限性强、严谨性高，因此，企业应成立专门的工作小组，明确各部门职责和工作节点、质量要求，统筹推进。加之，这项工作属于企业的KAI，不属于KPI调节的范围，约束力不强，因此，更需要将各部门职责细化到最小颗粒，从行政角度进行管理。

（1）研发加计扣除项目相关部门职责举例。

1) 计划（或投资）管理部。是公司技术类研发项目的归口管理部门，具体负责：确认可享受的税收优惠政策的技术研发项目，填写《研发项目涉及部门统计表》，分发至各相关配合部门，定期填写《研发项目统计表》，报送财务部备案；提供自主、委托、合作研究开发项目计划书和研究开发费预算，报送财务部统一对外提供；提供总经理办公会或董事会关于自主、委托、合作研究开发项目立项的决议文件，报送财务部统一对外提供；定期审核项目承担部门送交的所有研发费用减免归集资料；指导分公司、子公司做好研发费用加计扣除工作。

2) 网络部门。是公司技术类研发项目的承担部门，具体负责：提供自主、委托、合作研究开发专门机构或项目组的编制情况和专业人员名单，报送计划（或投资）管理部和人力资源部审核；确定预计专门用于研发活动的固定资产、无形资产清单情况，提交财务部；提供委托、合作研究开发项目的合同或协议；承办项目所有费用的审核，并定期汇总填报《研发项目可加计扣除研究开发费用情况归集表》，报送计划部审核；提供承办项目的效用情况说明、研究成果报告等资料报送计划部审核；指导分公司、子公司做好归属本专业的税务筹划工作。

3) 产品创新部。是产品类研发项目归口管理部门，同时又是产品类研发项目的承担部门，具体负责：确认可享受的税收优惠政策的产品类研发项目，填写《研发项目涉及部门统计表》，分发至各相关配合部门，定期填写《研发项目统计表》，报送财务部备案；提供自主、委托、合作研究开发项目计划书和研究开发费预算，报送财务部统一对外提供；提供总经理办公会或董事会关于自主、委托、合作研究开发项目立项的决议文件，报送财务部统一对外提供；提供自主、委托、合作研究开发专门机构或项目组的编制情况和专业人员名单，报送人力资源部审核；确定预计专门用于研发活动的固定资产、无形资产清单情况，提交财务部；提供委托、合作研究开发项目的合同或协议；承办项目所有费用的审核，并定期汇总填报《研发项目可加计扣除研究开发费用情况归集表》，报送计划部审核；提供承办项目的效用情况说明、研究成果报告等资料。

4）人力资源部。统计项目工作期间研发相关人员的人工成本，在每月提供给财务部的人工成本表中单独列示，同时根据项目承担部门需要，定期编制《研发项目人工成本统计表》提交项目承担部门。

5）财务部。是研发费用申请加计扣除的牵头部门，具体负责：与主管税务局沟通确认优惠政策及税务要求提供的相关资料；协助相关部门确认可享受税收优惠项目；对研发费用会计核算准确归集，定期编制《研发项目直接成本、设计费等费用统计表》提交项目承担部门，向审批机关提供研发费用会计凭证、明细账册等会计资料；审核研发项目归口管理部门提交的减免资料，并在规定时间内报送税务局；跟踪报送资料的审批情况，最终实现节税目标；指导分公司、子公司的税务筹划工作。

（2）环境保护、节能节水、安全生产等设备投资抵免税项目相关部门职责举例。

1）物资采购部。采购设备时优先考虑税务优惠《目录》中的设备，将《目录》中相关设备耗能等指标纳入招标条件；负责归集整理购置合同、发票复印件、专用设备使用情况声明，填写《抵免税设备信息统计表》，定期将抵免税资料送交财务部；负责指导地市分公司做好设备投资抵免筹划工作。

2）财务部。负责与主管税务机关确定投资设备抵免优惠政策及所需资料；负责审核物资采购部送交的抵免申报资料；负责提供专用设备固定资产使用卡片或专用设备固定资产明细账，以及相关的入账会计凭证；负责按主管税务机关规定时间报送抵免申报资料并跟踪落实审批；负责指导地市分公司设备投资抵免筹划工作。

（3）残疾员工工资加计扣除项目相关部门职责举例。

1）人力资源部。负责残疾人信息的统计工作，定期填写《残疾员工信息统计表》，提供残疾人员名册；负责与残疾人签订劳动合同，取得残疾证和残疾人身份证明；负责统计全年实际支付残疾人工资及社会保险金额，并单独备存相关工资和社保缴费证明；负责定期将上述资料提供财务部审核；负责指导地市分公司做好残疾人工资加计扣除工作。

2）财务部。负责与主管税务机关沟通确认优惠政策及所需资料；负责审核人力资源部送交的减免资料；负责将减免资料报送主管税务机关并跟踪落实；负责指导地市分公司做好残疾员工工资加计扣除工作。

四、税务筹划工作流程

（一）研发费用加计扣除工作流程举例

表12.1 研发费用加计扣除工作流程

工作流程	部门	工作要求/标准	相关文件/记录
开始			
1	项目归口管理部门及项目承担部门	——项目归口管理部门与财务部共同认定属于可享受加计扣除税收优惠的研发项目，填写《研发项目涉及部门统计表》、《研发项目统计表》，提交财务部 ——收集项目相关资料： (1) 项目计划书和研究开发费预算、项目立项的决议文件； (2) 组织结构、专业人员名单、专用设备、软件使用清单； (3) 项目的合同或协议	《研发项目涉及部门统计表》 《研发项目统计表》
2	人力资源部财务部	——人力资源部统计研发人员人工成本，定期编制《研发项目人工成本统计表》提交项目承担部门。 ——财务部会计核算单独列示，定期编制《研发项目直接成本、设计费等费用统计表》提交项目承担部门。 ——财务部根据项目承担部门提供的研发活动专门使用的固定资产、无形资产清单，计算折旧与摊销费用在会计核算单独列示，定期编制《资产折旧与摊销费用统计表》，提交项目承担部门	《研发项目人工成本统计表》 《研发项目直接成本、设计费等费用统计表》 《资产折旧与摊销费用统计表》

续上表

工作流程	部门	工作要求/标准	相关文件/记录
3	项目承担部门	——根据其他部门报送的资料，编制《研发项目可加计扣除研究开发费用情况归集表》提供项目归口管理部门	《研发项目可加计扣除研究开发费用情况归集表》
4	项目归口管理部门	——每半年结束后2个月内，将研发项目所有资料收集整理，包括《研发项目可加计扣除研究开发费用情况归集表》提交财务部	
5	财务部	——年度终了3个月内，将所有资料报送主管税务机关审批	

（二）环境保护、节能节水、安全生产等设备投资抵免税工作流程举例

表12.2　设备投资抵免税工作流程

工作流程	部门	工作要求/标准	相关文件/记录
开始			
1	物资采购部	——采购《目录》中规定的设备时，填写《抵免税设备信息统计表》 ——收集项目相关资料： （1）合同、发票复印件； （2）专用设备使用情况声明 ——上述资料每半年结束20日内提交财务部	《抵免税设备信息统计表》
2	财务部	——对于此部分设备，入账及支付凭证、相关明细账定期整理留存	
3	财务部	——年度终了3个月内，将所有资料报送主管税务机关审批	

第十三章 基于价值管理的现金流管理

第一节 现金流管理概述

一、现金流管理的基本理论

(一) 现金流和现金流管理

现金流是指在一段时期内企业现金及现金等价物的流入和流出。现金流就像是人的血液一样,在一定范围内不停地流动,从一个地方到另一个地方。现金流入和流出的差值是净现金流量。现金流量的多少成为衡量企业破产与否的重要指标。当一个企业的资产价值低于其负债价值,股东权益为负值时会出现存量破产,而当企业的现金流量不足以支付到期债务时,则将发生流量破产。

现金流量是按收付实现制计量的,与实际资金运动相一致。由于权责发生制下计算的利润存在许多人为的因素,所反映的会计信息具有一定的局限性。特别是近年频频发生上市公司利润造假事件,导致股东们对会计信息产生不信任,认为应该更相信"现金流"而不是"利润"。因此,现金流管理显得越来越重要,采用现金流量信息来反映企业的实际支付能力、偿债能力、资金周转情况,也越来越普遍。

现金流管理是指企业利用多种手段,对企业在不同时期的现金流入、流出情况进行系统性的管理,保证企业现金流运行正常的一系列活动。

(二) 现金流管理的驱动要素

基于价值管理的现金流管理总目标是实现企业价值增值最大化,具体来讲就是要实现现金流循环运动最优化、现金流使用效率最大化、经营现金流增量最大化、自由现金流最大化。主旨是将现金流置于战略管理的高度，表现为一种动态的系统化管理。现金流在价值管理体系中具有多重特征，既是价值管理的要素之一，也是价值管理活动的工具。企业现金流管理达到的效果通过价值表现出来，价值运动通过现金流动向来表现。

基于价值管理的现金流管理是从两个层面实现的，一个是战略层面，一个是战术层面。

1. 现金流的战略管理

现金流的战略管理是从价值创造的角度考虑现金流的流向，它的二级驱动要素包括企业战略的确定、方案评价标杆的选择、实施控制与反馈。

企业的现金流流向是由战略来导向的，而战略管理的制定又是企业价值创造的开始，流向的选择是现金流管理的源头。现金流流向是由行业环境、内部组织等因素确定的。现金流的流向是改善现金流均衡的关键着力点，尤其是在空间、时间、所涵盖的货币种类以及数量方面的全方位均衡。现金流通常有三个流向：经营活动方向、筹资活动方向和投资活动方向，流向管理是指对现金流在三大方向分布的趋势和状况进行的规划性管理。

2. 现金流的战术管理

现金流的战术管理的二级驱动要素包括现金流预算管理、现金流日常管理和现金流风险管理。

（1）现金流预算管理。

现金流预算控制是现金流管理的准绳。现金流的预算编制是根据企业的价值创造战略目标和企业的销售预测进行的。是把企业的现金流战略规划变成一个个可以执行的具体方案，并且使日常现金流控制有依据。

（2）现金流日常管理。

现金流日常管理的目标是为了确保企业的生存能力、流动性以及财务灵活性，增强企业的价值创造能力。在企业日常生产活动中，现金流、物流、信息流在企业内部不同组织之间流动，也在企业外部供应链上不断流动。现金流日常管理包括现金流量管理、流程管理和流速管理。

流量管理是指对流入、流出以及净流量的平衡性管理，它的目标是：保证现金流满足企业日常经营的需要而又不至于现金过多压库形成浪费。现金流流量管理的驱动要素包括增量控制和存量控制。现金流增量等于现金流入量减去现金流出量。现金流增量控制是指企业通过科学的决策把资金投入到生产运营中，实现资金的投入产出最优化。现金流的存量是指在某一时点上企业所拥有的现金的数量。现金流存量控制实际上是对现金流的应用状况的分析。

流程管理是指对企业生产经营过程中发生的各种现金和现金等价物往来过程的规范性管理，它的驱动要素是：现金流转的程序和内控关键点的安排，现金内控制度的设计，企业信用政策的安排和应收账款的回收，销售货款的回笼及其流程的安排，流动资产采购、运输、保管、使用及其资金的安排和程序的优化，固定资产、机器设备的购建以及长期投资过程现金的安排和程序的优化，相关现金筹资安排（包括程序和速度的安排），每一个内控环节的责任制落实和业绩的考评，相关预警系统的构建。所有这些都是企业现金流程优化的内容，如图13.1所示。

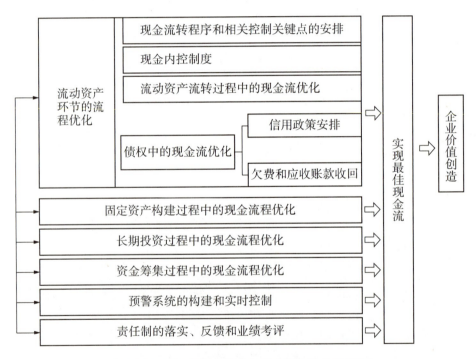

图 13.1 现金流流程优化与现实最佳流关系示意

流速管理是指对现金投入到回收的周期性管理。企业要确保现金流的流速可控，使其保持在一个相对合理的范围之内，既不能过快也不能过慢。现金流流速可以用现金周转期衡量，现金周转期越短，价值创造的可能性越大。对于经营活动现金流量，企业在赊销期限、赊销客户的评估上要下功夫，注意坏账的处理和应收账款的回收。另外对投资和筹资的现金流速也要注意，尽量避免在短时间内集中出现大量现金的流入和流出，避免出现企业资金成本过高或资金还款压力过大的局面。

（3）现金流的风险管理。

现金流风险管理的目标包括安全性目标和创值性目标。如图13.2所示。

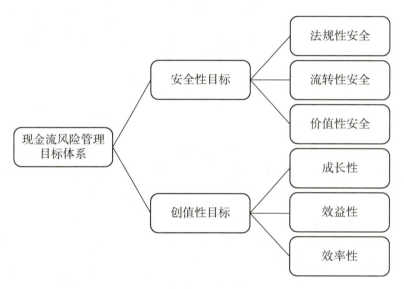

图13.2　现金流风险管理目标体系

法规性安全是指企业的现金流管理首先要符合法律法规。流转性安全指企业要保证有足够的现金用于支付债务和维持日常运营。流转性安全还要求企业保持流转中的现金具有流动性、平衡性和灵活性。现金流的价值受到诸多外界因素的影响而波动，主要有货币时间价值、汇率风险和通货膨胀等因素，企业应该采取一定措施保证现金流的价值安全。

持续性的现金流是企业自我积累和发展能力的基础和表现，现金流效益性反映着企业现金流的获利能力，企业现金流高效率的运转是企业实现价值最大化目标的基础和保障。

二、全过程现金流管理

(一) 全过程现金流管理的含义

全过程现金流管理是指将现金流量作为管理的重心之一，围绕公司经营活动、投资活动和筹资活动，对当前或未来一定时期内的现金流在数量和时间安排方面所做的全过程的预测与计划、执行与控制、信息传递与报告以及分析与评价。全过程现金流管理的五个关键点：

1. 以公司价值最大化为最终目标

公司财务管理的目标是价值最大化，现金流管理作为财务管理的重要组成部分，在进行有关决策时，一定要符合价值创造导向的原则，这也是全过程现金流管理的一条主线。

2. 科学管理

现金流全过程管理，必须以价值管理逻辑为基础，将系统论、控制论等理论进行有效运用。要综合运用各种管理手段，包括预测、决策、预算、控制、分析等。要将全过程现金流管理当作母系统，把全过程现金流管理包含的组织、运行、监督等关键内容当作子系统，从系统的角度研究问题。而控制论包含了调节、操纵、管理、指挥、监督等多方面的含义，全过程现金流管理理论完全体现了控制论的思想，它通过现金流预算编制、预算执行控制、监督和评价，使系统能按照预定的程序运行，实现现金流管理的目标。

3. 全流程贯穿

公司无论筹资、投资或利润分配均以现金为纽带，现金是公司资金流转的起点和终点，所以应将现金流管理贯穿于公司经营活动的全过程。

4. 充分考虑风险因素

现金的流入和流出受多种因素的影响，存在很大的不确定性。现金流管理不仅要重视现金流的数量，还要考虑现金流的时间分布（货币时间价值原则）以及现金流的不确定性（风险管理）。

5. 以制度作保障

再好的管理模式也必须落实到制度才可能取得效果，对现金流管理各个环节的责任人员、工作流程、工作要求，以及奖惩措施都要通过制度予以明确，要形成一套职责清晰、管理规范、制约有力的制度体系。

（二）全过程现金流管理体系

全过程现金流管理是一项全面而系统的管理活动，由组织系统、运行系统和监督系统三个子系统构成，下面具体阐述企业通过三个系统构建全过程现金流管理的框架。

全过程现金流运行系统包括事前规划、事中控制与事后考评，如图13.3 所示。

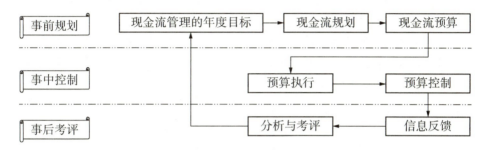

图 13.3　全过程现金流管理体系结构

1. 事前规划

现金流规划是指对企业不同时期的现金流入及流出时间和数量进行的谋划，是现金流运行系统实施的基础，规划的结果最终通过现金流预算予以体现。

（1）经营活动现金流规划。

经营活动现金流转是现金流管理的重要环节，相对于投资和筹资活动而言，经营活动产生的现金流入与流出的情况比较复杂而且经常发生，对经营活动现金流入、流出项目的规划是进行日常现金流控制的依据。

经营活动中的现金会积存到存货与应收账款中，而销售活动又会使在存货中积存的现金释放出来，同时又促进应收账款加速对现金的吸纳。公司现金川流不息的循环运动过程，实际就是流量与存量相互联系、相互转化的过程，而销售额、应收账款额、存货额也成为影响经营活动现金流的三要素，所以对经营活动现金流的规划要关注销售活动、应收账款与存货的规划管理，在通信企业特别要关注应收账款的规划管理。

首先是对销售的规划和预测。产品销售收入是企业经营活动现金流入的主要来源。销售活动的顺利进行,将有助于企业现金流流程的畅通和现金流的平衡。但当销售增长速度过高时,现金流可能会与销售增长反向。因此对销售的规划应以保持企业持续发展为原则,结合企业的发展战略适当规划销售规模,寻求一个适当的销售额增长平衡点,使销售转换为实实在在的现金流入,不加大企业的资金压力。销售规模的规划需要落实到每一个计划年度甚至细化至季度、月份。这就需要通过编制预算的形式将其量化。其次是对存货与应收账款管理的规划。经营活动现金流的规划实际上是信用政策的制定和存货管理的决策过程。信用管理是一个系统的过程,包括客户风险管理、信用销售、合同管理、应收账款管理、收账政策制定等环节。存货管理同样也有成熟的理论体系,如经济订货量等。现金流管理理论充分利用信用管理和存货管理的研究成果,将其整合运用。现金流管理强调,在现金流转循环中,大量现金被吸附在存货和应收账款这两个"存量"中,能否顺利进行循环和周转,将取决于信用管理和存货管理的有效性。因此在规划环节,应收账款的政策、物资的购买、库存的数量管理等决策十分重要。预算的编制将是对上述决策的量化过程。此外还包括各种费用的数量及时间规划。

(2) 投资活动现金流规划。

通过经营活动产生现金净流量是让企业拥有充足现金的主要来源。企业为实现这种现金性盈利目标,必须进行投资决策,以灵活运用资本,通过投资来强化现金流量。投资活动主要指公司长期资产的构建、投资和处置活动。投资活动现金流的规划即是投资的决策过程。

为保证项目决策的科学性和项目风险的可控性,最大限度地避免决策失误,应借用投资委员会的力量,建立专家评审制度,规范决策的制度程序,注重进行项目可行性研究论证,避免盲目投资。

(3) 筹资活动现金流规划。

筹资不能脱离投资形态。筹资管理的目标不是为了筹资而筹资,而是在不影响股东财富增长目标的前提下,通过现金流量的规划,来避免由于负债到期不能还本付息而最终影响股东财富增长目标的实现。筹资活动现金流的规划应借助于预算管理工具,对筹资的时间、数量进行事前安排。

2. 事中控制

现金流控制是保证现金流运行系统成功运作的关键环节。现金流控制与现金流规划有密切联系,现金流规划是现金流控制的重要依据,现金流控制则是执行现金流规划的手段。现金流的控制从定量的角度还可以视为现金流预算的执行。现金流控制具体包括预算执行监督和预算执行调整两项内容。企业现金流规划与控制流程如图13.4所示。

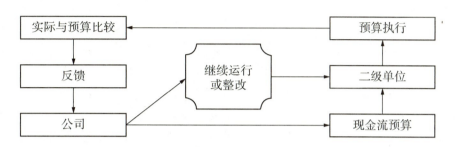

图13.4　企业现金流规划与控制流程

（1）现金流预算执行监督。

企业的现金流预算一经制定，就必须严格执行，否则将会降低预算的有效性。因此需要建立全面的现金流预算执行监控体系，采取有效的监控措施。

①监控体系的构建。由于预算执行监控的对象是预算的执行过程，而预算的执行过程涉及企业各个管理环节、各个部门、全体成员，所以预算执行监控应该是全方位的、系统的。一方面，要通过适当的激励约束机制加以促进、完善员工的自我监控职能；另一方面，也要督促企业内部相关部门在自我监控基础上开展重点监控。②监控措施。监控措施分业务监控和资金监控。业务监控指对业务流程的监控，主要采取组织控制的方式，即通过有关组织机构、组织分工、责任制度对现金流流程进行控制。资金监控几乎涉及企业所有部门、所有业务，非常分散，应采用资金集中管理的形式，将企业资金统一收归财务部门核算管理，由财务部门来具体负责企业资金的监控。

（2）现金流预算调整。

一般情况下，现金流预算应严格执行。出现偏差后，预算执行部门应对照预算目标及时调整管理活动。但是调整预算必须非常慎重，事先一定要全面了解情况，进行科学分析，同时还要对调整程序和审批权限做出具体的规定。

①设定预算调整规则。预算调整是对已有预算进行的必要的变更，预算调整应建立在对预算执行情况进行全面分析的基础上。一般而言，预算执行中遇到下列情况应予以调整：符合弹性预算范围的要按业务量调整有关预算

成本；运营、维保计划调整的，相应调整有关财务预算；物资的价格调整，相应调整收入和成本预算；企业管理层批准同意的其他调整因素。②规定预算调整程序和审批权限。预算项目调整的申请、上报、审批、下达流程与预算编制的流程相同，应由企业预算管理委员会控制。

3. 事后考评

事后考评是指对公司各单位每半年或一年执行现金流预算情况进行的考核评价，将考评结果作为编制下一年度现金流预算的重要依据，事后考评应结合现金流预算设定一套考核指标，并将考核结果与各单元全体员工的报酬挂钩。这套指标首先以 KMI 形式在价值管理体系中进行日常、全方位、持续的监控，然后在其中遴选至关重要的纳入年度或阶段性 KPI 考核。

（1）现金流考评指标体系设计。

基于现金流管理的预算执行的考核和激励是近年来国外企业在全面预算管理的实践中总结出来的，它是企业综合绩效考评指标系统的一个重要子系统。在设计考评指标体系时需要注意两个方面：第一，在对当期业绩进行评价时，以预算而不是以上年同期的业绩为基础。第二，考核奖惩计算以预算为基数，以鼓励员工尽可能准确地预算。不仅考核实绩和预算的差异方向与大小，而且可以将预算指标作为激励方案的基数。现金流考评指标体系的设计如图 13.5 所示。

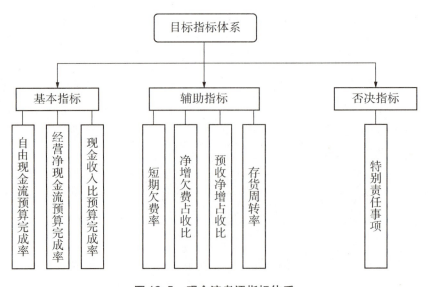

图 13.5　现金流考评指标体系

（2）现金流考评的具体操作。

在设计好具体的现金流考评指标后，企业相关部门就要按照程序对各部门和下属单位的预算执行情况进行全面考核，要尽量将考核结果予以量化。

1）指标考核体系量化。要按照重要程度对每个现金流考评指标确定权重，增强可操作性。图13.6为现金流指标考核体系量化图，其中上半部分为考核指标，下半部分则是各指标考核权数，也就是其分数计算标准。

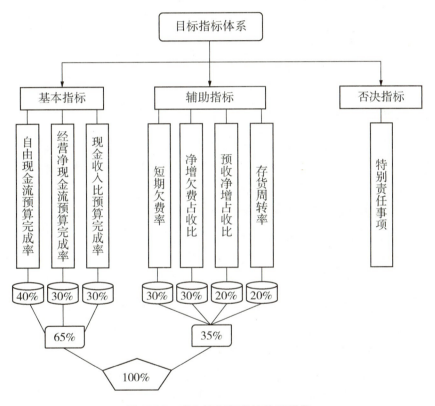

图13.6　现金流指标考核体系量化

2）考评办法。考核可采取记分制，基础为100分。在每月现金流预算完成情况考核中，将预算与实际完成数之间的偏离度划分为不同的区间，不同的区间对应不同的定性、分数以及当期的奖惩措施，表13.1进行了大体的设计（具体区间的界定，需要具体分析确定）。

表 13.1　考核评定

实际与预算偏离度区间	定性评级	分数增减（基数 100）
｜正向偏差｜≥10%	很好	+10
10% >｜正向偏差｜≥5%	好	+5
5% >｜正向偏差｜≥0%	一般	0
5% >｜负向偏差｜≥0%	一般	−5
10% >｜负向偏差｜≥5%	差	−10
｜负向偏差｜≥10%	很差	−15

企业除了建立健全现金流组织系统、规范运行系统外，还应当建立完善的监督系统。全过程现金流监督系统是现金流管理取得实效的重要保障。通过监督，不仅能发现现金流管理系统是否有效以及是否适应当前的情况，还能防止经济上的不合法行为的产生。监督系统通常可以从会计监督、制度监督、审计监督三个方面进行考虑。

会计监督主要指通过会计委派对现金流管理实行监督。企业在财务部设立专门管理机构对委派的会计人员进行日常管理。对委派会计人员遵守劳动纪律的情况、工作作风、工作表现和职业道德等进行检查与督促，对会计人员的会计基础工作规范化程度进行检查和指导，对会计人员的工作质量进行检查与指导，以及对委派的会计人员进行考核等。通过制定具体、明细的考核目标，实行年度考核，把会计人员的经济利益和会计人员的工作结果挂钩，从而形成积极有效的激励和约束机制。

制度监督主要指通过制定完善的内部控制制度来强化监督。现金内部控制目标有四个：一是现金的安全性。通过良好的内部控制，确保企业现金的安全，预防被盗窃、诈骗和挪用。二是现金的完整性。要求企业收到的现金在内部控制的制约下全部入账，预防"小金库"等侵占企业收入违法行为的出现。三是现金的合法性。即现金的取得、使用符合国家财经法规，手续齐备。四是现金的效益性。即要求合理调度现金，使它发挥最大的效益。

审计监督是指由审计机构针对企业现金流管理开展的监督检查。按照对现金流的内部控制要求，企业现有审计部门的职能有必要进行相应增强，从单纯的事后监督、查错防弊，变为对整个现金流的流入、流出以及现金资产控制的全过程的监督，并评价整个现金流控制活动的有效性，把可能出现的不符合企业内部控制的行为杜绝在萌芽状态。同时，这种对现金流内部控制的监控也包括对内部控制制度的评价。

同时，外部审计要实现与内部审计的互补。企业的内部审计部门与对企业进行财务报告审计的外部审计师密切配合，将外部审计机构对本企业的现金流审计和内部控制进行的有关测试与评价结果，与自己对本企业的现金流监督以及内部控制的测试与评价结合，这样更有利于发现企业现金流管理的薄弱环节，健全和完善企业的内部控制制度，更好地适应企业未来发展的需要。内部审计部门也可以参与到具体的外部审计过程中，取得第一手资料，以较小的投入，取得较大的成果。

第二节 通信企业基于价值管理的现金流管理体系构建

一、通信企业全过程现金流管理驱动要素

（一）现金流管理逻辑图

现金流增量管理在第五章已提及，本章重点介绍现金流存量管理。通信企业现金流存量管理聚焦于应收管理、预收管理、应付管理、存货管理四个价值管理单元。应收管理从欠费管理、坏账管理、借款管理和客户信贷细分四个方面实现价值提升。预收管理从营业款日清日结和产品设计两个方面实现价值提升。应付管理从供应商管理和内部往来应付两个方面实现价值提升。存货管理从通信终端、卡类管理和固网终端三个方面实现价值提升，如图13.7所示。

（二）驱动要素

1. 应收管理的价值驱动要素包括管理支撑、欠费管理、坏账管理、内部往来–应收管理、借款管理、客户信贷细分与对待

（1）管理支撑关键措施有：改善跨部门或合作商的信用风险管理，长效运作应收款闭环管理机制，优化信用或应收账款绩效评估流程和基准，强

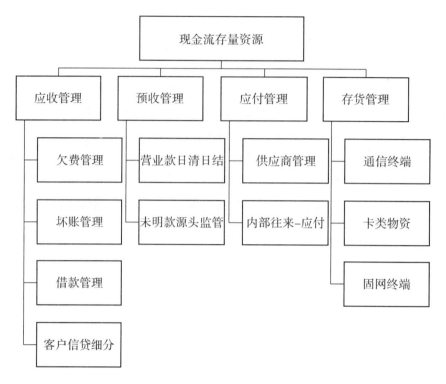

图 13.7 现金流存量管理逻辑

化账销案存管理办法的执行。

（2）欠费管理关键措施有：建立分专业、分产品、分客户群、分层级的名单制欠费追缴责任机制；强化红名单客户规范管理；强化非正常欠费的规范管理；专项清理连续欠费未停机用户管理；强化无主话单稽核机制；优化与业绩相关联的欠费考核办法；优化与渠道佣金挂钩的欠费考核办法；制定分账龄的欠费清理措施；强化欠费原因挖掘，分类制订清理措施；制定多样化业务拉动式销欠措施；强化客户信用管理，特别是黑名单的管理；优化调整信贷与应收账款过期天数的战略；专项关注政企客户业务逾期欠费管理（包括 ICT 及 IDC 等）；分析渠道追欠效率及效益；建立差异化的渠道追欠激励方案；系统阶段化展示欠费详细信息及责任匹配；改善系统支撑，杜绝系统原因导致的欠费；提升银行托收率；实现系统支撑自主续费缴费功能；强化系统余额提醒功能。

（3）坏账管理关键措施有：强化坏账责任追究及考核，强化坏账计提稽核，客户标识规范化管理。

（4）内部往来－应收管理关键措施是内部往来清算周期管理。

（5）借款管理关键措施包括规范化员工借款管理、规范化业务借款管理。

（6）客户信贷细分与对待关键措施有：增加对信誉良好的客户细分市场的关注，差别化客户或细分市场的信贷处理，增加对低信贷需求的客户细分市场的关注，信贷合约管理。

2. 预收管理驱动要素包括优化产品政策增加预收、强化营业款日清日结和未明款源头监管

3. 应付管理驱动要素包括管理支撑、付款周期管理、供应商管理、内部往来－应付管理

管理支撑包括提高应付款绩效的评估与基准检验；付款周期管理包括优化调整未清款过期天数的战略，充分利用与供应商关系的广泛性，充分利用信贷评级，以拉长付款周期并降低利率；供应商管理包括增加对具备有利付款条件的供应商的关注；同前述，内部往来－应付管理包括内部往来清算周期管理。

4. 存货管理驱动要素包括通信终端压控、卡类物资压控和固网终端压控

（1）通信终端压控关键措施有：全渠道经销产品严控五周周转，按项目需求及项目销售规划分批次进行采入；对超半年以上库龄及不符合二次销售的终端，开展专项限期库存清理活动。

（2）卡类物资压控关键措施有：按月通报各仓位库存情况，严格执行先进先出的领用原则；库存在售非畅销产品改造为在售畅销产品。

（3）固网终端压控关键措施有：优先使用存量物资，提高长库龄物资的周转率；提高采购量与市场及业务实际需求量的贴合度；保证每次采购量不大于未来两个月的需求；优先采购价格实惠、质量过硬的固网终端。

二、ABC 公司基于价值管理的现金流 "6+1" 管理模式构建

（一）背景

根据收入目标测算，ABC 公司 2012 年应完成可持续经营现金流净额 50 亿元，而实际只完成了 36 亿元，主要问题体现在以下三个方面：一是应收

账款从 2012 年年初起逐月递增，至年底达 17.22 亿元，累计净增 7.8 亿元，应收账款增幅远远高于收入增幅，与收入增幅的差距扩大到 36.35PP；二是存货周转率直线下滑，由 2012 年年初 17.04 次下滑至年末 10.03 次，库存达到创纪录的 6 亿元，净增 1.3 亿元；三是预收款余额较年初也减少了 2.1 亿元。可以说，ABC 公司 2012 年现金流管理出现了系统性风险。

（二）举措

既然是系统性风险，就必须采用一揽子解决方案体系化解决。

ABC 公司基于价值管理方法，通过梳理现金流全价值链，发现影响现金流的因素无处不在，但影响最大且最可控的主要为以下六个方面：产品设计中对现金流保障系数的考量、产品出货节奏规划、物资经济批量采购和库存目标控制、应收和预付款余额目标管理、资金预算精确安排、资金支付周期刚性控制。这六个方面中，前两项属于现金流存量管理范围，后四项属于现金流流程管理范围，ABC 公司将这六个方面确定为一级驱动要素，加上营收款日清日结这一日常工作，形成全过程现金流"6 + 1"管理框架，在此框架下，逐一梳理关键控制措施，形成二级驱动要素。同时，匹配"4K"指标体系来保障执行。通过几年来的运行，综合效益显著。举例如下：

一是产品设计中对现金流保障系数的考量。ABC 公司在产品设计与评估环节发现，个别存费送机政策在用户生命周期内，现金流为负，甚至负值占全生命收入贡献的比率高达 30%，经研究，公司管理层及时终止了该产品的销售。

二是产品出货节奏规划。电子充值券对现金流的影响非常直接，ABC 公司通过扩大渠道覆盖面，实现电子充值券出货节奏的加快和出货数量的加大；预付费卡本质上是通信企业的高效融资产品，在销售旺季来临之前，通过订货会等形式促进预付费卡的销售规模上量，每年年初均能一次性回笼现金数十亿元，抢占了渠道现金流。

三是物资经济批量采购和库存目标控制。手机终端的管理是现金流管理中颇为头痛的一件事情，管严了，影响业务，管松了，手机像海鲜产品一样地跌价，造成不可挽回的损失。ABC 公司以经济批量采购模型测算出来的结果为基础，结合市场上手机实际的平均更新换代周期（五个月）来规划采购量，以令人信服的数据和科学的模型进行管理。既保证了安全库存量，月库存由过去的 2 亿元降至 3000 万元，又满足了业务部门的需求，且手机周转率也达到了21次。

四是应收和预付款项余额目标管理。ABC公司在划定欠费容忍目标的同时，通过优化信用控制手段和方法强化了源头控制，按照"谁放账、谁追款"的原则，强化事后追欠。通过对逾期欠费扣减考核收入强化责任闭环，形成对应收账款的全流程、全业务封闭式控制。最终应收账款余额减少了近2亿元。对于供应商的预付款，ABC公司按照国家有关规定，修改格式化合同条款，去掉或减小预付款支付比例，充分整合上游价值链资源，倒逼合作单位多批次小批量供货，预付款余额减少了1亿元。

五是资金预算精确安排。ABC公司在实行收支两条线的基础上，每月根据"资金预算模型"核定各下属单位资金支出上限，各下属单位据此分解到项目和具体时点后反馈给ABC公司，ABC公司再进行总体平衡，沉淀资金控制到了1000万元以内，较过去减少了1亿元。

六是资金支付周期刚性控制。ABC公司合同性资金占全部资金使用量的80%以上，因此，合同中关于信用期的约定就显得非常重要，ABC公司引入国外企业流行的"月结""次月结""月结45天"等结算方式，有效规范全公司的资金支付周期。一方面，供应商知晓具体可收款时间，放心，改善了供应商满意度；另一方面，合同系统会自动提示资金支付时间，分公司也省心，改善了操作人员的满意度。

另外，对营收未明款实施例外管理。营收未明款是通信企业内普遍存在的现象，ABC公司通过将交款信息的填写标准化，并对客户点对点上门告知，对销售经理进行专门培训和考试，辅以佣金杠杆和阶段性劳动竞赛推动银行托收占比的提升，形成"一拉一推一标准化"动作体系，最终把营收未明款占收比控制到了千分之零点五，占款降至900万元以内，减少了近7000万元，确保了应收账款的正常销解。

（三）成效

ABC公司围绕现金流相关的经济活动，梳理出关键驱动要素，然后基于关键成功要素法则，聚焦了"6+1"七个战略环节，每个环节都有众多的组织与人员参与，在现金流管理这项工作上充分体现了"千斤重担人人挑、人人肩上有指标"的责任共担氛围。最终实现的惊人效果不只是一些数据的改善（如表13.2所示），还包含ABC公司全员对现金流重视度的大幅提升，这也是当前处于变局中的通信企业所必须重视的。

表 13.2　现金流指标成效

指标	2012 年	2013 年
一、经营现金流指标		
1. 经营现金流净额预算完成情况	91.27%	105.84%
2. 经营现金流净额	570224	874174
3. 可持续经营现金流净额	363417	579240
4. 经营性现金流净额占营业收入百分比	44.89%	53.36%
5. 可持续性经营现金流净额占营业收入百分比	41.51%	51.14%
二、关键营运资本指标		
1. 现金收入比	92.46%	99.85%
2. 应收账款净增占收比	0.40%	−0.90%
3. 预收账款净增占收比	−2.94%	5.35%
4. 存货周转率	10.03	15.78

附：ABC 公司 2013 年现金流管理 "6+1" 模式实践报告

一、总体情况

（一）亮点

第一，与 2012 年度同期比，15 项资金指标有 12 项资金指标同比提升，其中投资性现金流净额占收比同比下降 26.64%，自由现金流净额占收比提高 20.50PP，可持续现金流占 EBITDA 百分比提高 11.91PP，存货净增占支出百分比下降 8.07PP。

第二，与聚类（同层次公司，下同）中的四个分公司相比，六项资金指标有两项指标（销售类存货周转率、货币资金存量占收比）排名居第一。

第三，可持续现金流占 EBITDA 百分比在 2013 年实际完成超出上级公司预算目标 4.76PP，现金收入比实际完成超出 100%。

第四，本月存货周转率为 21.60，超额完成上级公司下发的周转率预算目标（13.44）。

（二）现金流管理指标

1. 资金指标结果

主要资金指标名称	2013 年度					对比情况	
	上半年	第三季度	10 月	11 月	12 月	环比	同比
一、现金流重点指标							
1. 投资性现金流净额占收比	16.21%	18.50%	18.38%	18.58%	18.76%	0.18%	-26.64%
2. 经营性现金流净额占收比	33.33%	32.39%	31.71%	29.62%	27.22%	-2.41%	-6.14%
3. 自由现金流净额占收比	17.12%	13.89%	13.33%	11.04%	8.46%	-2.59%	20.50%
4. 可持续现金流占 EBITDA 百分比	106.33%	111.93%	108.16%	106.64%	104.83%	-1.81%	11.91%
二、关键营运资本指标							
5. 现金收入比	100.63%	102.80%	101.60%	101.18%	100.81%	-0.37%	2.96%
6. 应收账款净增占收比	2.14%	2.24%	3.29%	2.81%	2.04%	-0.77%	2.25%
7. 应收账款周转率	19.26	18.39	16.79	16.97	17.72	0.75	0.95
8. 预收账款净增占收比	2.83%	5.47%	5.15%	4.20%	2.98%	-1.21%	5.50%
9. 存货净增占支出百分比	-10.05%	-3.44%	-3.55%	-2.98%	-2.18%	0.80%	-8.07%
10. 销售类存货周转率	16.61	19.92	21.83	22.46	21.6	-0.86	13.15

2. 主要资金指标排名结果

全省展示指标	全省排名			聚类排名		
	11月	12月	环比	11月	12月	环比
经营性现金流净额占营业收入百分比	16	13	-2	4	4	0
可持续现金流占EBITDA百分比	5	13	-8	1	3	-2
应收账款净增占收比	13	12	1	2	2	0
预收账款净增占收比	5	15	-10	2	3	-1
销售类存货周转率	1	2	-1	1	1	0
货币资金存量占收比	10	2	8	2	1	1

(三) 存在的问题

第一，用户欠费追缴效果不明显，逾期固网欠费仍较高。12月坏账率为1.38%，同比提高0.16PP，需重点加强固网欠费的控制和提高回款率，并从源头提高银行托收率。

第二，12月欠费账龄超3个月以上、欠费金额超10万以上ICT欠款880.44万元，需加快ICT总体回款进度。

二、"6+1"关键举措工作进展

1. 物资经济批量采购和库存目标控制

（1）截至12月底经营物资库存为1770万元，环比增加253万元。与库存目标1189万元相比超581万元，主要原因为受＊＊商品备货影响。

（2）12月份经营物资存货周转率为3.01，达到考核标准。

（3）12月底工程物资总库存金额1248万元，其中电缆、光缆的实际库存量分别为20万元、75万元，均控制在库存目标范围内。

（4）12月底三个月以上库龄工程物资占比20%，超一年工程物资9万元，达成了"三个月以上库龄工程物资占比小于35%，超一年工程物资控制在90万元以内"的控制目标。

2. 应收和预付款项余额目标管理

(1) 12月全业务的首月回款率为96.57%，环比提升5.39PP。按客户群分集团回款率为89.59%，环比上升1.90PP；公众客户回款率为98.20%，环比提升6.35PP。按专业分2G专业回款率为99.76%，3G回款率96.53%，固网回款率为91.90%。

截至12月底累计欠费率为2.08%，环比下降1.02PP，各专业中2G专业为0.13%、3G专业为3.28%、固网专业为3.12%。固网专业本月欠费率环比上升0.68PP，上升幅度较大。

累计坏账率为1.38%，环比下降0.18PP，各专业中2G专业0.09%、3G专业为2.79%、固网专业为0.33%。

(2) 12月超10万元以上ICT回款621万元，累计欠费2318.13万元，其中超3个月以上账龄欠费有880.44万元，未能控制在ICT总体欠款1000万元的目标范围内，回款进度不理想。

(3) 12月集客3个月以上的欠费总额为2333.08万元，其中2G专业欠费139.90万元、3G欠费910.62万元、固网业务（含ICT）欠费1282.56万元（其中ICT 848.6万元）。12月份全业务的欠费率为2.56%，其中2G业务0.72%、3G业务3.49%、固网业务（含ICT）2.81%。

(4) 12月底未核销预付款（业务借款、员工借款、履约保证金）总额为197.45万元，超出四季度借款控制目标（120万元）。

12月底员工借款余额为7.16万元，历史遗留员工欠款5.86万元。

12月底业务借款余额为189.55万元，比上月减少9.44万元。超2个月以上的业务借款为73.80万元，非合理业务借款金额为0元。

(5) 截至12月末"应收账款—暂估收款（系统）—记账收款"余额941.60万元，环比减少460.46万元。

(6) 12月新增集团固网后付费用户的银行托收率为21%，较9月的20.77%略有提高。

3. 资金预算精确安排

(1) 12月现金流入计划执行准确度为88.74%，未能控制在规定的区间［90%～110%］，考核得0.3分（满分为0.5分）。

(2) 12月资金申请13748万元，实际使用13304.14万元，计划执行准确度为96.77%，达到定的区间［95%～105%］，考核可得0.5分（满分为0.5分）。

(3) 12 月完成经营现金流净额 41 万元，累计 75671 万元，同比增加 3909 万元。经营现金流净额仅完成全年预算的 78.82%，缺口 20334 万元。

(4) 12 月现金收入比为 96.60%，累计现金收入比 100.81%。

(5) 12 月货币资金存量为 0.91%，控制在预算目标 1.09% 的范围内，聚类排名第一。

4. 资金支付周期刚性控制

(1) 代维支出、客户接入成本支付款项的结算时间为 2013 年 10 月，日常修理、网络优化服务费支付 2013 年 10 月及以前月度发生成本，达到月结 45 天以上的目标要求。

(2) 新增租金合同已执行半年期支付条款，达到月结 45 天以上的目标要求。

(3) 物业管理费、银行手续费、消防警卫费、账单邮寄费已按月结 45 天执行。

(4) ICT 成本均按照工程完成进度，依照不垫支原则进行资金支付。

5. 对现金流保障系数的考量

12 月存费送大流量累计发展 2745 户，环比增加 266%，第四季度累计发展 3682 户，累计完成率 36.3%。12 月份存费送机发展 29332 户（含新老用户），环比下降 8%。12 月总部存费送费发展 6894 户（含新老用户），环比提升 111%。3G 预付费销量 29976 户，环比下降 11%。

随着春节旺季的到来，公司必须加大存费送费和预付费产品的发展，抢占渠道现金流。

6. 产品出货节奏规划

12 月套卡累计批发 3143 万，电子充值券累计销售 9982 万，达到月度销售目标。

7. 营收资金收入未明款管理

截至 12 月 31 日，收入账户未明款挂账余额为 936.31 万元，其中合理挂账余额为 894.33 万元，非合理挂账余额为 41.98 万元。集客线未明款清理效果不明显，需深入分析原因，并做重点整改跟进。

三、第四季度现金流项目指标完成情况

27 个预算目标值中，有 14 项目标已实现、13 项目标未实现，未完成占

比达 48%。其中市场销售部未完成率为 89%，与第三季度对比无明显改善。各部门项目完成情况如下：

责任部门	项目总数	已完成项目数量	未完成项目数量	未完成占比
集团客户事业部	3	1	2	67%
市场销售部	9	1	8	89%
财务部	8	6	2	25%
计划物资部	7	6	1	14%
合计	27	14	13	48%

四、下一步工作重点

第一，在现金流向上，要精细测算工程投资所需要的资金，严格执行月结模式，确保自由现金流为正。

第二，在现金流入上，要确保营收款日清日结，并加大对政企客户欠费的追缴力度，降低应收账款，重点控制固网红名单欠费的攀升和加快 ICT 欠费的回笼。同时，集团客户事业部要从源头治理入手，加强对固网业务缴费方式管理，提高银行托收比例，在年底前要杜绝现金缴费方式，全部实现银行托收，避免资金在流程中被截留。

第三，在现金流量考核上，要增加对现金流为负的产品的约束性评价，引导基层单元发展现金流水平高的产品，例如：＊＊卡。

第四，按照公司关于严格财经纪律的要求，全面清理员工备用金和临时性借款，原则上，临时性借款季度余额应为零，备用金余额减少 69%。

第五，自下季度开始，现金流预算管理由年度为周期调整为季度为周期，并实行滚动预算制，提高对全过程现金流量的掌控能力。

第十四章 基于价值管理的客户感知提升

第一节 客户感知价值概述

一、客户感知价值的含义

顾客感知价值（customer perceived value），也有人称其为客户感知价值，国外学者对其概念与内涵有着不同的观点，大致可分为三类：以 Zeithaml 为代表的权衡说，以 Sweeney 和 Soutar 为代表的多因素说，以 Woodruff 为代表的顾客价值层次观。权衡说的观点认为，客户感知价值是感知利得（perceived benefits）与感知付出（perceived sacrifices）的权衡。感知利得是指在产品购买和使用中产品的物理属性、服务属性、可获得的技术支持等；感知付出包括购买者在采购时所面临的全部成本，如购买价格、获得成本、运输、安装、订购、维护修理以及维护与供应商的关系所耗费的精力和时间等。客户的感知价值是具有主观性的，它是由顾客而非供应商决定的。多因素说的观点认为，任何产品或服务所提供的价值都不只有单一的一种价值，而是几种价值的组合，包括功能性价值、社会性价值、情感性价值、认知价值和情景价值。不同的是在不同的具体状态下哪种价值类型所占的比重更多一些，或是所包含的价值类型更全一些。顾客价值层次观认为，客户感知价值是顾客对产品的某些属性、属性的性能以及在具体情境中有助于（或有碍于）达到其目标和意图的产品使用结果的感知偏好与评价。客户感知价值是一个层次结构，它包括产品属性、属性表现和使用结果三个层次。本书倾向于使用权衡说的观点，认为客户感知价值就是客户所能感知到的利益与其在获取产品或服务时所付出的成本进行权衡后对产品或服务效用的总体评价。

二、客户感知价值的驱动要素

驱动要素是客户感知价值的来源，不过客户感知价值的驱动要素没有确定的标准，需要针对不同行业的特点识别不同的驱动要素。总体来说，客户感知价值的驱动要素应该包括产品价值、服务价值、品牌价值和人员价值四个方面。

第一，产品价值是指客户从企业提供的产品本身所感知和获得的价值。产品价值是客户价值的载体，很多情况下，客户绝大部分的价值是从产品本身所获得的。绝大部分日常消费用品，客户主要是从产品本身的使用和消费获得价值的。产品价值又可分为质量价值、功能价值和外观价值三类。质量价值是指客户购买某种产品在使用过程中发生故障或维修的频率及严重程度，以及对客户正常使用的影响程度。性能价值是指客户感受到的产品的属性和功能价值。外观价值是指客户感受到的产品的外观设计、包装和颜色等的价值。

第二，服务价值服务是指客户在选择、购买和使用产品的整个过程中所获得的由企业提供的支持和帮助。良好的服务能更多地满足客户的安全、归属和尊重等需要。随着产品的日益复杂化和多样化，对于很多产品而言，良好的服务不仅是客户需要的，有些甚至是不可或缺的。根据产品的不同性质，有些产品客户购买的主要是服务，而不是产品本身。

第三，品牌价值是指品牌在需求者心目中的综合形象，包括其属性、品质、档次、文化、个性等，代表着该品牌可以为需求者带来的价值。品牌价值是个重要的价值驱动要素，因为对顾客而言，品牌名称和品牌标识可以帮助顾客解释、加工、整理和存储有关产品或服务的识别信息，简化购买决策，个性鲜明的品牌还会影响到顾客的选择和偏好。品牌价值是企业和消费者相互联系作用形成的一个系统概念。它体现在企业通过对品牌的专有和垄断获得的物质文化等综合价值以及消费者通过对品牌的购买和使用获得的功能和情感价值。

第四，人员价值是指企业员工的经营思想、知识水平、业务能力、工作效益与质量、经营作风、应变能力等所产生的价值。企业员工直接决定着企业为顾客提供的产品与服务的质量，决定着顾客购买总价值的大小。人员价值的含义十分广泛，主要指的是服务人员的可靠性、响应性、安全性和移情性。一个综合素质较高又具有顾客导向经营思想的工作人员，会比知识水平低、业务能力差、经营思想不端正的工作人员为顾客创造更高的价值，从而创造更多的满意的顾客，进而为企业创造市场。

三、客户感知价值模型

应用最为广泛的客户感知价值模型是 Kotler 的让渡感知价值模型（如图 14.1 所示）、Woodruff 的客户感知价值层次模型（如图 14.2 所示）和 Zeithaml 的"途径——目标链"模型（如图 14.3 所示）。

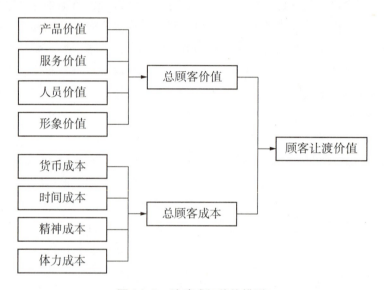

图 14.1 让渡感知价值模型

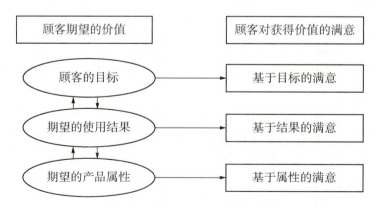

图 14.2 客户感知价值层次模型

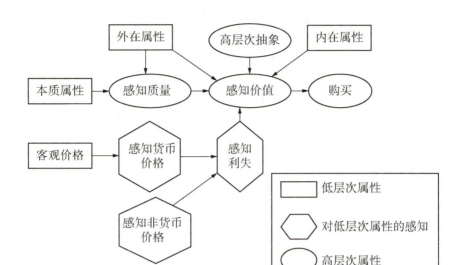

图 14.3 "途径—目标链"感知价值模型

第二节 通信企业客户感知价值提升

一、通信企业客户感知价值的驱动要素

根据通信企业的特点,把通信企业客户感知价值的驱动要素分为四大类:产品价值、服务价值、品牌价值和人员价值。

通信企业提供的产品主要是属于无形产品——通信服务,影响其产品价值的一级指标包括网络质量、费用、促销三个方面,其中,网络质量指标包括以下四个二级指标:上网速度、信号覆盖范围、信号强度、辐射指标;费用指标包括以下四个二级指标:基本话费、漫游费、流量费、增值费。促销方面包括以下四个二级指标:套餐优惠、话费赠送、积分换礼、优惠折扣。产品价值驱动指标如表 14.1 所示。

价值管理理论与实践

表 14.1 通信企业产品价值指标体系

通信企业产品价值指标体系											
一级指标	网络质量				费用				促销		
二级指标	上网速度	信号覆盖	信号强度	辐射指标	基本话费	漫游费	流量费	增值费	套餐优惠	话费赠送	积分换礼	优惠折扣

通信企业服务价值主要体现在服务的可靠性、响应性、舒适性、移情性这四个方面。可靠性包括对内容、服务网络和用户端应用软件的可用性、可接入性和可维持性；响应性包括对提供客户服务的自发性，强调处理客户要求、询问、投诉时的快速和有效；舒适性包括内容、服务和使用设备的软件的质量；移情性是指给予客户的关心和个性化服务的能力，其本质是通过个性化的服务使每个客户感到自己的唯一和特殊。根据通信企业的特点，可确定通信企业的服务价值驱动要素是：响应性、移情性。响应性的驱动要素主要有：客服对客户咨询、投诉、业务办理的效率。影响通信企业客户服务价值的移情性要素是：个性化的服务，比如套餐、流量包、APP。

通信企业品牌价值直接影响客户感知价值，进而影响企业价值创造的能力。品牌定位、品牌形象、品牌推广是通信企业品牌价值的决定性影响因子。通信企业的品牌定位要明确清晰，能使客户体验到与众不同、个性彰显的服务。成功的品牌定位可以充分体现品牌的独特个性、差异化优势，这正是品牌的核心价值所在。著名品牌战略专家翁向东认为，品牌核心价值是一个品牌的灵魂所在，是消费者喜欢乃至爱上一个品牌的主要力量。品牌核心价值是品牌定位中最重要的部分，它与品牌识别体系共同构成了一个品牌的独特定位。通信品牌中的"动感地带"，就是一个定位的个性化特征很明显的品牌，其人群定位是 15～25 岁的年轻人，个性定位是新奇、时尚、活力、探索。品牌形象一般指人们对品牌的总体认知，是企业传递的一切关于品牌的信息在人们心目中留下的总体印象，包括视觉形象、理念形象、行为形象等。品牌推广着重客户对于其个性的体验，品牌推广中使用的品牌口号要能够调动热情、煽动情绪，提供充分的情绪体验；品牌故事要扣人心弦，提供充分的情感体验。

通信企业的人员价值主要体现在其人员服务的专业性和亲切度方面。专业性是指企业为客户提供服务的能力和水平。通信企业提供的服务其技术性、专业性很强，要求其服务人员对通信技术以及企业所提供的通信产品知识要非常的熟练。亲切度是指企业服务客户的态度和表现是否温和有礼，令人愉悦。通信企业的营业大厅、在线客户的服务效率、服务水平、服务亲切度都是人员价值的驱动因素。

综上所述，我们把通信企业客户感知价值驱动要素的指标体系如表14.2所示。

表14.2 客户感知价值驱动要素指标体系

驱动因素	产品价值			服务价值		品牌价值			人员价值	
一级指标	网络质量	费用	促销	响应性	移情性	品牌定位	品牌形象	品牌推广	专业性	亲切度
二级指标	上网速度	基本话费	套餐优惠	客户咨询	个性化套餐	细分市场	视觉形象	品牌口号	技术水平	营业大厅
	信号覆盖范围	漫游费	话费赠送	客户投诉	流量包	选择目标市场	理念形象	品牌故事	产品知识	在线客服
	信号强度	流量费	积分换礼	业务办理	个性化APP	具体定位	行为形象			
	辐射指标	增值费	优惠折扣							

二、通信企业客户感知价值提升方法

一是要建立客户感知"4K"指标体系。要建立与关键驱动要素相适配的KMI指标，然后进一步定位KPI和KRI。同时，要在聚焦关键驱动要素的基础上确定KAI。确保客户感知价值提升工作既整体可控又重点突出。

二是要建立常态化企业内部体验感知机制。建立企业内部体验感知机制是为了深入了解用户服务过程的体验感知，有效提高用户满意度。企业应定期组织各部门主要负责人开展聆听用户声音的体验活动，并形成常态化体验机制。通过亲身聆听用户投诉问题录音，听取用户的真实声音，发现公司存在的突出问题点，提出改进建议，有效推动各类问题解决。

三是要在关键触点建立客户感知信息收集机制。将公司与客户接触的各个岗位都视为客户感知信息收集点，例如营业岗、维系岗、装机岗、维修岗等等。每个收集点都有义务按照规定的表格填写和反馈客户感知。为了简化填写、方便汇总、减少工作量，需要对以下常见问题的描述在表格中进行格式化处理：

（1）公司内部政策流程错误及缺失的问题。
（2）系统支撑设计不合理，计收费规则不相符等问题。
（3）互联网线上服务操作缺失问题，或版面设计不合理等问题。
（4）公司内部运作流程、管理机制所造成影响用户的问题。
（5）由于服务渠道支撑不到位影响前端销售的问题。

同时，辅以积分激励方式进行正面引导。

四是要建设用户感知信息收集IT系统。用户感知信息收集IT系统主要功能是针对内部体验感知信息、关键触点收集到的客户感知信息以及用户投诉信息等三类信息进行统计、分析、反馈、处理。流程图如14.4所示。

五是要建立服务质量问责机制。企业应该建立"以客户为中心"的服务质量问责机制，不断强化服务责任意识与服务监督管控力度；通过建立服务质量问责机制，对损害公司利益和影响公司形象的服务质量事故，实行内部监督和责任追究，以预防、约束、控制、杜绝不良行为的发生。问责原则是：有责必究、问责治本。各单位领导为该单位服务质量的第一责任人。同时根据服务质量事故的责任界面、影响程度以及涉及范围分别查究各级责任人及责任部门。问责范围主要包括：严重的产品缺陷、严重的操作失误、违规发展行为、群体投诉（大量用户投诉）、媒体曝光负面事件、第三方暗访通报事件。问责流程分为事件确立、责任调查、问责处理、整改反馈、处罚。责任查究处理分为书面检查、通报批评、经济处罚、取消评优和晋升、行政处分。

六是要建立客户联络机制。企业应逐步完善以客户感知为中心的企业运营流程，将各专业部门和管理者纳入客户投诉处理体系中，公司政策、流程、规范的制定者、决策者必须参与客户投诉处理，真正做到从投诉末端分析问题，从客户体验角度反馈问题，正视服务工作中存在的不足，敢于面对并有效解决，重点解决引发客户不满的根源性问题。通常有以下具体措施可选择：

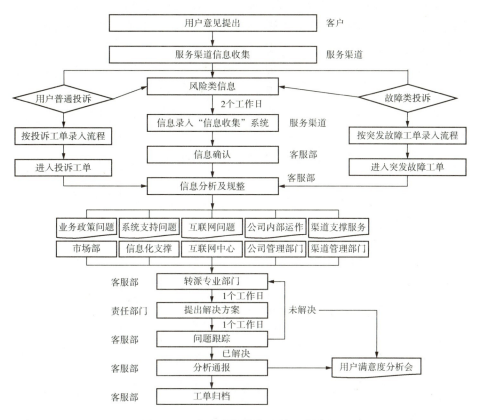

图 14.4 客户感知信息系统工作流程

（1）建立四级联络官机制。组建集团公司联络官、省公司联络官、市公司首席联络官、普通联络官队伍。集团公司联络官负责解决省公司之间经协商仍不能解决的问题，省公司联络官负责解决市公司之间经协商仍不能解决的问题。首席联络官可以由公司各专业部门经理和公司管理层组成，普通联管团队由公司各专业部门指定 1~2 名专业人员担任。

（2）各专业部门经理必须参与重大投诉的处理过程，协调资源来解决投诉中发现的问题。

（3）市分公司如遇客户感知改善任务超时限未响应，或无解决方案、无客户处理意见、方案未达预期效果等，客服部联络官可直接跨部门升级向上报告，最高可报告到省公司联络官。

七是要建立内部服务承诺机制。内部承诺机制主要是根据投诉热点和内部系统数据挖掘出各项服务承诺指标,并且把这些指标落实到责任部门进行整改推动,真正做到有效解决客户问题,提升客户满意率。服务承诺指标具体情况如表14.3所示。

表14.3 公司服务承诺指标体系

网络类	服务类	业务类	系统支撑类
3G/4G网络质量满意率	VIP客户经理满意率	增值业务计费投诉	出账期充值到账及时性
4G网络质量咨询投诉率	自营厅服务满意率	恶意推荐短信	银行托收及时性
重点用户网络重保	社会渠道服务满意率	—	—
宽带修障满意率	话务人员业务正确率（宽带业务）	—	—
宽带新装满意率	星级故障处理及时率	—	—
宽带故障率（次/万户）	工单处理及时性	—	—
—	用户投诉工单一次性解决情况	—	—

八是要建立分渠道服务质量管控机制。建立分渠道服务质量管控机制的目的是：关注并深入剖析客户诉求,加大力度管控各触点服务质量问题,确保用户感知价值提升。企业可分问题或分渠道建立服务质量管控体系,包括但不限于零容忍问题管控、移网服务质量考核、宽固业务质量考核、装机与维护质量考核。

1. 零容忍问题管控

（1）指引或直接代用户越级投诉,扣罚若干元/宗。

（2）重复投诉：因服务渠道处理不及时、不配合、提供解决方案不合理或超承诺处理时限的,造成用户重复二次投诉,扣罚若干元/宗。

2. 移网服务质量考核

主要围绕服务渠道与客户接触的服务全过程展开,针对违规操作、服务态度、业务受理专业性、服务时效性、政策宣传正当性等 5 个突出问题进行管控，如表 14.4 所示。

表 14.4　移网服务质量考核项目

考核项目	定义	越级投诉 扣罚标准	一般投诉 扣罚标准	案例
违规操作	服务人员违反业务办理规范或未经用户同意为用户变更和受理业务	*元/宗	*元/宗	例：营业员违规为用户操作开通增值业务；未与用户签订受理单；未经用户同意进行补卡、业务变更等
业务受理专业性	服务人员提供给用户的话单与用户实际通话不相符，引起用户不满	*元/宗	*元/宗	例：代理商提供给用户的话单与我司系统查询不一致，代理商私自修改等行为
服务态度	服务人员使用服务禁语或出现服务态度问题而引起用户不满	*元/宗	*元/宗	例：使用服务禁语如"大声点"或顶撞用户等
服务时效性	服务人员受理用户业务未及时或操作引起用户不满	*元/宗	*元/宗	例：用户办理停机，但服务人员没有为其办理，导致收取月租而引起投诉
政策宣传正当性	服务人员在解释宣传过程存在错误或欠清晰，以至影响用户正常使用或损害用户利益	*元/宗	*元/宗	例：炫铃功能月租：*元/月，服务人员解释错误*元/月

3. 宽固业务服务质量考核

主要围绕宽带服务渠道与客户接触服务全过程展开，对宽带服务时效性、业务受理专业性、服务态度、套餐金额不符、违规操作与销售等八个关键细项进行管控，具体项目如表 14.5 所示。

表 14.5 宽固业务服务质量考核项目

考核项目	定义	越级投诉 扣罚标准	一般投诉 扣罚标准	案例
合同争议	指服务人员在用户端受理的业务信息与实际系统不一致。包括到期时间、客户名称、装机地址等协议中内容	*元/宗	*元/宗	例：用户新装协议到期时间与系统不一致
套餐金额不符	指用户实际办理的套餐与系统套餐不符	按差额的2倍扣罚		例：用户反映其办理的是720元包年，但系统上查到是600元包年
以**名义销售套餐产品外的产品	指以**名义私自销售将无线路由、移动号码卡、移动电源、配件、modem、宽带维修服务等	*元/宗	*元/宗	例：业务员以**名义将自有modem销售给客户，而引起的投诉
服务态度	指用户对服务人员服务态度不满的案件	*元/宗	*元/宗	例：服务人员使用服务禁语如："大声点"或顶撞用户等
无故开通/无故撤销	指服务人员在未征得用户同意或未能提供用户同意的相关依据，为用户开通收费业务或将用户业务终止的投诉	*元/宗	*元/宗	例：服务人员未经过用户同意，单方面为用户开通或终止相关业务
业务办理差错	服务人员在为用户受理/变更业务时办理错误，影响用户正常使用或损害用户利益	*元/宗	*元/宗	例：用户要求办理更改为10M套餐，但服务人员帮用户更改为6M套餐引发用户投诉
未及时受理	由于服务人员未及时为用户受理业务或未兑现承诺，引起用户不满的有理投诉案件	*元/宗	*元/宗	例：电话回访时用户反映其办理了融合套餐，但我司一直没有送手机，已超过配送时限。备注：配送时限2天
未经核查受理	指由于服务人员未经资源确认直接受理，引起的有理投诉案件	*元/宗	*元/宗	例：服务人员未核查资源直接为用户受理报装，以至用户最终不能安装引发投诉

4. 装机与维护服务质量考核

（1）代维公司的服务质量问题主要围绕装机、维护、施工行为作为切入点，对装移机质量、服务态度、服务时效性等9个关键细项进行管控，如表14.6所示。

表14.6 装机与维护服务质量考核项目

考核项目	定义	越级投诉 扣罚标准	一般投诉/回访结果应用 扣罚标准	举例
装、移机质量	指非用户自身原因导致设备安装后无法正常使用（含频繁故障）的案件	*元/宗	*元/宗	例：因装机人员技术问题导致的用户宽带出现频繁故障，不能正常使用
装机不及时/无法安装	在正常装机时限要求内（三天内）因效率低等原因造成的案件	*元/宗	*元/宗	例：用户于7月10日已申请宽带业务，已经下单，由于代维人员效率低未能在三天内装机
维修质量（解决问题不彻底等类型）	指由于合作单位维修问题解决不彻底引发的案件	*元/宗	*元/宗	例：用户报障，故障排除不彻底，影响用户正常使用
未及时修障（明确）	指由于合作单位在用户报障后未及时提供维修服务。（因需整改等不可控因素无法及时修复或已经和用户预约改期的，用户也同意的情况除外）	*元/宗	*元/宗	例：用户报障，代维人员未在24小时内联系客户处理故障；实际情况是代维人员改期，而回单却是客户改期，推卸责任
服务态度	指用户对合作单位工作人员乱承诺、乱收费、不受理维护、语气不耐烦等服务态度不满的案件	*元/宗	*元/宗	例：合作单工作人员使用服务禁语如："大声点"或顶撞用户

续上表

考核项目	定义	越级投诉 扣罚标准	一般投诉/回访结果应用 扣罚标准	举例
假竣工	指用户的宽带还没有安装,或是还没有安装好,但是系统显示为竣工状态的工单		*元/宗	例:用户反映其申请的宽带还没有装好,但系统已经显示竣工
人为故障	指由于合作单位在开展装机、维护、施工等工作中,由于人为失误,导致出现大面积故障。大面积故障定义:引发的投诉量在50宗以上	*元/宗	*元/宗	例:施工人员由于人为失误,导致50户以上用户出现故障
资源核查不准确/受理不及时	1. 通过系统受理资源核实,由于代维资源核实不准确或核实不及时的案件; 2. 针对在线营销用户,代维受理不及时引发投诉		*元/宗	例:1. 通过系统录受理资源核实后,代维回单有资源,但之后又告知无资源;代维核查资源回单时间超出规定时限; 2. 代维回单确认有资源后,没能在24小时内联系用户受理安装,此类归纳为受理不及时

(2) 渠道服务质量管控运作流程。

每月通过后台提取数据、输出到相关责任部门进行确认核实后,进行服务质量统计、分析和通报,并由各责任部门完成对责任业务渠道及责任人的考核整改。具体流程见图14.5和图14.6。

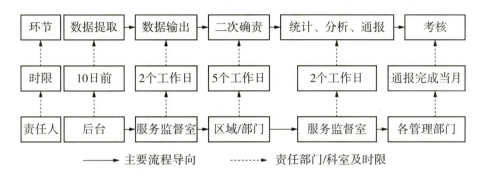

图 14.5　渠道服务质量管控运作流程执行时间进度

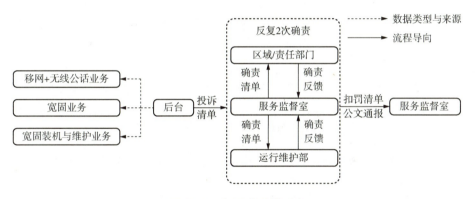

图 14.6　各环节流转示意

（3）考核结果运用。

服务质量管控均以投诉量按单进行扣罚，代理渠道、代维单位按单纳入佣金和代维费用扣罚，内部员工按单纳入绩效工资扣罚。

为保持全流程管控执行的一致性与严密性，在末端扣罚环节形成闭环管理，确保管控办法落实到位。每月应由客服部对各渠道需执行的扣罚要求提交系统工单申请流程，经领导审批后自动流转至执行部门扣罚，扣罚结果确认后该工单完结，全流程闭环管理。对于未按要求执行扣罚的给予通报批评。

九是要实施正面口碑宣传策略。①基于传统模式的广谱性宣传。企业应强化服务品牌的"连贯性"灌输宣传，实施正面口碑宣传，提升用户对企业品牌认知度以及推荐率。线上服务口碑宣传：互联网和微信宣传。互联网宣传主要在客户首次登陆过程中，实现网络优势主动告知；微信宣传主要通过推广微信公众号等方式进行宣传。线下服务口碑宣传的重点地区在：营业厅、重点小区和促销现场。在营业厅、重点小区开展店面、海报、单张、广告栏等正面宣传；在促销中增加服务活动的正向口碑宣传。②基于 NPS 的针对性宣传。通过各个服务渠道对各自所接触用户进行打标，基于 NPS（净推荐值）的统计规则，结合大数据分析结果，细分评价三类用户群：推荐者名单、中立者名单、贬损者名单。推荐者名单是指在网 2 年以上、无重大投诉记录、所在区域信号覆盖优、满意度评分 9～10 分的客户；中立者名单是指在网半年以上、投诉处理结果满意、半年内投诉次数少于 1 次、满意度测评 7～8 分的客户；贬损者名单是指半年内投诉 2 次以上、投诉处理结果不满意、有历史越级记录、满意度测评 0～6 分的客户。

推荐者名单客户是牵引口碑提升的重点客户群，要维持其良好的品牌印象，强化其品牌忠诚度，例如，给推荐者名单客户赠送话费或流量有奖活动。

对中立者名单要重点关注，通过附加值服务引领，刺激中立口碑用户向正面口碑用户转变；通过客户经理朋友圈、自助图文消息、易企秀进行转发。对贬损者名单要特别关注，贬损者名单客户可能随时流失，并且带来连锁反应，严重损害公司品牌形象；对于贬损者名单客户要加强服务资源倾斜，提升服务体验，减少负面口碑；通过首问责任制和联络官制推动痛点问题整改，有效推动客户口碑提升。

三、ABC 公司基于价值管理的 NPS 提升体系构建

（一）背景

NPS 是国内通信企业长期致力改善的一项指标。作为弱势方，将 NPS 由负值转为正值作为首要目标，达到 5%～10% 已是非常了不起的成绩；而作为优势方，NPS 高于 50% 以上也毫不奇怪。这就是国内通信行业 NPS 的现状。

ABC 公司网络、服务、业务口碑较友商有明显差距。网络口碑 -35.5%，低于友商 70.2PP，服务口碑 -31.4%，低于友商 83.6PP，业务口碑 -13.8%，低于友商 9.7PP。因此，该公司改善 NPS 的需求十分迫切。但是，NPS 是用

户口碑的积累反映，不可能一夜之间根本性改变，必须循序渐进、逐步提升。而且，作为新兴指标，NPS 的提升在国内没有现成路径与模板，需要边做边总结。

（二）举措

该公司将 NPS 的提升纳入 KPI，并细化为若干 KMI 指标。从自身出发，聚焦网络质量与渠道服务，扬长板、抓短板，解剖每一个问题点，归纳改善目标，细化关键举措，纳入 KAI 专项推进。

在组织保障上，该公司总经理亲自领导 NPS 提升工作小组，管理层全部参加。在路径上，以"对内提升服务管理，对外提升口碑塑造"为主线，分别锁定影响客户口碑的核心痛点，逐一确定提升目标，明确关键行动计划。在过程管理上，每月召开高级别的"NPS 提升专题工作会"，将各项指标与目标比、与先进比、同比、环比、定比，多维度找差距，从中总结各项举措的执行力度和效果，探索具体提升方法。例如：

1. 改善掉话率

针对 RLC Failure 和 RLC Unrecoverable Error 两种掉话类型，通过打开呼叫重建功能开关 Call Re–establishment feature 提升用户感知：在 t314 不为 0 的情况下，当监测到 RLC Failure 和 RLC Unrecoverable Error，在相关 timer 超时之后，无线链路不会立即释放，而是进入 CELL_ FACH 信道，在 t314 计时器时长内，寻找一个合适的小区或者其他频点小区来发起 CELL UPDATE 小区更新，同时在新的小区完成 RB 的重建，通过延迟释放资源手段来降低语音掉话的概率，掉话率由优化前平均 0.34% 下降为 0.29%，改善率达到 15%。

2. 开发与应用客户感知系统，精准识别弱覆盖区域

整合网络结构分布图、ActixOne 平台 GPEH 数据、DT 数据、CQT 数据、MR 数据、地理位置到客户感知系统，按月开展综合分析，找出用户量大但覆盖弱的区域，针对性地开展网络优化，仅实施一个月，RSCP < −100dbm 栅格就减少 5%。

3. 针对投诉处理团队这一关键触点，采用分类分级激励办法，有效改善投诉处理团队工作效能

按照业务熟练程度和实际业绩，将投诉处理人员分为三类即导师、骨干、徒弟，导师与徒弟按 1∶3 结对子，产能相捆绑，若产能提升，导师和徒弟分别获取若干积分，反之亦然，形成帮扶效果；对于骨干，分别组成虚拟的 PK 团队，确定一个目标进行比拼，形成比学赶超氛围。通过实施该办法，人均月投诉处理量由 439 单提升到 573 单，提升 30.5%；工单一次性解决率由 76.91% 提升到 89.22%。

4. 实施联络官任务单制

组建涵盖市场、政企客户、支撑、运维等专业部门的两级联络官队伍，客服部根据投诉问题的典型性与重要性，向联络官派发《任务单》，联络官从以下几方面推动落实《任务单》：评估相关责任部门是否及时响应、响应方案是否达到预期、任务是否超时、是否客户不满意、有无修订相关流程从而根本性解决问题。通过联络官任务单制度，有效整合内部资源，解决内部管理、经营、服务、支撑中影响客户感知的突出问题，对提升客户满意度起到了积极效果。

类似举措还有许多。该公司及时对这些举措进行归纳总结，最终形成了一套完整的 NPS 提升体系。

在对内"提升服务管理"方面，该公司首先是挖掘出客户的六个主要痛点，分别是：网络信号覆盖、上网稳定性、网络速率、业务办理时长、业务政策解释的准确性、实名制执行规范性。前三个归属网络部门负责，后三个归属业务部门负责。然后，公司围绕这六个痛点，按照价值管理模型，建立了一套完整的改善办法（详见本书前面章节的方法论，在此不赘述）。并且，通过客服部定期明察暗访、资料稽核、与友商对标，及时评价通报各责任部门是否严格、有效地执行了这套办法。对于重点动作（KAI）要求的执行，还阶段性地纳入 KPI 考核。

在对外"提升口碑塑造"方面，建立"三色库"开展正面引导，以双向驱动提升用户对公司品牌认知度与体验感知。"三色库"指将用户分为三类，每类以一种颜色进行打标，以此便捷有效地采用有针对性的举措，例如：在做业务宣传时，根据不同类用户的偏好，采用不同的表达句式；在做业务推荐时，根据不同类用户的偏好，分别推荐流量、视频或游戏；在做用户投诉预判处理时，根据不同用户的敏感度，匹配不同的应答口径或释放不同的资源。

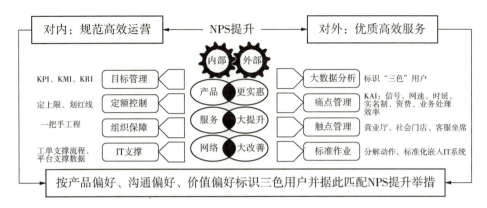

图 14.7 NPS 服务提升流程

（三）成效

该公司通过实施上述举措，用了不到一年的时间，移网网络 NPS 提升了 40PP，移网服务 NPS 提升了 45.5PP，宽带服务 NPS 提升了 27.7PP。整体 NPS 已实现由负转正，与友商的差距大幅度缩小，甚至在局部地区形成了行业领先优势。用户流失率显著下降，用户规模与收入规模明显扩大。由此可见，NPS 提升既是客户感知价值提升的重要途径，也是促进客户感知价值提升的主要着力点。

第十五章 基于价值管理的风险管理

第一节 企业风险管理概述

一、企业风险管理的含义

2004年9月,美国COSO委员会下属的发起人委员会(The Committee of Sponsoring Organizations of the Treadway Commission)在《内部控制整体框架》的基础上,结合《萨班斯—奥克斯法案》(Sarbanes-Oxley Act)在报告方面的要求,同时吸收各方面风险管理研究成果,颁布了《企业风险管理框架》(ERM),旨在为各国的企业风险管理提供一个统一术语与概念体系的全面的应用指南。COSO对企业风险管理定义为"企业风险管理是一个过程,受企业董事会、管理层和其他员工的影响,包括内部控制及其在战略和整个公司的应用,旨在为实现经营的效率和效果、财务报告的可靠性以及法规的遵循提供合理保证"。COSO指出企业风险管理的实质"是企业有效利用各种资源,以战略的方式管理企业,使企业在多变的环境下以稳健的方式运作,从而获得增加价值的机会",也就是说风险管理实际上是企业价值管理的重要环节。

二、企业风险管理框架

根据COSO报告,企业风险管理包括了四项目标和八大要素:四项目标是战略目标、经营目标、报告目标和合法目标;八大要素分别是内部环境、目标制定、风险识别、风险评估、风险应对、控制活动、信息与沟通、监控。具体关系如图15.1所示:

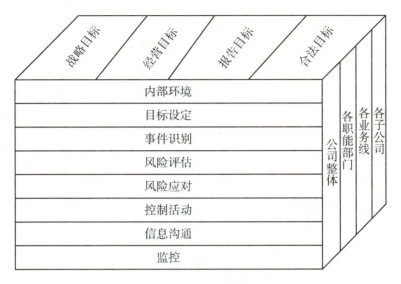

图 15.1 企业风险框架管理体系

企业风险管理框架（ERM）包括三个维度：第一维是企业的目标；第二维是企业风险管理要素；第三维是企业的各个层级，包括整个企业、各职能部门、各条业务线及下属各子公司。三个维度的关系是：企业风险管理的八个要素都是为企业的四个目标服务的，企业各个层级都要坚持同样的四个目标，每个层次都必须从以上八个方面进行风险管理。八个要素的含义如下：

1. 内部环境

这是所有要素的基础，对其他要素的各方面都能产生影响。它包含了多方面的内容，如风险文化、操守和价值观、管理方法、经营模式、职责和权限的分配等。

2. 目标设定

报告认为企业的管理层在评估风险之前必须确立目标，针对不同的目标分析相应的风险，并且拥有一套能将企业目标与企业使命紧密联系并与企业风险容忍度和风险偏好相一致的制定目标的流程。企业管理目标包括以下几类：

（1）战略目标。较高层次的目标，与企业的使命相一致，企业所有的经营活动必须长期有效地支持该使命。

（2）经营目标。与企业经营的效果与效率相关，包括业绩指标与盈利指标，旨在使企业能够有效地使用资源。

（3）报告目标。企业组织报告分为对内报告和对外报告，涉及财务和非财务信息。

（4）合法。层次较低，也是最基础的目标，指企业经营是否遵循相关的法律法规。

3. 事件识别

报告认为事件可分为正面影响、负面影响或者两者兼而有之三种。风险是带有负面影响的，能阻止价值创造或侵蚀现有价值的事件发生的可能性；机遇则是一种将会对目标实现发生正面影响的可能性的事件。

4. 风险评估

COSO将风险评估定义为识别和分析实现目标的过程中存在的重要风险，它是决定如何管理风险的基础，一旦风险得到识别，就应该对风险进行分析评估。这样，管理层就能根据被识别的风险的重要性来计划如何管理，即通过风险管理这个过程识别和分析风险并采取减弱风险效果的行动来管理风险。内部控制框架和风险管理框架都强调对风险的评估，但风险管理框架建议更加透彻地看待风险管理，即从固有风险和残存风险的角度来看待风险。企业风险评估的方法有多种，主要分为定量分析和定性分析两种。企业无须对所有的风险采用同样一种评估方法，可根据不同的风险目标确定相应的风险评估方法，达到成本最低情况下的效益最大化目的。

5. 风险对策

风险对策是指管理层在评估了相关的风险之后，所做出的防范、控制、转移、补偿风险的各种策略和措施。ERM框架将风险对策又细分为规避风险、减少风险、共担风险和接受风险四种方式，要求管理者既要考虑成本和效益，又要从企业总体角度出发在期望的风险容忍度内选择可以带来预期可能性和影响的风险方案。COSO认为，有效的风险管理是管理者的选择能使企业风险发生的可能性和影响都落在风险的容忍度内。

6. 控制活动

COSO把控制活动定义为帮助确保管理层的指示得到实施的政策和程序。由于控制活动是被作为适当的管理风险的工具，所以控制活动和风险评估过程是联系在一起的。

7. 信息与沟通

ERM 框架认为信息尤其是大量的财务和经营信息对治理企业和实现目标来说是必不可少的；沟通是信息系统固有的部分，在更广泛的意义上，沟通在处理预期、责任和其他重要事项时都必须占有一席之地。信息是沟通的基础，沟通必须满足不同团体和个人的期望，使他们能够有效履行自己的职责。沟通越有效，管理层就能更好的行使其监督职能，企业就越容易达到既定的目标。

8. 监控

COSO 把监控看成评估企业各个时期的风险管理质量过程的一个部分，这个过程包括持续监督、个别评估或者两者的结合，而持续监督和个别评估的频率则取决于评估过程中所包含的风险水平。COSO 认为，要使每种类型的风险管理真正有效，这八个要素必须包含在内，因为它们可以共同为企业风险管理服务。企业风险管理是一个动态的、多方向反复的过程，在这个过程中大多数风险组成要素会影响另外的部分，因此当企业需要利用风险管理各要素进行控制时，应综合考虑八个要素的影响，并结合企业实际情况，以求做出最科学的决策。

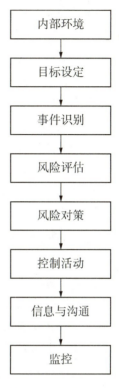

图 15.2　ERM 流程框架

上述八个风险管理要素可以用图 15.2 ERM 流程框架图来概括。

第二节　通信企业基于价值管理的风险管理方法

一、通信企业风险管理基本方法

（一）健全内控组织体系

企业应依托内控与风险管理委员会，统筹整个价值管理中的内部控制和风险预警，推进企业内控与风险管理体系、制度的建设，监督评价其执行效果。审议企业内控与风险管理工作制度设计合理性和执行有效性的评价报告，审批管理层职责范围内的企业重大内控和风险管理事项。负责组织落实、督导、协调各级单位内控重点问题的整改落实。对出现的重大风险管理问题，及时查找原因，形成解决方案。

同时，要建立多层次的内部稽核制度。层次化的现代企业内部控制体制是通过明确各方关系人的权利和责任实现的，使得每个群体或个人的行为都处在别人的监控之下，避免内部控制出现"真空地带"或"控制盲点"。首先，需要建立内部稽核制度。各个岗位的内控执行力度是影响公司内部控制工作效率的主要原因。因此，对于不同工作岗位，需明确稽核的范围和稽核的内容，让各个岗位工作能有目的和有针对性，把主要精力放在监控重点需要监控的地方。其次，需要明确稽核的方法，合理而有效的稽核方法，能起到"事半功倍"的作用，因此，如果能对各种不同的性质的经济业务采取不同的稽核方法，并对不同的岗位进行培训，资源共享，这将大大有利于内部控制工作效率的提高。再次，明确稽核的责任人，这一环节主要是明确谁来稽核、稽核谁的问题，对内部稽核工作的范围和对象进行清晰的划定，避免日后相互推诿和扯皮。最后，建立内部检查考核的制度，对于不同岗位、不同层次稽核的效果、稽核工作落实的情况，需有一个合理的评价、考核机制。

（二）完善内控流程框架

完善内控流程框架是内控顶层设计中至关重要的一环，关系内控工作体系是否能够高效有序运行，应由公司一把手亲自抓。通信企业内控流程框架一般分为资本性支出模块、收入模块、成本费用模块、资金及资产管理模块、财务及信息披露模块、其他共性模块等六大部分，每一个模块细分为若干业务环节，在此基础上，通常分三级定义各类风控流程，每个流程中的风险点均对应有一个 KRI 即关键风险防控指标，每个指标对应若干风控举措，重大举措列为 KAI。

并不是每一个 KRI 都要一视同仁地监控和管理，每个年度关注十个左右的 KRI 就能够保证足够的覆盖面了，且效率才能够得到保障，其余的纳入到 KMI 中监控就可以。在通信行业的地市分公司，KRI 往往有以下五个方面：

（1）收入风险指标。主要包括专租线计收率、账务调整率和赠款销账率。

（2）费用结算风险指标。主要包括代维费用结算准确率、佣金结算准确率等。

（3）管运分离风险指标。主要包括不相容岗位轮岗率。

（4）政策设计风险指标。主要包括单用户综合发展成本、单用户综合维护成本等。

（5）用户质量风险指标。主要包括实名制违规量、异常用户占比、流失率等。

针对五类风险防控关键指标，明确对应的关键工作措施，建立风险指标监控常见问题矩阵如表15.1所示。

表15.1 风险指标监控常见问题矩阵（举例）

类别	编号	风险点	＊＊部门
收入风险指标	S13001	逾期欠费用户连续出账	⇨□
	S13002	收入、成本管理存在不规范	⇨△
	S13003	各区域账务调整水平参差不齐	⇨□
	S13004	省际间结算波动大	
	S13005	SP结算支出与收入波动不一致	⇩△
	S13006	宽带调测费未及时回收	⇧△
	S13007	未足额缴纳靓号预存款	
	S13008	未按权责发生制原则确认租线收入	
	S13009	违反ICT收入确认原则	
	S13010	ICT收入确认不及时	
	S13011	ICT业务未同步计提进项和销项税额	⇧△
	S13012	突击计列ICT收入	
注：1. 风险级别为高⇧、中⇨、低⇩			
2. 风险类别为预防性□、发现性△			

（三）改善内控工作环境

1. 提高领导和员工内控意识

公司应该在吸收内外部的经验的基础上，持续改善内部控制环境，加大内部控制的宣传贯彻力度，营造良好的内控氛围。在实际工作中切实分析和把握公司经营的风险，处理好内控与公司发展、效率和各种风险的关系。强化员工全过程内控意识，规范员工和过程内控行为，决不能把内部控制看成只是财务人员的事情。

2. 建立科学、严谨、高效的内部控制权责体系

科学、严谨、高效的内部控制权责体系对公司提升内控水平至关重要。注意公司层面的职责分离，在属下公司，分管财务和审计、投资和采购等工作的领导要相对分离。并逐步配备有财会专业背景的总会计师来分管财务等相关工作。还要制定合理的公司长期战略目标和短期发展，建立短期和长期配套的考核机制。

（四）遵循六项操作准则

1. 涵盖各层级、全业务

内部控制应涵盖公司主要关键流程，包括建设、营运、资金资产管理、财务报告等环节。各流程控制措施的整合覆盖移动专业、固网专业的不同需求，有效整合及推动各专业部门管理制度、要求的落实。并充分考虑各级分公司实际操作的适用性，每个流程都标明适用的公司级次，指导不同层级公司的工作。

2. 突出重点，提高管理效率和适用性

贯彻成本效益原则，做到控制有效、控制有度，并根据管理要求划分关键流程、次级流程，关键流程由总部统一规范和维护，次级流程由省公司根据本省生产经营实际情况修订和维护。

3. 贴近实际，满足各层级管理需要

风险防控委员会应发挥专业部门的主导作用，充分调动各专业部门业务骨干参与内控规范编写及评估修改工作，使内控规范更加符合专业管理需要。部分流程甚至由基层分公司直接编写，使内控规范贴近基层经营管理实际，体现公司管理要求。不仅如此，在整合优化过程中还应组织调研、试点工作，并向各分公司及各专业部门征求意见，使内控文档覆盖较全面，可操作性强，基本满足各层级经营管理需要。

4. 内控规范与制度建设达到有效互动

将内控规范作为体现公司内在管理要求的基本形式，融入各专业部门的管理理念，充分体现业务部门的管理制度要求。各业务部门也将内控规范作为推动和规范专业线管理载体和契机。同时，还将内控规范整合优化工作与

公司前后台业务流程梳理、ERP 流程梳理等工作协同开展。

5. 优化结构、简化形式

对不同专业相同类型的业务进行统一，提高内控规范的概括性和适用性，规范控制证据的格式，有利于按统一规范指导各单位的实际执行。并基于业务操作程序，通过流程中的小标题体现业务操作的主要步骤，突出相应的风险及控制措施。

6. 重视执行文件依据和控制证据

在风险控制矩阵中每项控制措施需标出相关执行文件依据（管理制度），与公司规章制度紧密结合。并规范关键控制措施的控制证据（控制文档）的格式，使之清晰明确。

二、ABC 公司基于价值管理的风险防控体系构建

ABC 公司风险防控的基本路径是以"七个不必"作为放大镜或望远镜，守住高风险区，以"三十二条"作为制度的笼子锁住高风险事项。将 KRI 等同于风险防控领域的 KMI，覆盖全业务、全流程，全面监控。

ABC 公司通过一年一度的风险防控目标评审会，将未来三年的战略目标与当期的经营目标、风险防控要点、关键策略、重点举措逐一确定，通过全员培训及认证考试营造内部环境。

ABC 公司在风险防控方面有许多独树一帜的做法值得借鉴，例如：

1. 营销政策前测后评活动

前测后评管理活动一般有两项，即投资前测后评和营销政策前测后评，投资前测后评活动在第八章已介绍，本例主要介绍营销前测后评活动。

营销政策前测后评活动覆盖全业务、全产品、全渠道、全流程，从前测、后评等两个方面进行评价、计分，实现管理公开、透明、闭环。政策前测主要是从产品设计、渠道整合、价格策略、利益模式设计、会计政策与流程、风险防范等方面前置介入，分析营销策略的可行性，判断资源投入对总体效益的价值贡献，促进财务战略与市场战略的有效协同；政策后评主要是在前测工单生效六个月后，评价期初设定目标的达成情况，没有如期达成目标的，要进行考核处理。

（1）工作范围。①针对目标用户市场（含公众客户及政企客户）出台的各类营销政策，包括资费、优惠促销、终端补贴、佣金、挽留维系、融合

业务、行业应用、ICT 业务、政企客户专属产品等政策。②针对社会渠道出台的佣金及渠道补贴政策及其他各类营业费用开支项目。③针对集团直销、集团代理出台的各类激励、佣金政策。④针对电子渠道等各类新型渠道出台的各类佣金及产品政策。⑤其他涉及佣金规则更改，或发生超过 5 万元的其他可量化的直接费用政策。

（2）作业流程。为保证前测后评工作的严肃性及提高工作效率，应避免单人串行测评，采用多人背靠背平行测评，测评结果以《评估报告》形式作为审批正文的附件之一，减少公文反复流转，加快公文审批速度，相关作业流程如表 15.2 所示。

表 15.2 测评与审批作业流程

测评与审批流程作业表		
	职责单位/责任人	工作要求/标准
政策准备	政策制定部门/制定人	从公司的战略要求、业务发展要求，结合竞争对手和市场环境等因素指导政策文件
	政策制定部门/制定人	按照公司的统一测评模板，分专业、产品，如实进行效益评估数据填写
	政策制定部门/制定人	将政策文件和《营销政策前测效益评估表》一同以邮件的方式发至财务部营销政策管理岗
前测评定	财务部	在产品管理委员会中随机抽取一定数量的委员作评委
	财务部/各部门/产品管理委员会	将政策文件和《营销政策前测效益评估表》一同以邮件的方式发至产品管理委员会评审人员
测评反馈	财务部	对产品管理委员会提出的评审意见进行归纳、汇总、宣传评审意见表，以邮件的方式反馈政策制订人
	政策制定部门/制订人	对《评审意见表》进行审核确认，并将意见以邮件的方式反馈至财务部营销政策管理岗
报告形成	财务部	财务部营销政策管理岗根据《评审意见表》形成纸质《测评报告》
前测结束	前测结束	前测结束
OA 流程	政策制定部门/制定人	管理层审批

（3）测评要点。营销政策前测要点如表 15.3 所示。

表 15.3　营销前测评估

大类	评测项目	评测标准	输出结果	特殊说明
基本条件	客户细分	1. 是否对客户进行细分，制定的政策是否能因地制宜	政策文件	必须遵循
		2. 客户的接受程度如何，是否有后续的服务保障		
	系统支撑	1. 佣金系统是否支撑	前测评估报告	必须遵循
		2. 前台系统是否支撑		
		3. 业务系统是否支撑		
	风险管控	1. 是否存在资金风险	前测评估报告	必须遵循
		2. 是否违反内控要求		
		3. 是否违反公司相关规范		
		4. 是否存在涉税风险		
评估指标	公司效益	1. 2G 及固网营销政策全成本利润是否为正	效益测算表	如为战略或标杆项目，可酌情放宽
		2. 3G 营销政策边际贡献是否为正		
	竞争对手	1. 竞争对手的政策情况	前测评估报告	如为战略或标杆项目，可酌情放宽
		2. 针对对手的政策情况，我们的政策优势和劣势有哪些		
		3. 针对对手存在哪些风险点		
	用户质量	1. 用户 arpu 值是否达到专业平均水平	效益测算表	如为战略或标杆项目，可酌情放宽
		2. 用户生命周期是否达到专业平均水平		
		3. 用户流失率是否达到专业平均水平		
	成本支出	1. 佣金占比情况，是否超过专业平均水平或预算值	效益测算表	如为战略或标杆项目，可酌情放宽
		2. 是否有专门的投资		
		3. 网间结算支出是否超出专业平均水平或预算值		
	综合效益	1. 测评单位总体业务效益水平是否达到公司的总体要求	效益测算表	如为战略或标杆项目，可酌情放宽
		2. 此业务是否能促进其他业务的扩展		
		3. 是否为补充性业务		

续上表

大类	评测项目	评测标准	输出结果	特殊说明
挑战目标	标杆效应	1. 是否有值得推广或高效益的做法 2. 是否对后续的业务存在标杆效应	前测评估报告	可酌情放宽
	战略要求	是否为战略项目	前测评估报告	可酌情放宽

（4）后评估。每月底统计当月的政策评测情况，编制《营销政策前测后评管理台账》，台账中重点体现政策要点、政策重要程度、后评估时间等信息，后期根据台账中既定的时间安排执行后评估，形成产品后评估分析报告。

（5）问题督办。①督办发起：每月末根据产品后评估分析报告，对报告中提出的管理短板、盈利能力不足、前测与后评重大偏差等问题提出整改督办，督办内容中明确整改要点、责任人、整改时间和必须达到的效果等。②督办意见反馈：政策制定人收到《产品后评估分析报告》和督办指令后按时反馈意见和相应工作计划。

2. 全流程穿越活动

ABC公司组建了一支专业的内控稽核队伍，定期开展流程穿越活动。

（1）按月对退费业务开展全流程穿越，核查退费的真实性，核查是否按实收（即收入－退费）来计佣和结算费用，收敛退费工号权限，针对发现的问题严肃追责，规避了以退费来套取资金和酬金的风险。

（2）按月对专租线业务开展全流程穿越，重点核查"工程报竣、配置月租、起租、拆机、合同续签"等各环节是否存在延时，是否存在月租配置错误，防范收入流失风险。

（3）针对宽带装机材料过程管理困难、问题防不胜防的状况，从机制变革入手开展源头治理，实施装机材料包干制，在确保材料消耗量控制在合理定额内的前提下，将管理责任前置，倒逼装机合作单位主动开展精细化管理，从而一次性解决了装机材料进销存管理难的问题。

（4）针对佣金结算工作高度依赖IT系统，而配置到IT系统中的结算规则、补录数据存在人为干预或失误导致的错误可能，按月开展佣金结算全流程穿越,一是核查 IT 系统外审定的佣金规则与配置到 IT 系统的规则是否一致,二是核查 IT 系统计算出来的数据是否准确,三是核查各相关岗位是否严格按照"不相容职责相分离"原则处理业务。通过这些动作的实施,一方面及时查错纠弊,另一方面促进了岗位间相互牵制机制的严格落实,避免了利用 IT 系统漏洞、合谋违规的风险。

(5) 建立营业厅盈亏风险监控机制,按月评估各营业厅经营状况。根据评估结果,对于累计出账收入同比增幅排名后三位,且增幅小于 15% 的营业厅,即刻启动关停预警;对于以下两类营业厅立即关停:①受周边商圈转移、拆迁等客观因素影响,营业厅客流急骤下降(日均入店率低于 20 人),且月均利润率低于 -20% [利润率 =(月均收入 - 月均直接成本)/月均收入]。②营业厅租赁合同到期或受制于政府迫迁等影响,经谈判小组正常沟通后,仍无法续约或正常营业的。通过以上机制,有效控制了部分营业厅"僵尸化"运营的现象,在"秋后算账"的基础上辅以"秋后追责",使得基层业务单元在新租、新建营业厅时更加谨慎地决策。

同时,ABC 公司还建立了基于价值管理的 KRI 监控平台,全方位监控 57 个风险防控指标,并适时反映 KAI 的实施进度和质量。KRI 监控平台如图 15.3 所示。

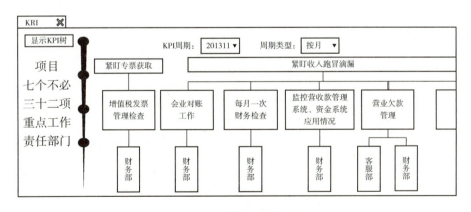

图 15.3　KRI 监控平台

ABC 公司将风险防控工作提升到战略层面,并非常好地将理论进行了转化和结合。风险防控策略和举措来自多数员工的集体研讨和设计,十分接地气,并有效地落实到各级领导干部一岗双责管理要求中。同时,辅以科学的激励与约束机制，较好地处理了风险防控与生产经营的关系。加上重点突出、执行有力、考评到位，保障了该项工作在全员中顺利推进，每年规避的经济损失均在数千万元。

第十六章 价值管理+互联网

第一节 价值管理平台的演进路径

"互联网+"时代,信息技术不仅是技术工具,更成为催生社会创新的驱动力。在传统企业,信息化建设比较成熟。那么,建立了以 ERP 为核心的信息化架构的企业,如何突破已有信息系统的刚性,从边界壁垒森严的系统走向开放与互联?对于庞大的通信企业,又如何依托柔性的系统实现内部精细而灵动的组织管理?在企业价值管理演进过程中,信息系统如何驱动和转化,自身又会发生哪些变化呢?在回答上述问题之前,必须厘清 ERP 的特点及其演进方向。

一、ERP 的刚性

传统企业 ERP 的设计开发在信息系统架构中处于核心地位,而财务信息的记录与展示更是处于核心中的核心,也就是说,传统企业高度依赖的 ERP 主要功能局限于财务信息的集成和输出。而价值管理五大驱动因素关联企业的内外部客户,需要集合与管理的信息远不是 ERP 所能提供的,并且,价值管理目标与策略的动态优化调整特性,也对支撑系统的柔性提出了很大的挑战。

而且,ERP 是大规模的模块化系统,技术刚性强,模块边界明确,与其他系统集成困难。互联网时代,面对智能制造、柔性化和个性化的订制需求,我们应摆脱大型 ERP 软件包的束缚,通过大量的集成接口和外挂应用,重构企业内外部客户共享的开放平台。

另外,ERP 对应的是明确的组织边界体系,不能适应价值管理平台化的要求,ERP 对于企业的实际价值将要收缩。需要构建一体化的协同平台。

二、协同平台的柔性与开放性

在组织生态不断发展的过程中,组织可能更多地表现出动态性,由于某一种事件或是某一种需求所产生的人与人之间的协同工作方式是不断变化的,表现为在组织生态变化中,更多的工作方式实际上是应对一些不同动态事件产生之后,人跟人之间动态的协同过程。因此,记录型的 ERP 系统在未来将会变成独立的、相对小的逻辑块或功能块被使用。ERP 原来核心的业务流程的部分将会不再是企业的主流程,而是以协同工作流的模式来运作企业的主流程。也就是说,传统以 ERP 为核心支撑的基于职能部门业务流程集成的系统架构,将转向支撑企业内外多方交互,实现服务整合与创新的协同平台架构。

首先,协同平台承担企业内部的 OA 行政办公和业务管理功能,实现内部资源的集成管理。协同平台借助业务生成器面向业务人员快速生成业务应用,快速搭建起 CRM、HR、SCM、项目管理、合同管理、订单管理、档案管理等业务子系统,实现无代码开发。

其次,协同平台能够响应外部客户需求,实现对企业外部应用的支撑。互联网去中心化、扁平化、自组织的特性,创造了新的组织方式和组织形态,形成互利共生的生态系统。协同平台可以集成企业内部资源快速响应外部组织的需求。

并且,协同平台具有良好的可扩展性,可将业务数据、流程数据等集成到数据中心,利用数据中心较强的逻辑推理和逻辑演算能力实现业务分析与决策支持。如图 16.1 所示:

协同平台架构应包括以下 3 部分:

1. 记录型系统(SOR)

从工业 4.0 与智能制造的角度来说,个性化需求将越来越强,在个性化制造或个性化服务过程中,来自各方不同的需求需要与内部有一个强协同关系,或从技术角度说需要一个系统集成的过程,而传统 ERP 系统由于刚性强,无法满足这种现实需求,因为这种传统的、基于价值链的业务组织方式,极大地束缚了技术生态本身应该具有的开放性与面对个性化需求的良好实践。因此,传统技术生态需要重构,传统 ERP 系统会被打破,但 ERP 中类似 MRP 的独立逻辑计算模块仍是重构的技术生态中必不可少的一部分。

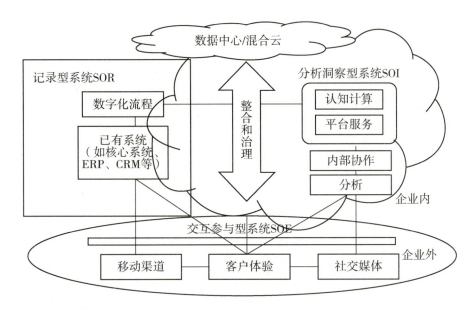

图 16.1 协同平台架构

ERP 的整个流程也将逐渐消减，融入与企业各利益相关方的协同之中。当前，ERP 已近似为 SOR，侧重企业信息处理，其核心多采用关系型数据库，承担着大量数据一致性要求，以及可靠性高的高容量交易处理和数据管理工作。

2. 交互参与型系统（SOE）

数字化赋能是当今信息化的主旋律，是一个信息技术与商业互动的过程，在构建商业生态的过程中需要与外部大量交互，因此会产生大量交互参与型系统（即 SOE），例如企业 APP、企业公众号等都是交互参与型系统。交互参与型系统最大的特征，即它的用户是以外部引导为主，与内部进行互动的过程，因此交互参与型系统是商业模式创新的载体，商业模式创新需要交互参与型系统，或者说交互参与型系统是用于支撑商业模式创新及社会化价值创造的核心系统。在互联网时代强调与消费者的交互。例如，在企业电商平台浏览产品，通过社交和移动等新型渠道可以在个体层面与客户、供应商间建立起日益紧密甚至依赖的关系。企业一方面可以提供全方位个性化的客户体验，另一方面也可以构建起私密、安全及可信的商业互动平台，同时可以收集大量信息作为洞察分析的基础。

3. 分析洞察系统（SOI）

一方面，在互联网时代，实时化的市场与管理洞察变得至关重要，无论是社会化的价值创造还是网格化的企业运作，都要以实时化的洞察为驱动。最终，实际上是以客户为导向，推动社会化价值创造和网格化的企业运作。从业务角度，未来整合和治理的功能由协同平台来担当，从数据角度，将实现数据驱动的内部运作，以及数据驱动的外部交互，也就是以 SOI 为驱动，对内整合和治理如何把人与人之间的工作连接起来，而对外则是通过 SOE 互动。SOI 是介于 SOR 和 SOE 之间的分析洞察系统。

另一方面，价值管理的辅助活动所对应的职能部门，通常在企业中是管理部门，也是成本中心，它们之间分工明确，交互较少，伴随组织生态的建立，企业的管理、绩效考核、激励方式均会发生变化，可以从三个角度进行阐述其影响：第一，从员工激励角度，职能部门作为成本中心由于不直接创造价值，也就不易被激励，那么最具有激励效果的方式就是"人人 CEO"，而不再是传统固化的层级划分的管理方式；第二，当组织边界被逐渐打破，那么传统企业内部以及外部之间的关系须用一种市场化机制，通过市场化交易来重塑组织之间的关系；第三，当组织生态被打开，企业的服务则不仅限于内部，如目前诸多大集团企业，通过构建财务共享中心，使其变为盈利单位、价值中心。企业需要这种引导机制，逐步建立企业内部的市场化交易机制，并逐步将内部资源演化为外部的价值创造。

这些变化，使得 ERP 刚性有余、柔性不足的问题更加突出，同时也使得企业价值管理系统不能再只是针对价值链而应面向价值网来设计，并且，必须以平台化、协同化、一体化为方向。这也促进了以 SOI 为形态的价值管理平台快速发展。

第二节　ABC 公司价值管理平台构建与应用

一、价值管理平台框架

ABC 公司价值管理平台与价值管理体系同步构建，在过程中践行与发展了协同平台的理念。建设初期，重点之一是监控 KPI、KMI、KRI 是否存在异常并针对异常发出任务指令，重点之二是以工单驱动来保障 KAI 的落实。随着五大驱动因素和一、二级驱动要素的丰富和完善，ABC 公司将价值管理作业全部实现了工单化。并完成了公司所有系统的集成。平台框架如图 16.2、图 16.3 所示。

从管理视角定义价值管理平台的结构（如图 16.2 所示），包含以下部分：业务展现、业务管理、系统管理。业务展现包括仪表盘、报表和报告，业务管理包括作业管理、工单管理和绩效考评，系统管理包括流程管理、数据库管理和指标体系管理及系统权限管理，等等。

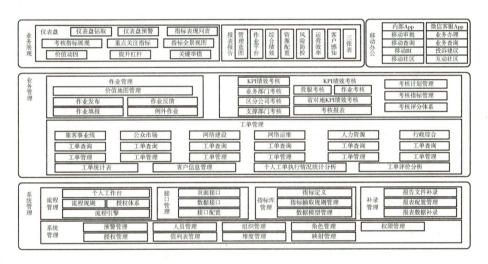

图 16.2 价值管理平台框架（管理视角）

从技术视角定义价值管理平台的结构（如图 16.3 所示），包含以下部分：接入层、展现层、功能层、服务层、可视化组件、指标库。功能层包括预警设置、秘书服务、辅助管理等。服务层包括图形引擎、数据引擎和流程引擎等，引擎是可拆装的自由组合件，不再按传统的系统进行相互绑定，极大地提高了系统的灵活性。

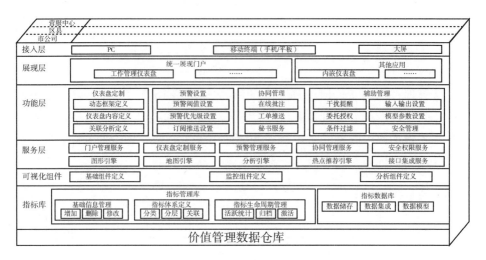

图 16.3 价值管理平台框架（技术视角）

二、价值管理平台应用

（一）以"4K"为主线的数据管理

1. 逻辑简图

在以"4K"为主线的数据管理逻辑设计上，价值管理平台能够监控到关键问题的最根本，指令能够穿透到关键环节的最末梢。其基本逻辑是：围绕"4K"（如图 16.4 所示），划分战略目标、长短板定位、经营策略、作业计划、过程监控、结果评价、绩效考核七个逻辑层，通过作业表、工单流程、报表、报告、仪表盘、KPI 等六大模块，定时输出十四项管理结果，如计划、动作、预警、推广、落实、督办等。

2. 仪表盘

仪表盘，是对"4K"中关键指标同比、环比、定比、与目标比结果的展示，是对企业经营状况的基本呈现，是公司管理层及业务部门发现问题、解决问题最直接的切入点，因此仪表盘在整个价值管理平台中起到提纲挈领的作用。仪表盘设计采取了刻度盘、地图、柱状图、线型图、饼图及表格的混合展示方式，并实现了从总部到省公司、从地市分公司到区域分公司到营

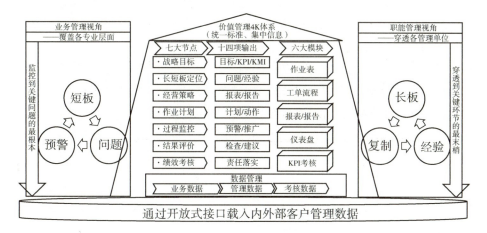

图 16.4　价值管理 4K 体系

服中心到销售经理的多级钻取功能。ABC 公司仪表盘展示内容包括 4 个价值总览指标、3 大类别、32 个核心指标、7 大维度、518 个全景指标。展示示例如图 16.5 所示。

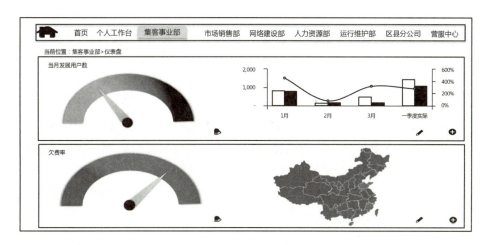

图 16.5　仪表盘展示界面

3. KPI 数据

KPI，本质上是企业实现经营策略的指挥棒，是调整企业产品结构的晴雨表，是贯彻落实上级部门战略目标的基本手段，是业务部门实现自我价值提升的有力工具。因此，KPI 结果的应用对各被考核单位来讲是具有较强的经济指导作用。但如果 KPI 指标取数不准确、结果不透明则必然引起不必要的猜测与争议。为了全面体现考核的公平、公开、公正性，ABC 公司将省对地考核、地对区域分公司考核全部纳入系统进行统一管控，省对地考核仅作结果展示，地市分公司对区域分公司的考核指标取数全部来自于系统数据传递或流程审批结果的填报，具有公开性及可追溯性，一方面方便了各位内部用户对考核结果的及时查询，另一方面增强了各级单位对公司绩效管控的信任度。

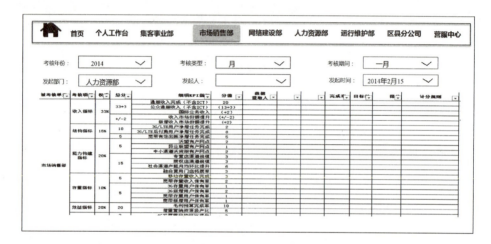

图 16.6　业务部门考核工单信息界面

4. KMI 数据

KMI，本质上是对企业管理过程各指标相关数据库的管理，其具体实现方式是：首先将 KMI 全景指标（例如 ABC 公司有 518 个全景指标）的历史与现实数据传递到数据仓库，然后进行清洗，最后以报表的形式面向使用对象进行分层分类展示。

KMI 是一切仪表盘和管理报告的基础，既面面俱到，又能通过预警提示技术标识出问题或异常。若管理活动中需要最小颗粒数据，可以通过逐级钻取功能在 KMI 中实现。

5. KRI 数据

KRI，本质上是企业在风险防控领域基于问题导向依照例外管理原则建立的一个构面，其相关指标往往以定性为主，指标之间基本上没有逻辑，呈

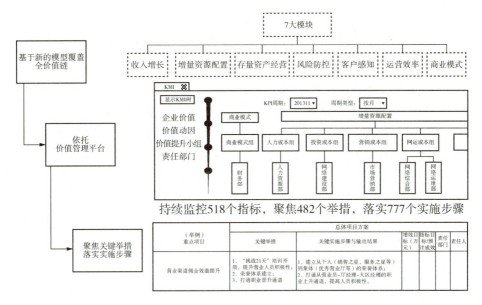

图 16.7 KMI 系统界面

点状。这些特征使得 KRI 并不能在战略上作规划,而是每个年度初期,由企业在大量的 KMI 分析基础上进行设计。近几年,随着党建工作的深入,部分企业在设计 KRI 时,还与纪检的关注点进行了联动。

ABC 公司根据每年初确定的底线与红线、需要紧盯的高风险领域,确定管理目标,逐层解构驱动要素和关键控制措施,按月进行检查和评价、通报,这些动作均在价值管理平台完成。

图 16.8 KRI 系统界面

6. KAI 管理

KAI，本质上是对企业重要价值活动的管理，通常在确定具体的活动目标后，按照项目管理的方式进行推进。其也是战术方面的年度规划，所以，往往不是战略上的安排。

ABC 公司每年初在征求各单位意见的基础上，组织价值管理专家进行研究，最终确定若干（一般为十个）价值活动，形成作业计划，在价值管理平台进行闭环管理。

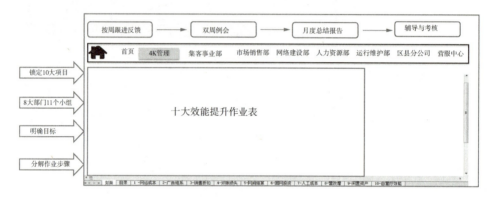

图 16.9　KAI 系统界面一

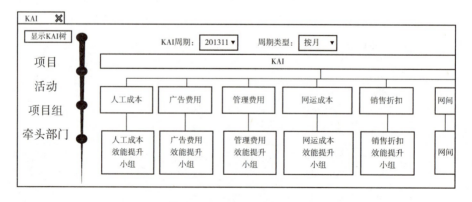

图 16.10　KAI 系统界面二

（二）以工单为驱动的流程管理

1. 基于工单、面向客户的"一单两图三表"闭环管理

传统的通信企业，资源分配体系是以年初预算为总体把控额度，分费用类别、费用项目层层分解，直至业务单元最末端。这种以预算为导向的资源分配模式一方面难以把控分配的均衡性；另一方面无法适时与业务实际需求相匹配，导致有需求的地方无资源释放，而已投入的资源又无预期的产量。为了解决投入与产出的根本矛盾，必须将以前以内部管理为导向的资源分配体制转变为以客户服务为导向的绩效目标引领资源分配体制，从而实现挖掘需求、分配资源、获取产能的高效价值运作。

ABC公司以客户需求为出发点，即通过触发工单流转客户的需求形成业务订单，并根据业务内容及属性，在业务前端触发相应的政策审批工单、码号资源配置工单、成本费用审批工单、工程项目审批工单、采购合同审批工单等一系列后序审批工单。由于所有工单已实现自动衔接与流转，因此伴随工单的流转至业务的达成，用户业务需求所消耗的资源、用户的业务信息、后期的出账收入等相关信息全部得到关联与记录，同时将经济指标完成情况送达KPI考核模块，实现月度绩效考核的自动测评。如图16.11所示。

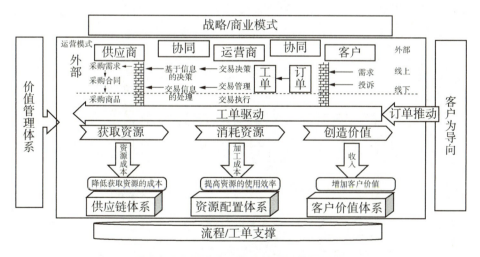

图16.11 以工单为驱动的流程管理逻辑

每一个客户对应一个工单，每一个工单中有若干子流程，这样的设计方

式，至少实现了以下几个效果：一是与客户相关的静态信息期初一次录入，在各子流程中只要输入客户编码即可带出，减少了重复工作量；二是从商机获取、勘察、施工、营销资源配置到客户维系，需要经历哪些工作流程，在系统中一目了然，类似于傻瓜功能，减少了培训工作量；三是每个审批环节的时效均能自动统计披露，对于超时的，系统自动审批，提高了审批效率；四是工单记录了客户全生命周期内的所有投入产出信息，以及客情关系信息，为开展大数据挖掘和精准营销提供了基础，同时，通过集约化掌握客户信息，摆脱了对不良销售经理的依赖；五是工单的信息直接加工成了《时效大视图》和《客户价值贡献大视图》，将效率方面的要求刚性化地嵌入了系统，更重要的是，将价值创造进一步落实到了单个客户层面，使得价值管理穿透到最小颗粒成为可能；六是基于客户价值贡献的资源配置成为可能，真正提高了资源配置的针对性和有效性。

另外，在价值管理平台中，工单的流转是与其专业属性相匹配的，因此所经历的审批部门、审批环节都不尽相同，但信息的储存及后期对企业经济指标的变动影响基本是一致的，既消耗了企业的各项资源，同时为企业带来了出账收入及现金流入。所有经济指标的变动统一反映到企业的"收入表、资源表（投资资源及运营成本）、绩效表"，从而呈现了企业的经营状况及绩效评估结果。所有业务流、资金流、信息流从客户的订单出发，最后反映到企业的报表体系，完成了一次全价值链周期性运营闭环。

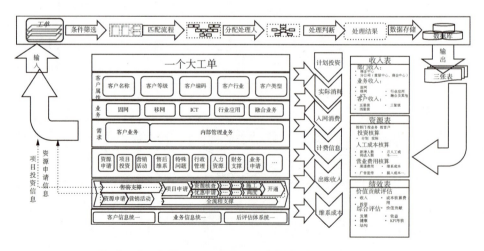

图16.12 基于"一单两图三表"的客户价值闭环管理

2. 价值管理平台综合作业流程

（1）价值管理平台首页中，每个角色均有一个综合管理界面，即个人工作台，OA、ERP等外围系统均关联于此，与自己相关的工单任务、报表和报告呈送，也均直观地反映于此。

（2）在价值管理员角色下，还有专门的作业表模块，通过该模块能够钻取任一相关作业的计划和实际完成情况，以及最终的考评结果，甚至收到由系统秘书发出的提示或督办单弹框。而且，其本人也可通过该模块发出协同指令，或对其他单元的价值管理绩效进行考评。

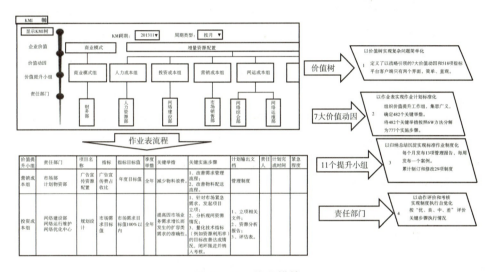

图 16.13　作业模块

（三）以"平台化"为理念的导航结构

在价值管理平台的导航页设计上，要从以下三个重点方向考虑调用问题：第一，能直接调用。界面要面向内外部客户，方便内外部客户直接调用各个模块。第二，能随时调用。在一个平台上随时调用公司所有IT系统和所有管理信息，但与所在岗位无关的信息得到了屏蔽。第三，能深度调用。所有信息为逐层累加而成，这样就能够保证逐层钻取直到最小颗粒，也就是说能够纵向穿透到各级组织乃至业务人员。

价值管理理论与实践
Theory and Practice of Value Management

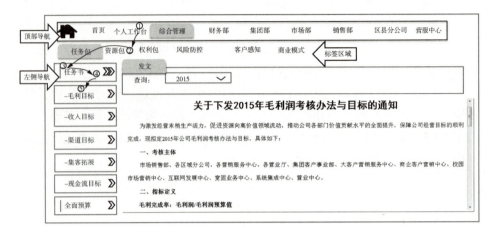

图 16.14　价值管理平台导航界面（部分）

第十七章 基于价值管理的绩效评价

第一节 绩效评价概述

一、绩效评价理论的产生与发展

绩效评价（performance measurement），是指企业为了实现其生产经营目的，运用特定的指标和标准，采用科学的方法，对生产经营的过程及其结果做出的某种价值判断。企业绩效评价的发展大致经过了三个阶段，即成本绩效评价阶段、财务绩效评价阶段和综合绩效评价阶段。

（一）成本绩效评价阶段：19 世纪初至 20 世纪初

在这个阶段，企业以成本指标为核心来评价业绩。

（二）财务绩效评价阶段：20 世纪初至 20 世纪 90 年代

20 世纪初期，杜邦公司设计出包括投资回报率（ROI）指标、销售利润率和资产周转率三个指标在内的绩效评价体系；20 世纪中期，绩效评价指标体系得到了进一步的扩充，出现了净资产回报率、每股收益率、现金流量和内部报酬率等；80 年代之后，绩效评价指标体系出现了非财务指标，这一时期是以财务指标为主、非财务指标为补充的财务绩效评价时期。

（三）综合评价阶段：20 世纪 90 年代至今

绩效评价指标体系的出发点从企业内部的生产问题转移到了内外结合的战略管理角度上来。到目前为止，公认较为科学的绩效评价体系是卡普兰等设计的 EVA 和平衡计分卡。

二、绩效评价的意义

绩效评价体系是企业战略管理系统的一个重要组成部分，是实现企业战略的关键和保证。具体而言，绩效评价主要有以下意义：

（一）是资源决策的主要依据

企业通过与行业服务或产品的平均业绩水平进行比较，可使企业对自身的竞争优势与劣势及在行业中所处的地位有更加精确的把握，对市场环境的变化、市场营销的能力、资金资产的效能有更加客观的了解，从而据此决策资源配置的方向、规模、重点和节奏，强化竞争优势。

（二）是人事管理的基本遵循

一方面，绩效评价对公司管理层的工作业绩、所有者目标实现情况的评价具有重要参考意义。另一方面，通过绩效评价，公司员工的工作行为可以得到科学衡量并给出相应奖惩，为下一步的人事管理提供有力的决策支持。

（三）是战略管理的重要纽带

成功的绩效评价可以成为规划并实施公司战略、提升管理与运营效率、实现企业价值增值最大化的有效工具。

三、绩效评价的基本方法

没有科学合理的评价方法，评价标准和评价指标就失去了绩效评价应有的意义。目前应用比较广泛的两种评价方法主要是单一指标评价法和指标体系评价法。

（一）单一指标评价法

单一指标评价法就是选择单一指标，计算该指标的实际数值，然后将其与设定的指标评价标准进行比较，从而得出对评价对象的评价结果的方法。例如，EVA 评价法。采用单一评价法的优点是简单、直观，但它的缺陷也是比较明显的，即使综合性比较强的单一指标也是难以全面评价管理者的业绩。

（二）指标体系评价法

指标体系评价法是指综合运用指标体系中列示的所有指标，使用特定的方法，在评价指标、评价标准和评价结果之间建立一定的函数关系，然后计算出每个评价指标的实际数值，并根据函数关系得出综合评价结论的方法。比较著名的指标体系评价法包括平衡计分卡、杜邦财务分析体系、国有资本金绩效评价体系等。

1. 平衡计分卡

平衡计分卡（balanced score card，BSC）是由自哈佛大学教授卡普兰与诺朗顿研究院（Nolan Norton Institute）的执行长诺顿在总结了12家大型企业的业绩评价体系的成功经验的基础上提出的，是具有划时代意义的业绩评价工具。与其他的指标体系评价法的区别在于，平衡计分卡更加强调不同类型指标之间的因果关系和平衡关系，把企业的使命和战略转变为可衡量的四个部分。

（1）财务层面。常见的指标包括资产负债率、流动比率、速动比率、应收账款周转率、存货周转率、资本金利润率、销售利税率等。

（2）客户层面。包括客户的满意程度、对客户的挽留、获取新的客户、获利能力和在目标市场上所占的份额。

（3）经营过程层面。重视的是对客户满意程度和实现组织财务目标影响最大的那些内部过程。

（4）学习和成长层面。揭示人才、系统和组织程序的现有能力和实现突破性绩效所必需的能力之间的巨大差距，从而提出改进方案。

平衡计分卡对企业的管理基础要求比较高，因此，并不是每个企业都适用。

2. 杜邦分析体系

杜邦分析体系是一种因素分析法，为通用、松下等众多大型企业竞相采用，并成为普遍使用的企业业绩评价方法。与平衡计分卡相比，杜邦分析体系就财务论财务，对企业绩效评价和考核没有深入到经营管理的过程中去，不能全面、动态地反映过程中的问题，也不能与企业的战略目标及战略管理手段实现有机融合。

3. 国有资本金绩效评价体系

国有资本金绩效评价体系主要指我国的《国有资本金效绩评估规则》和《企业资本金效绩评估操作细则》，其把企业的整体素质、内部控制、公众形象、未来潜力四个方面的非财务指标纳入业绩评估系统，并将工商类竞争性企业绩效评估指标体系分为三个层次，还对指标采取了综合评分的方法。

显然，无论是杜邦分析体系，还是单一指标评价法，均过度注重财务指标，容易导致企业管理层的机会主义和短期行为，因此，管理水平达到一定程度的企业应选择平衡计分卡作为绩效评价的主要方法。

第二节　基于价值管理的绩效评价

一、基本原则

价值管理框架下的绩效评价体系与企业战略目标、预算执行情况与薪酬系统进行连接、集成，使各部门甚至员工个人的目标与企业全局目标相统一，形成以价值增值最大化为终点的激励、约束与监控，从而保障企业最终价值目标的有效实现。价值管理框架下的企业绩效评价有以下三个基本原则：

（一）以价值为核心

价值管理理念下的绩效评价以价值创造为前提，将价值驱动因素和要素的识别作为分析主题，围绕价值指标展开，对各层价值指标层层分解，使之与企业生产经营活动整合起来。

（二）引入非财务指标

与传统财务指标相比，非财务指标体系更有预见性，关注未来的发展潜能，提供有助于未来公司治理的决策信息。非财务指标需与财务指标结合使用，才能更好地服务于企业发展战略，克服短视行为，揭示公司长期发展的影响因子，以便管理层采取措施适时调整。

（三）与发展战略联系密切

价值管理框架下的绩效评价成为企业全局战略的强有力支撑。绩效评价一方面可以评价战略制定的科学性与适用性，适时调整与引导今后的战略制定与实施；另一方面可以甄别并分析促使企业战略成功实施与企业价值实现增值的关键成功要素，以便企业有针对性地开展价值创造活动。

二、实施步骤

绩效评价与价值管理的整合构成一个完整、连贯的评价体系，整个过程可以分为四个步骤。首先是对战略的阐述，在此环节，管理者对企业全局战略提出总体意见，并就价值创造过程的关键要素进行甄别确认，以此为基础确定针对价值战略管理的业绩衡量指标。其次是对预期收益制定目标，在此环节，管理层与业务层主要员工交流互动，将第一环节的结果解构为具体的、关于资本和收益的书面计划，以实现预期业绩。再次，根据预期的绩效标准进行评价、控制，完善价值创造计划，并明确管理责任的承担范围。最后，根据绩效评价的结论对需要改进的部分实行战略性调整，将整个业绩管理活动形成闭合回路，在信息反馈的基础上推进和完善工作执行。

三、驱动要素

基于价值管理的绩效评价由八个驱动要素构成，各要素之间相互依存、影响，缺一不可。

（一）评价主体

评价主体是评价行为的组织者，又称评价组织机构，不同的绩效评价目标对应的评价主体也不尽相同。

（二）评价对象

评价对象的确定是非常重要的。企业一般有两个评价对象，一是企业，二是经营管理者，两者既有联系又有区别。评价的结果对评价对象必然会产生一定影响，并涉及评价对象今后的发展问题。对企业的评价关系到企业的扩张、保持、重组、收缩、转让或退出行为活动；对经营管理者的评价关系其奖惩、升降及聘用等问题。

（三）评价目标

绩效评价的目标即整个绩效评价体系的指导与目的，是一切行动的指南，它的实施将使企业自觉地兼顾长期发展和短期利润，并能讲求经营道德和履行社会责任，遵纪守法。评价目标的确定一般从两个方面入手：①立足过去若干年财务实绩指标，看企业是处于发展、停滞还是萎缩状态。②依据当前企业在技术、人力、产品、市场及信息等资源开发上社会责任的履行状况，看企业前景好坏。

（四）评价原则

评价原则即在企业长期经营实践中得出的、在建立绩效评价体系期企业所应当遵循的规则，具有普适性。

（五）评价指标

评价指标即按照评价目标的要求，应当对评价对象的哪些方面开展具体可行的评价。一般来说绩效评价指标包括财务指标与非财务指标。如何将关键价值驱动要素准确地体现在各具体指标上，是绩效评价体系设计的重要问题。

（六）评价标准

评价标准指判断评价对象业绩优劣的标杆。选择什么标准作为评价的标杆取决于评价的目的。常见的评价标准通常有预算标准、历史标准、经验标准、行业标准、文化标准。为了全面发挥绩效评价体系的功能，同一个系统中应同时使用多维度标准；在具体选用标准时，应与评价对象密切联系。

（七）评价方法

绩效评价的具体方式与手段被视作评价方法，决定企业绩效评价结果的公正与客观。目前国际通用的评价方法是定量与定性评价相结合的方式。定量评价以功效系数法为主，定性评价以因子赋值法为主，定量与定性评价的结果拟合后，得出综合评价数值。

（八）评价报告

绩效评价最终输出的结果或结论性文件被称为绩效评价报告，是绩效评价负责人以绩效评价对象为单位，借助各种信息系统，测评指标数值，与预设标准值进行比对，以差值来衡量评价对象绩效优劣，形成的结论性书面报告。绩效评价分析报告是绩效评价体系的输出信息，也是绩效评价体系的结论性文件。

第三节 通信企业基于价值管理的绩效评价

通信企业基于价值管理的绩效评价要从"创造价值"的目标出发，传达给全体员工一个明确的核心目标即"价值最大化"，研究企业实现价值最大化的经营策略，根据经营策略制定关键绩效指标，激励员工从创造价值的角度寻找增值作业，将关键价值驱动要素包含在业绩衡量之中。然后，按照集团、省公司、市公司、部门乃至员工层面进行细化和分解，并在各个层面进行控制；而且，要定期分析价值驱动要素，让管理者能够专注于那些驱动价值增长的关键要素上，调整和改善与其相关的绩效评价指标。最后，通过激励与约束制度来改善、奖励，处处体现价值驱动，从而形成目标明确、行动具体、体系健全的价值管理。

一、基本原则

（一）应与企业战略有机结合，选取简单易行和正确的绩效指标

只考虑对企业战略实施、价值增长产生影响的关键因素，避免形成过于复杂的指标体系模型。

（二）应充分利用业务单元间的协同效应

将各业务单元的利益与意愿转换为集体组织的利益与意愿，从而使所有业务单元能够在集体组织中联合行动，创造价值。

(三) 应以可控制因素和可控范围为评价标准

指标要与评价对象努力程度密切相关,在衡量企业绩效时,对于无法控制因素所产生的影响均应尽量排除,否则会有失公平。

(四) 应重视非财务指标和非量化指标的运用

有些非财务性指标是绩效衡量所必需的,如网络质量、技术进步、创新能力、客户关系、市场竞争力等,对企业长期营运也极为重要。对于非量化指标,企业应该根据其性质或特点充分考虑,使评价指标具有客观性。

(五) 应考虑指标的长期性与多重性

为避免过度追求短期效益,有损企业长期发展潜能,绩效评价指标宜长短期并重;并且,不宜采用单一衡量指标评定绩效,应该从多方面综合考虑。

(六) 基于价值创造设计绩效评估方法与薪酬方案

激励要与价值的创造程度挂钩,价值指标有长期短期之分,激励也要分为长期激励和短期激励。

(七) 应与其他管理方法相结合

不要指望绩效评价能代替所有的管理,绩效评价要与企业资源计划、客户关系管理、投资管理、现金流管理、供应链管理和业务流程重组等方法相融合,在"价值最大化"观念的指引下,有效利用这些管理方法。

二、ABC 公司基于价值管理的绩效评价体系构建

"4K"指标体系是通信企业价值管理的主要方法论,这一点,也是本书的核心思想之一。在本书的第一章,笔者从价值管理框架设计层面进行了介绍;在第二章,又从价值管理目标设定层面进行了简单阐述。到了绩效评价环节,有必要进一步阐明其基本逻辑和实施策略。

(一) 基本逻辑

如第一章所述，建立以关键业绩指标（KPI）、关键管理指标（KMI）、关键行动指标（KAI）和关键风险指标（KRI）为核心的"4K"指标体系是价值管理体系高效、有序运作的重要保障。

基于战略导向的 KPI，属于财务指标，可量化，数量少，聚焦企业的经营策略，以长期发展目标为重点，评价对象既面向业务单元，也面向个人，评价结果与企业等级、个人职务和薪酬强关联。

基于动因导向的 KMI，既有财务指标，也有非财务指标，可量化，但数量较多，聚焦影响价值创造的关键驱动要素，以发展过程性目标为重点，评价对象主要面向业务单元，评价结果与行政管理或项目激励相关联，一般不与个人职务和薪酬挂钩。

基于问题导向的 KAI，属于非财务指标，非量化，数量少，聚焦导致 KPI 或 KMI 不良的短板问题，以当期管理活动为重点，评价对象主要面向个人，评价结果与行政管理或项目激励相关联，部分企业也将之与个人职务和薪酬挂钩。

基于风险导向的 KRI，属于非财务指标，非量化，数量少，聚焦廉洁建设和经营底线与红线，以风险事件的防控为重点，评价对象既面向业务单元，也面向个人，评价结果与个人职务和薪酬强关联，甚至应用于一票否决。

由于 KMI 既包含财务指标，也包含非财务指标，全方位覆盖了企业价值管理体系，因此是其他"3K"的基础。企业通过对 KMI 的全天候监控，及时发现运营过程中的问题，按照一定的方法和标准进行评判后，过滤出关键问题或问题的关键，然后提交价值管理办公室确定哪些问题要纳入 KAI 进行专项解决；对于触及 KRI 即"七个不必"或"三十二条"的，当即启动问责和整改机制，确保底线与红线得到严格的防控；对于影响战略目标实现的，要在年度价值管理会议上专门研究是否列入次年的 KPI 中。

要一言蔽之地阐明"4K"之间的逻辑关系，还得打个比方：如果说 KPI 是一个人，那么 KMI 就是望远镜，KAI 是冲锋舟，KRI 是防弹衣，他们保护 KPI 安全、高效地到达彼岸；如果说 KPI 是一头牛，那么 KMI 负责健康检查，KAI 负责除尘除病，KPI 负责防滑防偏。"4K"逻辑关系如图 17.1 所示。

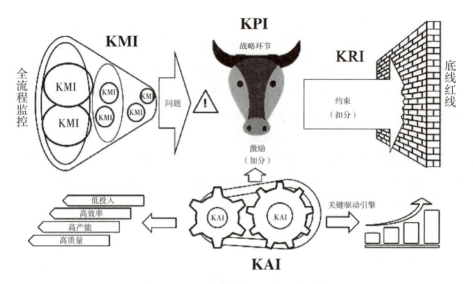

图 17.1 "4K"指标体系逻辑关系

(二)"4K"与平衡计分卡深度结合

虽然,"4K"中,"K"与"K"之间是相互支撑、逻辑清晰、主次分明的,但"K"内的指标如何设计?在这个环节,ABC公司成功地导入了平衡计分卡,使得基于价值的绩效评价指标体系既全面,也正确。

1. 财务层面

基于价值管理的财务指标主要是反映价值增值情况的指标。涉及利润、收入和成本,主要包括:KPI 中的利润完成率、收入完成率等,KMI 中的重点成本预算完成率、分专业收入完成率等,KAI 中的网运成本效能提升目标达成率、闲置资产效能提升目标达成率等,KRI 中的现金回收比、单站造价等。

2. 客户层面

基于价值管理的客户层面指标主要是反映企业吸引和服务顾客进而提升企业价值的能力。涉及客户满意度、客户的质量和购买欲望的提升等。主要包括:KPI 中的服务申诉率、NPS 指标,KMI 中的服务感知指数、服务质量满意度指标,KAI 中的广告维系效能提升、销售折扣效能提升等,KRI 中的用户质量监控与管理。

3. 经营过程层面

基于价值管理的内部经营过程层面主要是衡量内部经营中对价值增值影

响最大的内部过程。这些内部过程既包括现有的经营流程和管理方法，也包括那些能够创造未来价值的革新过程和方法。主要包括 KPI 中的党风廉政建设、网络故障指标、安全生产指标等，KMI 中的风险评估、流程时效、人员减负等，KAI 中的管理费用效能提升、公文效能提升，KRI 中的成本费用管理流程穿越、成本费用前测后评、会业核对等。

4. 学习和成长层面

基于价值管理的学习和成长层面主要是梳理出人力资本价值提升与良好绩效的差距，进而提出改进方案。主要包括：KPI 中的技术创新、管理创新指标等，KMI 中的培训费用占人工成本比例、平均培训周期、培训满意度等，KAI 中的人工成本效能提升，KRI 中的底线红线宣贯培训、风险管控案例库建设等。

综合"4K"和平衡计分卡后的指标体系如图 17.2 所示：

	财务层面	客户层面	内部经营流程	学习和成长
KPI	· 收入完成率 · 利润完成率 · 用户有效净增	· 服务申诉率 · NPS	· 党风廉政、网络故障、安全生产等重大事项	· 技术创新、管理创新等
KMI	· 利润增量贡献度 · 重点成本预算完成率 · 分专业收入完成率 · ……	· 服务感知指数 · 服务质量满意度 · 客户净推荐值 · ……	· 风险评估 · 流程时效 · 人员减负 · ……	· 培训费用占人工成本比例 · 平均培训周期 · 培训满意度 · ……
KAI	· 网运成本效能提升 · 坏账损失效能提升 · 固网投资效能提升 · 闲置资产效能提升	· 广告维系效能提升 · 销售折扣效能提升 · 自营厅效能提升	· 管理费用效能提升 · 公文效能提升	· 人工成本效能提升
KRI	· 全流程全周期收入管控 · 现金流保障系数 · 费用结算管理 · 投资回报率 · ……	· 用户质量监控与管理 · 异常用户占比 · 新增用户有效发展率 · 用户保有率 · ……	· 成本费用管理流程穿越 · 成本费用前测后评 · 信访案件增减率 · 会业核对	· 核心人才保障率 · 不相容岗位分离率 · 底线红线宣贯培训 · 风险管控案例库建设

图 17.2　基于价值管理的绩效评价指标体系矩阵

（三）实施策略

1. 复杂工作简单化、简单工作标准化、标准动作制度化、制度执行自觉化

如前所述，企业管理者不能指望一套指标体系包打天下。ABC 公司在通过 KPI 考核、KMI 监督、KAI 改善、KRI 防控的基础上，持续梳理制度流程,查漏补缺。首先,对考评中发现的问题进行定性评估,确定改善要点,设计关键举措和实施步骤,形成工作清单,将复杂工作简单化;然后,总结关键举措的实施效果,据此沉淀、夯实和提炼价值管理方法,将简单工作标准化;一定的周期之后,对这些管理方法进行再评估,对于长期有效的,形成制度即标准动作制度化;最后,通过恰当的激励与约束机制,促进制度得到自觉化的贯彻执行。

2. "六位一体"工作闭环

(1) 定项目。根据战略导向、动因导向、问题导向和风险导向,参考价值管理逻辑图,确定价值管理重点项目。

(2) 定指标。根据战略要点和存在的问题,明确责任部门,并参考价值管理逻辑图,明确平衡计分卡中四个层次的价值提升指标。

(3) 定举措。针对每个价值提升指标,参考价值管理逻辑图,选择相应的提升举措,在必要的情况下,制定新的举措,并对价值管理逻辑图进行补充。

(4) 定步骤。基于每一个关键举措,参考专题案例库,选择适合的详细实施步骤,在必要情况下,需要制定新的解决方案,并对专题案例库进行完善。

(5) 定机制。一是每月 10 日前定计划,由 10 个 KAI 小组结合收入、利润及成本效能目标,制定月度作业计划,包括月度工作目标、重点项目、关键举措、具体实施步骤等内容。二是次月 5 日前做评估,各价值管理小组将本组上月指标完成情况、实施步骤完成情况、计划输出文档进行统计汇总,审核无误后提交价值提升办公室。价值提升办公室根据各项目的完成情况进行效果评估,将效果评估为差的项目列入例外管理程序进行重点管控。三是次月 10 日前输出绩效评价报告,价值提升办公室对价值提升工作完成情况进行总结形成月度报告,将绩效评价结果提供给各相关部门应用,对各专业组先进经验进行汇编和发布。

(6) 系统管理。通过管理平台中的仪表盘等工具对价值管理项目执行过程和效果进行监控和分析,并实时反馈问题。

3. 由点及面,由面成体;由粗到细,持续改善

经过多年的实践和沉淀,ABC 公司形成了以 518 个指标、482 个关键举措和 777 个实施步骤为内容的价值管理框架,辅以"4K"为核心的绩效评价体系,由此,价值管理工作得以成功开展。

第十八章　基于价值管理的市值管理

第一节　市值管理概述

一、市值管理理论的产生与发展

（一）市值管理

关于市值管理，业界公认的说法是起源于2005年的股权分置改革，目前仍未形成完整的理论体系，有待进一步突破和完善。在国外并无市值管理的概念。一般人理解的市值管理就是对二级市场股价进行股价管理和交易管理，这与真正的市值管理相差甚远。

首先，市值是指上市公司股价与发行总股数的乘积，在股本可比的情况下，市值因股价的涨跌而增减。而市值管理是指：上市公司基于市值信号，建立一种长效组织机制，通过运用多种科学合规的方法和手段，并通过与资本市场保持准确、及时的信息交互传导，维持各关联方之间关系的相对动态平衡，在公司力所能及的范围内追求价值创造最大化的战略管理行为。

引入市值管理，可以将企业创造的价值和投资者对价值的认同有机融合。做好市值管理，可以有效地为股东创造财富，甚至实现财富的市值溢价。

中国上市公司市值管理研究中心主任施光耀说："市值管理是衡量上市公司实力大小的一个新标杆，是考核经理层绩效好坏的一个新标杆，是决定上市公司收购与反收购能力强弱的一个新标杆，是决定上市公司融资成本高低的一个新标杆，是决定投资者财富大小的一个新标杆，是衡量一个国家资本市场乃至经济实力的一个新标杆。"

价值管理健全的上市公司应建立市值管理体系；应有产融互动和创造EVA的经营理念；要在市值波动中进行价值实现，增加股东财富和公司竞争力，促进各利益相关方健康、可持续成长。

（二）市值管理与价值管理

银河证券首席经济学家左小蕾认为，市值管理的本质就是价值管理。市值管理如果不能够真正成为价值管理，而变成股票价格本身的管理，就会带来很大的问题。因此，有学者说，市值管理是建立在价值管理基础上的，是价值管理的延伸，当资本市场成熟以后，市值管理也就等同于价值管理。二者的区别与联系如图18.1所示。

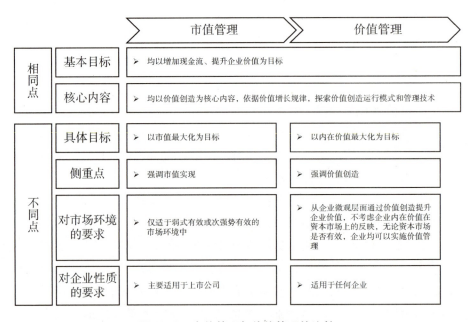

图18.1　市值管理与价值管理的比较

（三）市值管理的三大内容

市值管理的三大内容为：价值创造、价值经营和价值实现。价值创造是基础，价值经营是杠杆，价值实现是关键，市值表现是结果。

价值创造是指上市公司通过价值管理创造公司内在投资价值的行为。价值经营是指以价值创造为基础，通过资本运作等手段进一步实现公司市值最大化的过程。例如，大股东增持或减持股票或定向增发。价值实现是指上市公司通过品牌战略、投资者关系管理和履行社会责任等手段将公司创造的价值充分地表现在股市上，促进价值创造与价值经营双向联动，形成市值增长的行为。

二、市值管理的模式

（一）"PE+上市公司"模式

"PE+上市公司"模式是指 PE（私募股权投资）通过直接举牌、大宗交易等方式先成为上市公司的战略投资者，以此为基础推动上市公司并购重组，实现上市公司的外延式增长，从而帮助上市公司提升自己的价值，同时实现 PE 自身的收益。

"PE+上市公司"模式提升市值的逻辑在于：实现企业盈利能力和一、二级 PE（市盈率）的提高。

（二）定向增发模式

定向增发模式是指上市公司向符合条件的少数特定投资者非公开发行股份的行为，规定发行对象不得超过 10 人，发行价不得低于公告前 20 个交易日市价均价的 90%，发行股份 12 个月内（认购后变成控股股东或拥有实际控制权的 36 个月内）不得转让。

定向增发提升市值的逻辑在于：上市公司向投资机构定向增发，市场判断公司有利好或者机构拟进行收购从而引起资金追捧，激发股价上涨。

三、市值管理的风险

由于市值管理乃国人首创，无国际资本市场的现成模板可循，故有人将市值管理理解为管理市值，于是走上了操纵股价的道路；有人将市值管理等于投资者关系管理，以致投资者调研越多公司市值跌得越多而不知其所以然。归纳而言，目前很多上市公司的市值管理存在三个风险点：一是公司管理层对市值管理的认识存在局限，认为公司经营管理得好市值就一定高，或者认为市值管理就是处理好投资者关系，尚未认识到产融互动的重要性；二是缺乏市值管理的统筹考虑和安排，没有制定市值管理目标和实现路径；三是市值管理机制和流程不健全。

国务院、国资委、证监会、上交所、深交所等 9 个部门先后颁布逾 200 条法律法规来规范上市公司的市值管理。一方面鼓励上市公司建立市值管理制度；另一方面严控恶意炒作股价的行为，如高抛低吸、联合坐庄等。

第二节 基于价值管理的市值管理

一、市值管理的驱动要素

市值管理的驱动要素为：主营业务溢价、公司治理溢价、战略管理溢价、资产偏好溢价、投资者偏好溢价、市场周期溢价等六个。

主营业务溢价包括财务业绩和成长性；公司治理溢价包括股权激励、内部控制和企业文化；战略管理溢价包括一体化、多元化、品牌；资产偏好溢价包括并购重组、整体上市、分拆；投资者偏好溢价包括投资者关系、财经公关、信息披露、危机管理；市场周期溢价包括：增持、减持、承诺锁定。

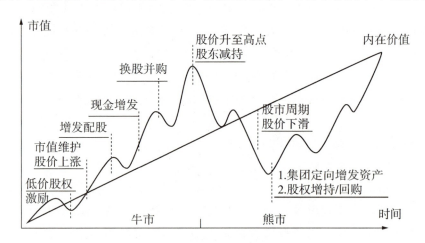

图 18.2 市值管理逻辑

通过以下事例可以说明以上驱动逻辑（如图 18.2 所示）：主业相对稳定且具有广阔市场空间的公司会享受更多市场溢价。公司治理良好和价值管理扎实的企业可以影响企业对社会资本的吸纳能力。

另外，合理利用市场周期也可以提升溢价：在牛市中，可实施增发、配股等主动措施；在熊市则低价增持或回购公司股份，还可以趁股价低迷实施员工激励。

二、市值管理指标体系

（一）市值管理评价指标体系

指标体系框架如图 18.3 所示。

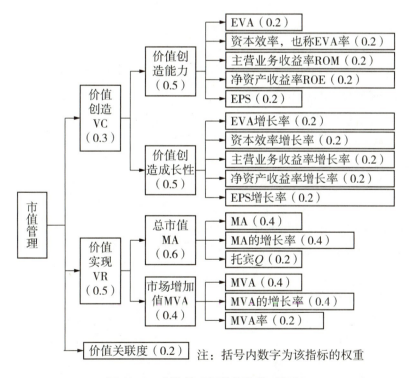

图 18.3　市值管理评价指标体系框架

1. 经济增加值（EVA）

EVA =［投资资本回报率（ROIC）－加权资本成本（WACC）］×投资资本（IC）

=税后净营业利润（NOPAT）－加权资本成本（WACC）×投资资本（IC）

2. 资本效率（EVA率）

EVA率 = 经济增加值（EVA）/投资资本（IC）= 投资资本回报率（ROIC）－加权资本成本（WACC）

其中，投资资本回报率（ROIC）= 税后净营业利润（NOPAT）/投资资本（IC）

3. 净资产收益率（ROE）

ROE = 净利润/权益资本总额

4. 主营业务收益率（ROM）

ROM =（主营业务收益/主营业务收入）×100%

5. 每股净收益（EPS）

EPS = 期末净利润/期末总股本

6. 市场增加值（MVA）

MVA = 未来EVA的折现值

MVA = 公司市值（EA）－期末资本总额（期末总资产）= 股票市值（MA）－股东权益

7. 市场增加值率（MVAR）

MVAR = MVA/期末资本总额（期末总资产）

8. 市场增加值平均增长率（MVAG）

MVAG = 0.5×MVA增长率（t）+ 0.3×MVA增长率（t-1）+ 0.2×MVA增长率（t-2）

9. 市值（MV）

MV = 年末总股本 × 年末流通A股股价

10. 托宾Q

Q = MV/期末资本总额（期末总资产）

11. 市值平均增长率（MVG）

MVG = 0.5×MV增长率（t）+ 0.3×MV增长率（t-1）+ 0.2×MV增长率（t-2）

12. 价值关联度绝对值

价值关联度绝对值＝上市公司在价值创造中的排名－上市公司在价值实现中的排名

（二）计分规则

①采用逐级加权累加法计算最终得分，即：首先，计算第3级指标的加权得分，然后以此为基础，逐次计算出第2级和第1级指标的加权分。②对单项指标的打分采用百分法，即：将所有参加评价的上市公司的该项指标的实际值由大到小排序，最大者给100分，最小者给1分。其他公司的得分计算办法是：先算出该公司此项指标值与最小者之差，用计算出的差除以最大者与最小者的差再乘以100即为该指标得分。③价值关联度计分规则是：先对所有上市公司的价值创造和价值实现得分进行排名，最小者得100分，最大者得1分，其他再依据百分法记分。

三、通信及相关企业的市值分析

根据前述评价体系，以三大运营商和腾讯控股公司披露的2016年数据进行计算，其市值管理绩效如表18.1所示。

表18.1 三大运营商与腾讯控股公司市场管理绩效

一级指标	权重	二级指标	权重	三级指标名称	权重	中国联通	中国移动	中国电信	腾讯控股
价值创造 VC	0.3	价值创造能力	0.5	（1）经济增加值（EVA）	0.2	1	100	17.2	48.83
				（2）资本效率（EVA率）	0.2	1	87.25	35.33	100
				（3）主营业务收益率（ROM）	0.2	30.75	18.68	1	100
				（4）净资产收益率（ROE）	0.2	1	42.12	21.12	100
				（5）每股净收益（EPS）	0.2	1	100	4.06	21
		价值创造能力得分				6.95	69.61	15.74	73.97

续上表

一级指标	权重	二级指标	权重	三级指标名称	权重	中国联通	中国移动	中国电信	腾讯控股
价值创造 VC	0.3	价值创造成长性	0.5	（6）EVA 增长率	0.2	1	99.01	96.17	100
				（7）资本效率增长率	0.2	1	100	96.89	99.44
				（8）主营业务收益增长率	0.2	1	100	33.75	14.86
				（9）净资产收益率增长率	0.2	1	100	87.72	96.4
				（10）每股净收益增长率	0.2	1	100	88.31	33.17
		价值创造成长性得分				1	99.8	80.57	68.77
价值创造 VC 得分						3.97	84.71	48.16	71.37
价值实现 VR	0.5	总市值 MA	0.6	（11）市值（MV）	0.4	1	93.76	8.2	100
				（12）市值平均增长率（MVG）	0.4	100	7.35	1	87.94
				（13）托宾 Q	0.2	1	20.12	4.49	100
		总市值 MA 得分				40.6	44.47	4.58	95.18
		市场增加值 MVA	0.4	（14）市场增加值（MVA）	0.4	1	46.75	2.9	100
				（15）市场增加值平均增长率（MVAG）	0.4	100	72.29	1	96.68
				（16）市场增加值率（MVAR）	0.2	1	14.11	1.95	100
		市场增加值 MVA 得分				40.6	50.44	1.95	98.67
价值实现 VR 得分						40.6	46.86	3.53	96.58
价值关联度	0.2			（17）价值关联度绝对值（假设一样）		100	100	100	100
总得分						41.49	68.84	36.21	89.7

从市值管理绩效总得分看,腾讯控股比中国移动高出近30%,是另外两家运营商的2倍多,说明其市值管控效果最佳。

从价值创造得分看,中国移动最高,中国联通最低。再进一步看价值创造能力和价值创造成长性,可以发现,中国移动和腾讯控股各有千秋,腾讯控股在价值创造能力方面领先于中国移动,说明其单位资本效率最高,即相同的资本投入能为股东带来更大的股利收益。腾讯控股在价值创造成长性方面稍逊于中国移动,在价值创造成长性五项指标中,中国移动有四项排名第一,说明其盈利能力远高于资产的增长率,也说明了中国移动经营战略的方向性与市场的实际需求更为吻合,经营有效性更为显著,持续经营能力也更强劲。而中国电信在价值创造能力和价值创造成长性两方面均明显好于中国联通。从这个角度能反映出中国联通在价值管理基础领域提升空间巨大。

从价值实现得分看,腾讯控股排名第一,说明其企业的未来发展空间及持续盈利能力都得到了资本市场的认可,从而促使股价的稳定攀升与平稳波动,企业的总体市值远高于企业的净资产规模,为企业的并购重组、经营战略转型及行业格局的重新分配提供了操作的可能性,从而最终实现企业市值管理绩效的提升。中国电信只有3.53分,最低,甚至不到中国联通的十分之一,主要在市值平均增长率(MVG)和市场增加值平均增长率(MVAG)等两个指标上形成了较大差距,与资本市场现时对运营商混改的期望值正相关。

虽然,通过该指标体系能在一定程度上反映上市公司市值管理水平,但是,在科学性和准确性方面仍存有较大的不足,需要我们继续研究和优化。

参考文献

第一章 价值管理概述

[1] 代宏坤. 基于价值的管理与价值管理的比较分析 [J]. 商业研究, 2005（8）.

[2] 唐勇军. 西方价值管理演进与启示 [J]. 财务学习, 2011（11）: 31 - 33.

[3] Tom Copeland, Tim Koller Sc Jack Murrin. Valuation Measuring and Managing the Value Companies (3rd Edition) [M]. Wiley & Sonsinc, 2000.

[4] [美] 汤姆·卡普兰, 蒂姆·科勒, 杰克·莫林. 价值评估——公司价值的衡量与管理 [M]. 北京: 电子工业出版社, 2002.

[5] 郭炜华. 媒体企业价值管理 [M]. 上海: 上海交通大学出版社, 2011.

[6] Hamel. G. Revolution VS evolution: You need both [J]. Harvard Business Review, 2001, 79（5）: 150 - 153.

[7] 詹姆斯·P. 沃麦克, 丹尼尔·T. 琼斯, 丹尼尔·鲁斯. 改变世界的机器 [M]. 北京: 商务印书馆, 1990.

[8] 吕建中, 于庆东. 精益管理——21 世纪的标准管理模式 [M]. 青岛: 中国海洋大学出版社, 2003.

[9] 埃德温·莱因戈尔德. 丰田——驰骋天下 [M]. 北京: 华夏出版社, 2000.

[10] 姚采薇. 精益管理会计相关问题研究 [D]. 成都: 西南财经大学, 2012.

[11] 徐智俊. 第三方物流企业精益管理的研究与应用 [D]. 上海: 上海外国语大学, 2013.

[12] 孙念怀. 精细化管理（Ⅲ）[M]. 北京: 新华出版社, 2005.

[13] [美]迈克尔·波特（Michael E. Porter）. 竞争战略 [M]. 陈小悦, 译. 北京：华夏出版社, 2005.

[14] Igor Ansoff. Strategic Management [M]. London：Macmillan, 1965.

[15] Barney Jay. Firm Resources and Sustained Competitive Advantage [J]. Journal of Management, 1991, 17 (1)：99 – 120.

[16] 耿弘. 企业战略管理理论的演变及新发展 [J]. 外国经济与管理, 1999 (06).

[17] 冯雪. 企业战略管理理论的发展历程和新趋势 [J]. 科技情报开发与经济, 2008 (10).

[18] 汪涛, 万健坚. 西方战略管理理论的发展历程、演进规律及未来趋势 [J]. 外国经济与管理, 2002 (11)：11 – 65.

[19] 姚小涛. 战略管理理论研究的发展历程与展望 [J]. 预测, 2003 (6)：32 – 56.

[20] 杨林. 西方企业战略管理理论的演变及其新发展 [J]. 哈尔滨学院学报（社会科学）, 2003 (3).

[21] 克莱顿·M. 克里斯坦森, 等. 困境与出路 [M]. 北京：中信出版社, 2004.

[22] 詹姆斯·弗·穆尔（美）. 竞争的衰亡——商业生态系统时代的领导与战略 [M]. 北京：北京出版社, 1999.

[23] 布朗（Brown）, 艾森哈特（Eisenhardt）. 边缘竞争 [M]. 吴溪, 译. 北京：机械工业出版社, 2001.

[24] W. 钱·金, 勒妮·莫博涅教授. 蓝海战略 [M]. 北京：商务印书馆, 2005.

[25] 付俊文, 赵红. 利益相关者理论综述 [J]. 首都经济贸易大学学报, 2006 (2)：16 – 20.

[26] 李艳芳, 贺竹. 利益相关者理论下的财务目标分析 [J]. 商场现代化, 2006 (36).

[27] 剧锦文. 公司治理理论的比较分析——兼析三个公司治理理论的异同 [J]. 宏观经济研究, 2008 (6).

[28] 王竹泉, 杜媛. 利益相关者视角的企业形成逻辑与企业边界分析. [J]. 中国工业经济, 2012 (3).

[29] 姚文韵. 公司财务战略 基于企业价值可持续增长视角 [M]. 南京：

南京大学出版社，2011：03.

[30] 刘圻，王春芳. 企业价值管理模式研究述评［J］. 中南财经政法大学学报，2011（09）：15.

[31] KaplanNorton. TheBalancedScorecard – measuresthatDrivePerformance［J］. HarvardBusinessReview，1992，66（8）：71 – 79.

[32] 罗菲. 基于价值的管理研究［D］. 大连：东北财经大学，2007.

第二章 基于价值管理的驱动因素设定

[1] 杨亚楠，李丹. 战略管理研究综述［J］. 经济论坛，2013.

[2] 弗里曼. 企业战略管理：利益相关者方法［M］. 上海：上海译文出版社，2006.

[3] 安佳·V. 扎柯尔. 价值大师——如何提高企业与个人业绩［M］. 徐育才，译. 上海：上海交通大学出版社，2002.

[4] 詹姆斯·A. 奈特（James A. Knight）. 基于价值的经营［M］. 郑迎旭，译. 昆明：云南人民出版社，2002.

[5] 彼得·德鲁克. 管理的实践［M］. 北京：机械工业出版社，2009.

第四章 基于价值管理的流程重组

[1] 严蓉蓉，周鑫. 大型企业授权体系建设方法［J］. 中国管理信息化，2015（11）.

[2] 王文静. 浅谈如何构建有效的企业主要经济事项授权审批体系［J］. 企业管理，2011（11）.

第五章 基于价值管理的收入管理

[1] 涂凯平. 通信行业收入内部控制存在的问题及对策分析［J］. 财经界，2013（9）.

第六章 基于价值管理的产品创新

[1] 朱欣民. 企业产品创新管理理论［J］. 企业经济，2004.

[2] 张志刚，苏自力. 成功开发新产品的16要素［J］. 技术经济与管理研究，2001.

[3] 余琪. 4G时代通信企业改革创新之路浅析［J］. 科学论坛，2010.

第七章　基于价值管理的企业资源配置

［1］李静．云南某通信企业资源配置管理优化研究［D］．云南：云南大学，2012．

［2］王庆喜．企业资源与竞争优势：基于浙江民营制造业企业的理论与经验研究［D］．杭州：浙江大学，2004．

［3］王秀华．利益相关者企业价值管理研究［D］．青岛：中国海洋大学，2012．

第八章　基于价值管理的投资管理

［1］荆新等．财务管理学（第6版）［M］．北京：中国人民大学出版社，2012：8．

［2］Project Management Institute，A Guide to the Project Management Body of knowledge，Project Management Institute Standard Comntittee．

［3］朱宝宪．投资学［M］．北京：清华大学出版社，2002．

［4］张三力．项目后评价［M］．北京：清华大学出版社，1998．

［5］周倩．移动通信企业投资后评估体系研究［D］．北京邮电大学硕士论文，2006（03）．

［6］邓宪敏．通信业投资结构和投资效益分析与评价的研究［D］．吉林大学硕士论文，2006．

［7］黄斌．移动通信企业投资项目绩效评价理论研究与实证分析［D］．暨南大学硕士论文，2007．

第九章　基于价值管理的供应链管理

［1］叶怀珍．现代物流学［M］．北京：高等教育出版社，2007．

［2］李隽波．物流快速反应的能力评价与实现研究［D］．长沙：中南大学，2010．

第十章　基于价值管理的固定资产管理

［1］党明辉．××省移动通信公司固定资产管理的研究［D］．北京：北京邮电大学，2011．

［2］李木子．辽宁联通公司固定资产管理研究［D］．长春：吉林大学，2013．

第十一章　基于价值管理的人力资本管理

［1］贝克尔．人力资本［M］．北京：中信出版社，2007.

［2］周禹．众智化时代的组织变革与人才管理升级［Z］：华夏基石e洞察，2016.

第十二章　基于价值管理的税务筹划

［1］盖地．税务筹划［M］．北京：高等教育出版社，2009.

第十三章　基于价值管理的现金流管理

［1］希金斯．财务管理分析（第8版）［M］．沈艺峰，译．北京：北京大学出版社，2009.

［2］肯尼斯·汉克尔．现金流量与证券分析［M］．张凯，等，译．北京：华夏出版社，2001.

［3］杨雄胜．高级财务管理［M］．大连：东北财经大学出版社，2004.

［4］陈志斌，韩飞畴．基于价值创造的现金流管理［J］．会计研究，2002（12）．

［5］刘静．后危机时代下企业现金流流向、流程及流速管理［J］．现代管理科学．2011（11）．

［6］陈志斌．现金流创值管理论［M］．南京：南京大学出版社，2007.

［7］赵良军．基于价值创造的现金流风险管理研究［D］．南京大学校刊，2012.

［8］王婷，何学忠．试论企业集团现金流量管理［D］．财务会计，2007（4）．

第十四章　基于价值管理的客户感知价值提升

［1］丁晓银．顾客感知价值评价体系的构建［D］．广州：暨南大学，2011.

［2］隋欣．用电客户感知价值研究［D］．保定：华北电力大学，2009.

［3］周乔奇．面向客户感知的移动通信网络质量评估体系的研究［D］．上海：复旦大学，2009.

第十五章　基于价值管理的风险管理

［1］许彩燕．基于价值管理的企业风险管理框架研究［D］．青岛：中国海洋大学，2010.

第十六章 价值管理+互联网

[1] 苟娟琼. 互联网+时代协同管理的内涵与价值［J］. 致远软件, 2016 (12).

第十七章 基于价值管理的绩效评价

[1] 罗菲. 基于价值的管理研究［D］. 大连：东北财经大学, 2007.

[2] 赵倩倩. 基于价值管理的高新技术企业业绩评价指标体系研究［D］. 青岛：中国海洋大学, 2012.

[3] 张瑞君, 裴化云. 基于价值管理的公司绩效评价体系的构建研究［D］. 新理财, 2007.

[4] 盛晓鹤, 左晓宇. 基于价值管理的绩效评价体系创新研究［M］. 河南财经学院会计学院, 2009.

[5] 上海国家会计学院. 价值管理［M］. 北京：经济科学出版社, 2011.

第十八章 基于价值管理的市值管理

[1] 丁君风. 中国上市公司价值管理中的战略结构与治理结构因素研究［D］. 南京：河海大学, 2003.

[2] Puhl, A. Classroom Assessment［J］. EnglishTeaching Forum, 1997.

[3] 曹振良. 房地产经济学通论［D］. 北京大学, 2013.

[4] 钱琪. 上市公司市值管理的六大模式介绍［J］. 福布斯（中文版）, 2014（10）.

[5] 谢获宝, 巫梦莹. 企业市值管理及其实施策略［J］. 今日工程机械, 2008（7）.

[6] 孙孝立. 上市公司转型市值管理［N］. 上海证券报, 2006（11）.

[7] 施光耀, 刘国芳, 王珂. 市值管理在中国的来龙去脉［J］. 市值管理, 2007（2）.

[8] 张济建, 苗晴. 中国上市公司市值管理研究［D］. 会计研究, 2010（4）.